河北经贸大学学术著作出版基金资助
河北省高等教育教学改革研究与实践项目（项目号：2023GJJG188）资助

Regional Traffic Linkage Mechanism
Based on Video Networking and Multi-Agent

视频联网与多 Agent 的
区域交通联动机制

郭义荣 ◎ 著

中国社会科学出版社

图书在版编目（CIP）数据

视频联网与多Agent的区域交通联动机制 / 郭义荣著. 北京：中国社会科学出版社，2025.6. -- ISBN 978-7-5227-5291-4

Ⅰ．U495

中国国家版本馆CIP数据核字第2025HG2978号

出 版 人	赵剑英	
责任编辑	刘晓红	
责任校对	周晓东	
责任印制	戴　宽	
出　　版	中国社会科学出版社	
社　　址	北京鼓楼西大街甲158号	
邮　　编	100720	
网　　址	http://www.csspw.cn	
发 行 部	010-84083685	
门 市 部	010-84029450	
经　　销	新华书店及其他书店	
印　　刷	北京君升印刷有限公司	
装　　订	廊坊市广阳区广增装订厂	
版　　次	2025年6月第1版	
印　　次	2025年6月第1次印刷	
开　　本	710×1000　1/16	
印　　张	16	
字　　数	255千字	
定　　价	89.00元	

凡购买中国社会科学出版社图书，如有质量问题请与本社营销中心联系调换
电话：010-84083683
版权所有　侵权必究

前　言

随着车流检测技术的不断发展，传统检测方式难以满足实际应用需求。近年来，将智能视频监控技术应用于交通信息获取与处理，解决交通拥堵问题，已成为智能交通系统中的一项关键技术。目前，虽已建立起了较为完善的智能交通系统，但各子控制系统之间难以进行有效的数据融合和信息共享，只能进行简单的信息采集和处理，并没有通过视频联网共享和交通控制策略结合起来，致使系统之间的联动控制机制没有形成。

本书主要开展对城市交通智能化管理和控制的关键技术进行研究。利用视频识别相关的技术手段，实现对交通流参数的实时提取，实时判别交通状态，结合 Agent 技术，针对相邻交叉口交通流的关联性，通过相邻交叉口之间的信息交互，对控制小区进行调整，并了解其协调任务的简易度和紧急度，及时采取联动控制措施。本书的主要研究内容有以下几个方面。

第一，利用视频检测技术提取交通流参数。速度、流量和占有率是分析交通流的重要参数。将平均背景法与背景减法、光流场检测法相结合，并实现实时更新。在应用经典 Kalman 跟踪的基础上，动态创建跟踪队列，实现多目标的跟踪，并实时记录检测到的各个车辆在不同时刻的速度。通过在多车道建立多个虚拟线圈，获得敏感区域的像素信息，并结合图像特定区域直方图，获得流量。在此基础上，结合已检测到的速度、流量、视频监控时长和检测帧数等信息，获得占有率。

第二，交通状态的快速识别及跃迁转变。从交通流的时空变化特性入手，采用直接与间接相结合的检测方法来自动识别交通状态。第一层运用设置在现场的视频检测设备，根据检测到的区域交通情况进行直观判断；第二层应用视频检测技术提取的交通流参数，利用模糊理论建立交通状态的快速识别模型，实现交通状态的识别，并且通过模糊认知图理论，解释交通状态的跃迁转变过程，实现交通状态下一时刻的态势跟踪与动态预警，为改善城市交通拥堵状况提供理论依据和技术支撑。

第三，交通区域的动态划分研究。建立 SIRS 模型研究拥堵的传播规律，确定传播范围，了解传播路径；根据交通区域内相邻路口之间的交通关联性和交通相似性，划分为几个内部关联性强、交通特征相似的交通控制小区，并且能够根据交通状态变化形势：基本保持不变、拥堵的扩散和拥堵的消退，分别对应交通控制小区的动态变化：微调、扩张组合和收缩分解，实现控制区域内节点的合并与分离以及区域之间的自行组合与拆分。

第四，多 Agent 的联动控制研究。考虑到城市交通信号控制系统属于典型的分布式控制系统，可以将每个路口看作一个 Agent，采用多 Agent 间的交互协调实现城市交通信号控制区域的协调优化。对于路网中多路口联动控制问题，主要的解决思路是：首先，以延误最小和通行能力最大为目标优化每一个路口的信号配时；其次，路口根据交通任务的简易度和紧急度，确定协调控制的可信度以及判断是否选择协调控制；最后，根据上一章的区域划分结果和关联路径建立控制区域多路口的联动控制模型。

第五，联动控制系统框架结构设计。主要对前述算法和模型如何在控制系统中的集成进行描述，并对面向控制系统的数据仓库和数据挖掘进行了分析和研究。

本书是在笔者的博士学位论文基础上完成的，该书的完成得益于诸多老师、同事和朋友的帮助和教诲。首先，笔者要衷心感谢我的导师董宝田教授。在笔者攻读博士学位的过程中，无论在做学问还是在做人上，他都悉心指导，笔者的博士学位论文得以完成更是离不开他。其次，要感谢河北经贸大学管理科学与工程学院的领导以及同事对笔者学习、工作和生活上的关心和鼓励。最后，感谢中国社会科学出版社的编辑细致入微地修改与校对。

该书内容是国家自然科学基金项目"基于 Agent 和演化博弈的城市交通信号区域联动控制协调运行研究"（F030209）的部分研究成果，并得到了河北经贸大学学术著作出版基金的资助。

目　　录

第一章　绪论 ··· 1
　　第一节　选题背景 ··· 1
　　第二节　研究目的和意义 ·· 2
　　第三节　国内外研究现状与水平 ·· 3
　　本章小结 ·· 22

第二章　相关理论基础 ··· 23
　　第一节　智能交通系统 ·· 23
　　第二节　视频联网技术基础理论概述 ·· 28
　　第三节　交通流基础理论阐述 ·· 40
　　第四节　交通控制系统概述 ·· 47
　　第五节　多 Agent 协商理论概述 ··· 58
　　第六节　区域交通联动控制机制理论概述 ································· 69
　　本章小结 ·· 82

第三章　交通视频中参数的提取分析与建模 ··································· 83
　　第一节　检测算法 ··· 83
　　第二节　车辆检测 ··· 90
　　第三节　车辆跟踪 ··· 98
　　第四节　交通参数提取 ·· 103
　　本章小结 ·· 106

第四章 交通状态的快速识别与跃迁转变分析与建模 …… 107

第一节 城市交通信号模糊控制理论 …… 108
第二节 交通参数的选择及动态变化分析 …… 115
第三节 基于模糊理论的交通状态快速识别及跃迁转变 …… 118
第四节 交通状态快速识别的判断流程 …… 126
第五节 实验 …… 128
本章小结 …… 133

第五章 交通信号区域的动态划分分析与建模 …… 134

第一节 交通区域动态划分的必要性 …… 135
第二节 交通区域的动态划分 …… 143
第三节 实验 …… 153
本章小结 …… 157

第六章 交通信号区域的联动控制分析与建模 …… 158

第一节 基于遗传算法的单路口信号优化控制 …… 160
第二节 基于模糊理论的 Agent 协调控制选择模型 …… 164
第三节 基于多 Agent 的联动控制协调模型 …… 174
第四节 基于物联网环境下城市交通区域联动的
云控制模型 …… 187
本章小结 …… 192

第七章 基于多 Agent 的城市交通信号控制系统设计 …… 194

第一节 系统的特点及目标 …… 196
第二节 Agent 的模型结构 …… 197
第三节 系统总体功能需求分析 …… 198
第四节 系统总体结构设计 …… 201
第五节 数据管理与信息共享 …… 203
第六节 系统数据库设计 …… 207
第七节 系统详细设计 …… 209

第八节 交通控制原型系统应用 …… 212
本章小结 …… 214

第八章 结论及展望 …… 215

第一节 结论 …… 215
第二节 创新点 …… 217
第三节 展望 …… 218

附　录 …… 219

参考文献 …… 237

目 录

第一章

绪 论

第一节 选题背景

在城市社会经济不断进步的今天，城市交通已是经济生活不可或缺的核心支柱，逐渐受到人们的关注。不仅如此，由于城市化建设开始走向完善阶段，机动车保有量大幅度提升，交通需求随之明显增加。

目前，许多城市车辆流量明显在路网容量之上，即便交通运输网络实现了有效改进，但始终不能解决车辆规模扩大造成的交通压力，城市交通环境日益变化，管制工作面临着巨大的挑战。虽然全球许多国家均已制定了具体的法律法规，同时采用各项治理方案进行处理，只是城市交通中存在太多的不稳定因素，人、车、路等冲突不断，始终未能得到改善。通过此前交通管理、道路设计的案例不难发现，即使采用增宽道路、综合科学的交通模式、人工协调等手段进行处理，依然不能真正改善车辆堵塞的情况，同时相关费用较高，不符合经济性原则。

国内外实践表明，智能交通系统（ITS）的发展是解决城市交通拥堵的有效手段。数十年来，政府部门始终致力于改善这种情况，正是因为如此，城市交通信号管理系统逐渐得到完善，同时带来了一定的社会经济回报。但是，目前国内虽已建立起了较为完善的智能交通系统，主要是引进了英国的 SCOOT 系统、澳大利亚的 SCAT 系统、日本的京三系统和西门子的 ACTRA 系统等。实际上，上述系统无法真正改善中国当前的交通现状，大多数通信协议不开放，可扩展空间较小，许多智能交通管理算法与系统冲突，信息汇总受阻，不同系统的信息无法实现正常交流。随着车流检测技术不断发展，综合视频检测技术的应用已形成必然，不只是进行简单的信息采集和处理，而是要将视频联网和城市信号区域联动控制结合起来，是解决目前交通拥堵问题的一个发展趋势。

现在以北京市为例，目前北京地区配备有三个信号控制系统，成功覆盖910处重点区域，其中，205个进出口、99个快速路车道灯已经实现了系统管理：SCOOT系统建设区域主要覆盖了西城区、东城区，控制着该区域28处的交通信号；奥运信号工程建设区域主要覆盖了奥林匹克公园以及衙门口桥附近区域等9处的交通信号；ACTRA一期建设区域主要覆盖了北京市的海淀区，南起复兴路，东至京藏高速，向西向北至五环路，控制着该区域62处的交通信号；ACTRA二期建设区域主要覆盖五环内的其他区域，控制着该区域148处的交通信号。

三个系统的建设基本实现了交通控制策略的优化，但并没有将视频联网共享和交通控制策略结合起来，系统之间的联动控制机制仍然没有形成，并且建设区域覆盖范围内的单点信号控制器的存在对整个控制系统的效果会产生影响，因此，提高交通信号控制的能力和覆盖范围以及实现系统之间的有效协调联动控制是目前亟须解决的问题。

在这样的背景下，本书主要以国家自然科学基金项目"基于Agent和演化博弈的城市交通信号区域联动控制协调运行研究"（F030209）为依托，利用视频识别相关的技术手段，针对中国城市实际交通特征，以北京等大城市为研究背景，通过定性、定量两种方式的搭配，选择城市交通智能控制的关键技术作为研究对象，开展研究工作。

第二节　研究目的和意义

鉴于城市交通控制领域的自身发展进程与现代社会对城市交通日益严格的要求，在应对越发复杂的交通环境背景下，早期的交通控制模式显现出一定的局限性，难以有效地应对当前交通所面临的多样化问题。因此，必须通过引入智能模式，以确保交通控制系统能够更加高效、精准地运行。近十几年视频监控技术已得到了飞速发展，随着网络技术不断成熟，视频监控模式也将发生根本性变化。通过视频不仅可以初步完成交通信息的采集、处理、存储、显示、查询、回放等任务，而且可以依托网络，以数字视频处理技术为核心，综合利用数字化图像处理、数据传输网络、自动控制和人工智能等技术，真正实现实时、多区域以及联动控制的需求。

基于分布式人工智能技术建立的 Agent 技术，对于当前的交通系统而言意义十分重大，本次分析主要以视频的实时交通信息采集为出发点，依托 Agent 技术，结合中国城市交通信号控制分布式特征，基于信息交流与联合控制两个层面，对实现城市交通信号联动控制机制的全新理念进行了分析、论证，并利用调整信号配时进行区域内流量调控，用联动控制进行区域之间的流量调控，根据时间、空间要求进一步减少道路网络内所有节点承受的压力，降低堵塞事件发生的概率，改善交通环境。

通过视频联网与联动控制相结合，实现信息交互和共享，以及实现交通管理系统的资源整合，节省建设投资，提高路网通行能力，是路网交通流科学分配的技术前提，在保证智能交通系统管理效果方面，作用十分显著。

第三节 国内外研究现状与水平

一 交通流参数获取以及实时监测与预测的相关技术研究

（一）交通流参数获取

车辆在特定路段运行时，装配于道路两侧的检测工具会对来回情况进行记录，借此能够掌握交通流相关参数。按照检测流程的差异性，主要包含以下两项技术。

1. 移动式

该项技术一般是利用浮动车对其接收到的交通流信息进行检测。其中负责接收的系统，由车载终端、无线通信网络和交通信息指挥中心组成。虽然这种检测技术移动性强，而且无须增加道路设施，但其实践操作阶段有着相应的不足。

（1）事实上，每辆汽车的行车轨迹、方向并不相同，真实情况无从判断，但是交通堵塞的地点一般比较常见，所以采用这种方式进行处理，针对性不足。

（2）全球定位系统运行期间，因为众多大型建筑、地下通道的存在，造成定位出现偏差，视点盲区的产生，最终结果的真实性无法保证。

所以，这种方式仅仅作为一种辅助方式，效果一般。

2. 固定式

该项技术一般需要将传感器放于特定的检测段来达到目的，同时借助上述工具有效接收当前的交通流数据。通过相应的分析，接着转交给交通控制台，借此完成辖区内这部分信息的分析，从中得到交通参数。

环形线圈检测器作为目前性能优异的检测器之一。经过实践研究发现，这一工具存在精度明显、价格便宜等优势。但是，通过一段时间实践同样确定了其存在的部分问题，以下是对这些问题的具体说明：

（1）稳定性不足、生命周期短。稳定性、生命周期与感应线圈的处理息息相关，实践阶段遭到汽车破坏的概率较高，同时维护过程十分复杂。

（2）装配、维修期间不利于交通出行。感应线圈必须置于路面内部，因为装配、维修期间必须禁止通行，同时在道路修缮结束时必须再次放入新线圈，如此一来，需要大量的费用。

（3）不利于路面保护。装配这类工具，必须对路面进行切割处理，接着进行填补，不利于路面保护，也会缩短其正常的生命周期。

（4）其他限制条件。对于停止运行的汽车，不能进行有效检测。

微波检测器作为目前十分常见的一类设备，其本身存在全方位、不受时间限制、方便操作等优势。然而同样有着价格偏高、装配过程烦琐等不足。

车辆视频检测系统中包含的技术比较多，比如检测、图像分析等技术，可以完成选定车辆的有效检测与辨别，通过与其他检测工具比较后可知，其存在如下优势：

（1）摄像机配置过程并不复杂，对路面不会造成伤害，配置期间也不会妨碍交通。

（2）借助计算机能够获得全面的交通数据，如流量、车速等，甚至可以完成车牌、路线的采集。

（3）视频检测可快速与网络连接，通过网络进行交通监控，并且能够采取图像画面的形式协助相关部门管理。

（4）在计算机、嵌入式图像分析技术不断进步的今天，采用视频方式进行检测，能够真正达到实时性、稳定性等方面的标准。

总体来讲，视频检测技术能够对许多领域带来帮助，无论是交通流研究还是交通管制，效果十分显著。经图像信号的分析，能够掌握许多价值明显的数据，比如交通流、速度等。交通监管工作中图像检测分析法的实践成功，逐渐受到国内外众多专家的高度重视，最终被确定成目前比较核心的探索课题。

国外有关这项技术的探索历史久远，随着时间的推移，其技术水准早已在行业中占据主导地位，这也从侧面说明了汽车检测探索的重要价值。1991年，美国加州理工大学将高速公路确定成实验环境，完成了视频检测技术的科学评价，同时为实验中的各项技术的特点给出了有效介绍。1994年，明尼苏达运输部通过对该国公路局进行了全方位的评价，最终显示视频检测器各方面性能均能够满足实际需求。而在这项技术不断完善的过程中，美国联邦公路局借用该技术完成了交通信息的采集，结果十分理想。

英国部分高校通过3D模型进行处理，完成了车辆追踪与辨别方面的一系列研究。美国康奈尔大学计算机系Daniel Huttenlocher教授领导的研究组在航空图像目标检测和跟踪课题中，通过运动估算与图像仿射转换，对各个镜头覆盖的区间进行了区分，同时为该图像序列配置了相应的追踪器。此外，还有许多科研机构与高校也对这一领域进行了研究与探索，比如瑞典Wallenberg、英国纽卡斯尔大学等，相关成果在实践中取得了不错的成绩，为这项技术的发展与完善做出了应有的贡献。MIT（麻省理工）长期以来始终致力于智能视频监控的探索工作，现阶段推出的系统可以完成人、车等对象的有效检测与动态监控。

汇总国际方面的研究情况，现阶段，全球范围内将运动矢量确定成重点研究对象的国家中，日本在这方面的探索尤为显著，该国学者主要将运动光流算法作为基础，借此实现活动对象的检测与追踪，在此前提下，建立了一系列操作系统，不仅如此，东京大学许多专家通过大量数字信息处理器对明确的对象进行检测、追踪，实际运行速率接近

15 帧/秒。Shunsuke Kamijo 验证了时空马尔可夫随机场算法的可行性。同时，借助该算法创建出自动行为检测程序，能够对汽车各种状态与行为进行辨认，比如堵塞、换道等行为，目前在东京城市快速路进行了实践，结果十分理想。在视频检测技术持续完善的过程中，世界各国在这一领域都取得了显著的成果，出现了成型的商业化产品，广为人知的当属美国 AutoScope 与 VANTAGE 两种系统，还有比利时 TRAFICON 系统是，以上产品技术完成，经过实践分析，作用十分显著。

  中国针对这项技术的实践分析时间尚短，然而，随着国内交通建设的完善，交通管制方面的标准逐渐严格，大量科研单位与厂商逐渐对这项技术给予了重视。针对概念与算法的探索，哈尔滨工业大学部分专家借助光流矢量与 Canny 边缘检测算子，完成了活动对象检测与分离算法全方位的探索与剖析；电子科技大学部分专家借助统计学理论创建出运动对象检测算法，实践阶段，需要通过初级算法完成相应的估测，接着依托马尔可夫随机场概念，建立间断点分布模型，借此完成活动场断点的有效测试，以此完成指定对象的处理。经过研究显示，这种算法能够准确监控对象断点，同时任务量较少，系统运行过程十分简单，借助 DSP 能够做到快速检测，只是目前无法进行有效跟踪。不仅如此，在现有技术的帮助下，部分专家完成了帧差法的调整，使其更加精准，如遗传算法聚类、模糊聚类等，然而，上述研究仅仅处于理论阶段，不能真正用于实践。目前，有关运动矢量方面的分析与探索，国内同样取得了不错的成果。近几年，中国各个研究单位纷纷研发出了相应的产品，清华紫光和清华大学联手协作，研制出全新型视频交通流量检测系统 VS3001，通过摄像机完成交通流的捕捉，借助图像分析、模式识别技术完成这部分内容的分析，借此得到需要的交通流数据。上海高德威经过长期的探索与研究，同时结合过去积累的经验，最终开发出全新产品 GDW-VD.2002 型视频检测器。通过目前使用十分广泛的模式识别、图像分析等高新科技，可以全方位监控汽车行车状态，得到当前的交通数据。不仅如此，在车辆跟踪、硬件规划等操作上，该工具也做出了一定的提升与改进，华中科技大学开发了交通参数视频检测系统，而西北工业大学则通过 DSP 创建出多车道超速检测系统。

  由于处理器效率与存储空间两个方面的掣肘，现阶段各项科研项目与产品仅可以借助浅易型的图像分析算法来实现,例如虚拟线圈、团块追踪等,高层视觉认知技术实践案例不多,一般必须提前确定汽车的行车轨迹与地点。如此一来,检测数据匮乏、偏差明显等弊端出现,同时容易受到汽车互相堵塞、遮蔽等因素的干扰,最终带来明显的偏差;不能对转弯、换道等方面的违规行为及时监测。不但如此,从分析理论与模式两个方面来看,现阶段中国有关运动矢量估算的探索仅仅只是起步期,只能选择差分法等进行处理,后续必须进行深入的探索,才能真正达到国际水准。

(二) 交通流实时监测与预测

交通流实时监测与预测是智能交通系统(ITS)的核心组成部分,对于城市交通管理、道路规划、环境保护等多个方面都具有重要意义。随着传感器技术、大数据、人工智能等技术的快速发展,交通流量的实时监测与预测研究在国内外都取得了显著的进展。

在国内,交通流量的实时监测主要依赖于各种传感器和检测设备,如地感线圈、红外传感器、雷达传感器、摄像头等。这些设备可以部署在道路上,实时监测车辆通过的情况,从而获取交通流量的数据。此外,国内的研究人员还积极探索了基于视频分析的交通流量监测方法,通过图像处理技术实现对车辆数量的自动计数和速度测量。在交通流量的预测方面,国内的研究主要集中在时间序列分析、机器学习、深度学习等方法上。时间序列分析通过对历史交通流量数据的分析,找出其时间序列的规律,从而实现对未来交通流量的预测。机器学习方法则通过构建交通流量预测模型,利用大量的历史数据训练模型,使其能够自动学习和掌握交通流量的变化规律。近年来,深度学习方法在交通流量预测中也得到了广泛的应用,如循环神经网络(RNN)、长短期记忆网络(LSTM)等,这些方法能够处理复杂的非线性关系,提高预测的准确性。

在国外,交通流量的实时监测技术同样得到了广泛的研究和应用。除传统的传感器和检测设备外,国外的研究人员还积极探索了基于无人机、移动传感器等新型监测技术。无人机可以快速部署在空中,对交通状况进行实时监测和拍摄,获取大量的交通流量数据。移动传感器则可以通过车辆、行人等移动物体携带的设备来监测交通流量,这种方法具有灵活性和可扩展性。在交通流量的预测方面,国外的研究起步较早,技术也相对成熟。除时间序列分析、机器学习等方法外，国外的研究人员还积极探索了基于数据挖掘、模式识别等技术的预测方法。数据挖掘技术可以从大量的交通流量数据中挖掘出有用的信息和模式，为预测提供有力的支持。模式识别技术则可以通过对交通流量数据的分析和学习，自动识别出交通流量的变化规律和趋势，从而实现对未来交通流量的准确预测。尽管交通流量的实时监测与预测在国内外都取得了显著的进展，但仍面临着一些挑战和问题：首先，如何实现对交通流量的高精度、实时监测是一个亟待解决的问题。其次，交通流量的预测受到多种因素的影响，如天气、路况、节假日等，如何综合考虑这些因素提高预测的准确性也是一个重要的研究方向。未来，随着传感器技术、大数据、人工智能等技术的不断发展，交通流量的实时监测与预测将迎来更加广阔的发展前景。一方面，新型传感器和检测设备的出现将进一步提高交通流量监测的精度和实时性；另一方面，深度学习、强化学习等先进的人工智能技术将进一步提高交通流量预测的准确性和可靠性。同时，随着城市交通的日益复杂和多样化，交通流量的实时监测与预测也需要更加注重实际应用和场景化需求，以更好地服务于城市交通管理和规划。

综上所述，交通流量的实时监测与预测在国内外都受到了广泛的关注和研究。通过技术创新和应用、智能化和网络化等手段不断提高交通流量监测的精度和实时性，为城市交通管理、道路规划、环境保护等领域提供了有力的支持。未来随着技术的不断发展和应用需求的不断提高，交通流量的实时监测与预测将迎来更加广阔的发展前景，同时也需要加强隐私和数据安全等方面的研究和应用，保障用户的合法权益和社会稳定。

二　区域节点动态划分相关研究

国际上有关区域交通动态划分的分析，主要选择了协调性、耦合系数等方向进行全面探索与分析，Merchant 与 Nemhauser（1978）率先采取数学规划对动态交通进行分析，最终建立非线性规划模型。Allsop（1974）率先在分配上进行控制处理，表示信号配时计划容易使路径发生变化，借此明确了逐一分配法。Azzedine Boukerche（2007）表示，分布模拟交通流管理期间，信息分布方式的效果非常理想。Hook 和 Albers（1999）以6条主干道为实例，对比了绿波带断点方法中比较常用的三种方法：关联度、引力强度和协调系数。对比得到的结论是，虽然这三种方法有不同的复杂程度，但得到的信号控制子区划分结果几乎完全相同，并不存在明显的优劣之分。Tian 与 Urbanik（2007）表示，绿波带优化控制阶段，在下级区域内设定 3—5 个信号点意义重大。因此，把路网区分成大量的子区，同时设置合理的信号点，可以提供我们需要的带宽。然而此阶段带有启发性质，只能掌握距离、流量等信息，并未出现规范化的区分体系。采取 SCATS 系统进行处理，通过周期了解合并系数的基本状态，从而判断各个路口有无联合控制的必要。James E. Moore 和 Paul P. Jovanis（1985）建立了一种城市道路网络的子区划分方法。Kazamahiroshi（2003）验证了遗传算法应用于城市道路网络交通流协调控制时，控制参数优化过程的有效性，并对子区划分和合并、相邻子区边界交叉口的相位差进行了评价。Nishimuras（2000）研究了城市道路网络交通流协调控制静态分区策略下相邻子区边界交叉口连接路段上无规律交通流的延误和停车次数变化规律。

近些年，中国有关控制子区划分的探索，重点选择了流量、周期等内容来完成。并对基于饱和度、周期等内容，制定合理有效的划分准则，与此同时，借助交通网络自身的稳定性，完成了稳定性方面的评估与过滤，从而得到需要的控制子区。李润梅（2006）选择网络流量标准明确的交通网络作为分析对象，借此建立城市路网分析，帮助实现动态交通的部署。陈涛（2004）对城市道路交通系统进行描述，将其定义为耗散型架构，按照动力学中有关熵的描述，明确了饱和度，同时确定交通量并非处在均匀状态，通过有效细分，我们能够将交通量认定成均匀状态。李瑞敏（2008）等建立了协调系数理论，同时根据模糊逻辑，完成了控制子区的划分。莫汉康（2002）根据诱导性提出了相应的动态划分模式，表示操作阶段可以遵循周期、距离等标准进行处理。杨庆芳与陈林（2006）完成了相位差/绿信比、周期两种子区的理论研究，以此进行控制子区的处理，但是实际分配过程始终遵循着周期、距离等标准。李慧兵（2007）在其硕士学位论文中表示，通过遗传算法可以有效区分与合并，借助 OD 法实现区域分配，遵循周期、距离标准，完成了各种分配标准全方位的探索与剖析。谢军和马万经（2008）在以往研究成果的基础之上，以流量和路段长度作为两个关键因素，给出了关联性在这两个关键因素影响下的演变机理，建立了新的路口关联度模型，并用实际道路数据对新的路口关联度模型进行了验证。钟章建与黄玮（2008）根据交通路网自身的拓扑架构开展研究工作，将静态、动态划分机制搭配在一起，完成了控制小区的分解，同时提出具体的算法，借助软件共同来完成。静态模式将距离确定成标准，动态模式将交通流确定成准则，实践操作阶段，不同路口的关联性则是其中唯一的衡量指标。李振龙（2005）通过分区的探索，确定了这项工作在交通建设阶段的价值，同时提出了具体的分区标准，全面论证动态分区的基本方法与规范，且根据静态划分确定了动态划分的流程，在交通诱导与管理探索期间，提供了许多有效的手段。

　　从最优化决策的角度来看，控制小区划分问题是在满足某个目标最优的情况下，如何将整体研究区域聚类划分为若干部分区域的问题。在现有研究中，在对控制子区进行区分时，必须根据三项原则来完成，分别是周期、车流状态与距离，与各子区内部协调控制的控制目标没有直接的关系。所采用的划分指标，在关联度及吸引强度方面，均依据这三个原则进行设定。然而，所应用的判断阈值具有较强的主观性，难以充分确保子区域划分的合理性。鉴于此，有人在文献中提出一种使用邻接矩阵保证最优交通小区划分一阶邻接约束的整数规划建模方法，从求解复杂度和质量两个角度，比较并分析了该邻接约束建模方法与其他方法对问题求解效率的影响，设计了聚合式层次聚类启发算法以求解所提出的模型。

三　交通状态快速识别相关研究

　　现阶段，全球范围内越来越多国家推出了针对交通堵塞情况的快速识别（Automatic Traffic Congestion Identification，ACI）算法。过去，ACI 算法一般是将紧急交通问题确定成分析对象，借助感应线圈获取流量、速度等交通信息，而在信息技术方面，依托决策树、平滑滤波等方式进行处理。经过不断优化与改进，ACI 研究方向与方法发生了明显的转变。目前，交通供需冲突持续恶化，频频出现的堵塞事件导致交通管制工作面临着巨大的阻碍；而采集、分析技术的快速发展，使 ACI 探索获得了完善的技术保证。通过数十年的研究，ACI 算法将模糊概念、专家系统等技术确定成核心根本，逐渐走向完善；而视频图像分析技术的成熟，也让这种算法的合理性得到了保证。

　　Blosseville 等通过图像处理技术对高速公路各类堵车情况进行了辨认，初期阶段，选择了 133 种情况作为研究对象，最终有效辨认出 124 个。对于路肩与核心车道中的汽车而言，识别结果十分精准，并且能够提供此时的堵车长度。Blosseville、Morin 与 Locegnies 经过视频图像处理与感应线圈辨认两种模式的比较分析，最终确定前者存在大量优势。Antony 与 Matthew（2002）为交通堵塞赋予如下含义，即占有率大于有效阈值，借助指数函数（Exponential）、对数正态分布（Lognormal）、对数逻辑（Loglogistic）、威布尔（Weibull）完成了交通堵塞时长的拟合分析，最终确定对数逻辑能够对这一时长进行有效说明。Ning Wu（2002）基于交通基本图将交通流划分为四种状态，分别是自由流——非车队状态和车队状态，拥挤——车队状态和堵塞状态，并提出五个交通参数标定这四种状态，得到一个三阶段速度—密度关系模型。

　　中国有关交通堵塞快速识别的探索时间并不长，概念、手段以及核心技术的探索面临着各种困难，大部分需要借鉴国际上的成功案例才能完成。

　　在宏观层面，马国旗（2004）结合交通流处理方式的差异，将交通流情况区分成三类，也就是通常、稳定与强制三类，完成了其中 3 个参数内在关联的探讨，借助概率论与回归法，将定性、定量两种研究方式搭配在一起，最终得到了全面、有效的划分方式。董斌（2006）根据在北京快速路采集所得的交通信息，针对交通情况发生改变时的交通流参数，包括流量、速度等，描绘出相应的时变图，同时指出速度有了明显的改变；通过参数累计曲线，得到了快速路交通情况出现变化的时间，能够对是否堵塞两种情况进行有效划分。王英平（2006）根据在北京快速路采集所得的交通信息，描绘出上述参数相互间的散点关系，指出交通流由畅行至堵塞后，信息汇聚于两个范围，借此能够直接定义畅行与堵塞情况，且它们之间有着信息间隙，所以判定此类交通流无持续性。研究了描述数据间隙的指标，认为车辆平均占有时间能够描述数据间隙，并利用该指标标定了交通流状态变化的确切时刻。

　　基于理论层面，王昊（2007）根据 Ning Wu 描绘的四相交通流基本图，对速度离散特性进行了探讨，指出速度离散特征受到交通流相关参数的影响，借助此前的基本图，全面说明了离散度在其中的布局原理。根据 Kerner 制作的三相交通流基本图模型，创建了全新模型，利用该模型能够完成速度离散性的分析与论证。关伟（2007）选择城市快速路交通流速度状态作为分析对象，开展分析工作，实践操作阶段，基于各种密度环境完成了速度散布特征的探讨，借助流量—密度平面区分交通流，得到四个稳态相位，即自由、谐动、同步与拥堵，通过上述相位的分析，采取定量方法明确了它们对应的区间。姜桂艳（2006）通过 Vissim 模拟法，完成了堵塞严重路段扩散性的分析与探讨，通过调整所得累计流量曲线，完成了堵塞时长的推导，最终确定与堵塞间隔较远的区域，振幅持续减小，上游堵塞情况的严重性由下游决定，而各路段间汽车的堵塞时长存在延滞性，以此为前提，对常见性堵塞路段做出了如下判定：堵塞车辆超过 16 辆、堵塞总长超过 40 米，以上两个数据也是堵塞路段判定最重要的指标。徐丽群（2005）通过交通堵塞及时检测与管制情况的研究，建立自主决策模型，该模型中包含两种算法，分别是交通堵塞自检与交通堵塞管制措施中使用的模糊推导，把流量、通行效率两者的比值（0.8 以下，0.8—1.0 范围内，超过 1.0）确定成参考，对交通流情况进行区分，主要包含三种情况，即稳定、堵塞、非常拥堵三种交通，通过模糊推导流程完成模糊分析，按照相应的情况对高速公路路口红绿灯显示时间做出合理设计，以此达到管理的目的。庄斌（2006）通过采集的占有率信息完成了其时序状态的研究，将平均占有率绝对差与相对差对应的阈值确定成规范，对交通流进行区分，最终得到正常、拥堵、明显拥堵、堵塞四类情况。戴红（2005）选择速度、占有率等交通参数，通过模糊识别法完成了交通情况的有效评估，根据所得结果，完成了交通情况的级别区分，即畅行、稳定、拥堵、堵塞。林瑜（2007）选择了两个变量进行分析，即汽车平均速度、堵塞车辆总长与该路段长的比值，以此对城市交通流堵塞情况进行评估，同时借助模糊逻辑完成了此类交通情况的量化研究。皮晓亮（2006）根据环形检测器，建立了交通情况等级划分标准。该标准将环境感应检测工具接收的流量、速度等真实信息作为基础，借助信息预处理方式，完成各种非正常信息的补偿，同时采取模糊聚类法，完成了上述信息的聚类处理，根据所有聚类中心，完成了城市交通情况的等级评定，主要包含四种，即畅行流、正常流、拥挤流和堵塞流。李志恒等（2008）根据模糊集合概念，制定了交通情况的模型构造流程，同时为空间模型赋予了有效含义，根据真实的交通信息，建立了有效的模式分解算法。段后利等（2009）基于路口整体状态值完成了其余位置的插值，同时把状态值转变为色彩，接着通过图像切割算法确定堵塞等级。任江涛等（2003）采取模式辨认法进行处理，把路网交通情况转变为具体的模式，借助仿真信息进行分析，确定所得结果有效。王力（2008）等通过模糊划分法对交通情况进行评估与判定。王建玲（2007）等则采取交通分流的方法，完成了堵塞情况的准确辨认。

综上所述，复杂的城市道路网络上，交通状态瞬息万变，如何对其进行准确预测及识别一直是交通科学和信息科学长期的挑战。目前的识别模式主要将城市路网中装配的检测器确定成核心工具，利用该工具获得的交通信息，经过相关分析与论证，同时利用交通工程与信息挖掘等概念，借助这部分真实的信息明确不同道路对应的特征。接着通过聚类分析研究法进行处理，由于所有交通情况的各项参数存在共通点，而各类情况中的参数明显存在差异，借此能够给各道路赋予具体、有效的特征参数，最终完成交通情况的识别，然而，这种模式在实时性方面达不到要求，所以不能在交通管制期间完成交通情况的识别。在交通状态预测及转变方面，传统的基于时间序列的交通拥堵预测方法，尽管在单一道路的交通流建模上取得了一定成果，但因其忽视了相邻道路交通状态对目标道路拥堵情况的潜在影响，导致在复杂多变的道路网络环境下难以实现高精度的预测。为解决这一问题，有文献创新性地提出了一种带有调节项的高阶多变量马尔可夫模型，该模型不仅能够精准捕捉并反映单条道路自身交通流状态随着时间演变的规律，还巧妙地处理了与其他相关交通流状态的复杂关联关系，从而在预测精度和效率上都取得了显著提升。这一方法的提出，为城市交通管理领域开发更加实用、高效的交通预测算法提供了重要的思路与借鉴。

四 多 Agent 系统在协调联动控制中的设计与应用研究

（一）协调联动控制方法相关研究

早期关于区域交叉口信号的联动管理的分析，大多数将引导确定成核心，许多专家表示，信号重置容易造成路网车流出现变化，导致车流需要从头安排，所以，实践分析时，对不同路段中的车辆进行了联动控制，但引导模型需要依托两项前提才能实现：引导人应当拥有各方面的数据和被引导者必须完全服从安排。然而，目前的技术水平有限，以上两个前提的实现面临一定的阻碍。按照 Wardrop 推导的路网车流分配的两个原理，建立了区域信号控制的双层模型，由均衡理论进行强制约束，确保所有驾驶员必须在规定的路线上行驶，杜绝为节省时间随意调整路线的行为，通过路网全局最优的思想，保证车辆能够在最快的时间到达目的地。双层模型的求解很不容易，计算量大，而且也涉及迭代问题。

目前国内外对城市信号的联动控制进行研究的方法主要集中在神经网络、模糊控制、多智能体与强化学习结合等方面。

2002年，Gartner 与 Stamatiadis 完成了 MAXBAND 软件的升级，借此求出可变绿波带宽对应的相位差。而且创建了适用范围更广的模型，根据 MAXBAND 模型能够保证城市路网交通信号实现联合管理。Lee（1999）借助检测器获得本地与邻近路口位置的车辆数据，利用参数相位顺序、长度使不同路口之间的路况得到有效管制。陈森发等（1998）将联合控制器置于两个信号控制器间，如此一来，能够直接确定上、下路口信号灯的指示情况，借此保证现在路口的信号做出最有效的指示，必须确保各路口实现正常的信息交流，才能避免两个路口的信号冲突。模糊控制、神经元网络均通过递阶管理架构来实现，只是以上方式依然无法满足当前交通流的需求。前者不具备自学性，也无法适用于各种环境；后者即便能够完成非线性与其他复杂系统的有效映射与模拟，然而配件方面的标准过于严苛，实际运用存在一定的阻碍。通过多 Agent 管理模式进行处理，必须考虑各类交通情况的自主调节问题，同时确保不同 Agent 的管理流程如何搭配处理，产生最优结果。Adler（2002）等根据多 Agent 系统，形成交通分布式管理理论模型。孙建平（2004）提出了根据交通管理区域联合调整与智能分配体系，使城市交通信号控制系统得到有效管理。通过学习能够改善独立交叉口信息管理情况，可以做到实时学习，然而，按照 Q 学习相关特点，其核心重点是对独立学习系统、环境沟通的探索，确定提升学习效率的手段，如果是多交叉口信息管理，存在一定的阻碍。分布式 Q 学习能够对这一情况进行处理，只是并未对所有交叉口进行集中处理，仅仅在决策期间扮演着辅助角色。早期的博弈论将所有 Agent 确定成独立的对象，然后通过具体有效的方案让回报表现为静态纳什平衡，它很难反映实际系统的动态特性，以及对理性个体要求过于严格。

综上所述，当前的研究重心主要聚焦于宏观模型在交通控制领域的应用问题之上，而尚未从相邻路口间相互影响的视角出发，对协调优化控制展开深入研究。这一现状导致动态的协调控制模型未能充分发挥其联动控制的效能，进而失去了动态控制所应有的重要意义。由于传统遗传算法早熟收敛，全局搜索能力不强，无法快速找到最佳配时方案，同时没有考虑相邻交叉口的关联性，针对这种情况，有人在文献中提出交叉口子区 Agent 代替传统的交叉口 Agent，在交叉口子区 Agent 中引入自适应遗传算法，算法根据交通流量的变化对绿信比进行优化，使交叉口平均延误时间最短。仿真实验表明，将基于自适应遗传算法的交叉口区域控制应用到交叉口信号控制中有更好的性能，证明了用交叉口区域智能体替代交叉口智能体的可行性。因此，城市交通信号控制系统作为一种分布式系统，把所有控制器均理解成独立的 Agent，借助不同 Agent 的联动控制，确保城市交通信号控制系统发挥最大作用，可以考虑利用自适应动态规划交互学习和演化博弈的方法来解决这类问题。

（二）多 Agent 系统的设计与实现相关研究

多 Agent 系统（Multi-Agent System，MAS）是由多个自主或半自主的 Agent 组成的集合，这些 Agent 能够协同工作以完成复杂的任务或解决大规模问题。MAS 的设计和实现涉及多个领域的知识，包括人工智能、分布式计算、控制理论等。由于其独特的优势，如灵活性、可扩展性、鲁棒性等，MAS 在智能交通、智能制造、智能家居等领域得到了广泛的应用。本书将对多 Agent 系统的设计与实现在国内外的研究现状进行综述，旨在深入了解该技术的发展趋势和应用前景。

在国内，多 Agent 系统的设计与实现主要关注于如何构建一个高效、稳定、可扩展的系统架构。研究人员提出了多种架构模型，如层次型、网状型、混合型等。层次型架构将 Agent 分为不同的层次，每个层次负责不同的任务，实现了任务的分解和分层管理。网状型架构则强调 Agent 之间的平等性和协作性，Agent 之间通过通信和协作共同完成任务。混合型架构则结合了层次型和网状型的优点，既实现了任务的分解和分层管理，又保证了 Agent 之间的平等性和协作性。在国内，Agent 之间的通信与协作是多 Agent 系统研究的重点之一。研究人员已然提出多种多样的通信协议以及协作策略，包括诸如基于消息的通信方式、基于共享的通信方式、基于黑板的通信方式等不同类型。就基于消息的通信而言，它主要是通过发送消息以及接收消息这样的操作，来促使 Agent 之间能够顺利地完成信息的交换以及相互协作的任务。基于共享的通信则是凭借着对数据或者状态信息进行共享的这种途径，进而实现 Agent 之间协同开展各项工作的目的。至于基于黑板的通信，是依靠黑板系统来对 Agent 之间整个协作的过程加以组织，并且进行有效的管理。

在国内，Agent 的智能性与自主性也是多 Agent 系统研究的重要方向。研究人员通过引入机器学习、深度学习、强化学习等技术来提高 Agent 的智能性和自主性。这些技术使 Agent 能够根据环境的变化自适应地调整行为策略，实现更加智能和自主的工作方式。在国外，多 Agent 系统的理论基础得到了深入的研究。研究人员从逻辑学、博弈论、决策理论等多个角度对多 Agent 系统的行为建模、决策推理、协调控制等方面进行了深入的探讨。这些理论为 MAS 的设计和实现提供了坚实的理论基础和指导。多 Agent 系统的应用领域非常广泛，涉及智能交通、智能制造、智能家居、环境保护等多个领域。在智能交通领域，MAS 被用于实现智能交通信号控制、车辆协同驾驶等功能；在智能制造领域，MAS 的用途在于实现智能生产调度、自动化仓储管理等一系列功能；在智能家居领域，MAS 能够实现智能家居设备的协同控制、智能安防等方面的功能。这些应用展示了 MAS 在解决实际问题中的巨大潜力和价值。在国外，多 Agent 系统的性能优化也是研究的热点之一。研究人员通过优化 Agent 之间的通信协议、协作策略、任务分配等方式来提高系统的整体性能和效率。此外，还有一些研究工作关注于如何降低 MAS 的复杂性和能耗，提高其可扩展性和鲁棒性。

虽然不管是在国内还是在国外，多 Agent 系统的设计与实现都取得了显著性进展，但仍存在一些问题。首先，如何设计高效的通信协议和协作策略以保证 Agent 之间的协同工作是一个重要的问题。其次，如何提高 Agent 的智能性和自主性以适应复杂多变的环境也是一个重要的研究方向。最后，如何优化 MAS 的性能和效率以满足实际应用需求也是一个亟待解决的问题。未来，随着人工智能、大数据、云计算等技术的不断发展，多 Agent 系统的设计与实现将迎来更加广阔的发展前景。一方面，新型的技术和方法将不断提高 Agent 的智能性和自主性，使 MAS 能够更好地适应复杂多变的环境。另一方面，MAS 将会应用于更多领域并得到推广，为社会发展带来更多便利条件和价值体现。

综上所述，多 Agent 系统的设计与实现在国内外都受到了广泛的关注和研究。通过构建高效稳定的系统架构、设计有效的通信协议和协作策略、提高 Agent 的智能性和自主性等方式，MAS 在多个领域展现出了巨大的潜力和价值。在未来，随着技术的持续发展以及应用需求的不断攀升，多 Agent 系统在设计与实现方面将会面临更多的机遇与挑战。与此同时，还需强化在隐私和数据安全等领域的研究工作，并做好应用方面的保障，以此来维护用户的合法权益以及社会的稳定。

五　视频技术在智能监控及交通管理中的研究与应用

（一）视频监控技术的应用相关研究

随着信息技术的飞速发展，视频监控技术已经成为现代社会治安防控、城市管理、交通监控等多个领域的关键技术。通过视频监控系统，人们可以实现对特定区域的实时监控、录像回放、目标跟踪等功能，大大提高了对突发事件的响应速度和处理效率。本书将对视频监控技术在国内外的研究现状进行综述，旨在深入了解该技术的发展趋势和应用前景。近年来，国内视频监控技术不断创新，从模拟信号到数字信号，再到高清、超高清的发展，视频监控的画质和传输效率得到了显著提升。同时，国内的研究机构和企业在视频监控的目标检测、跟踪、识别等方面也取得了重要进展，推动了视频监控技术的智能化发展。例如，通过深度学习算法，现在的视频监控系统可以实现对行人的面部识别、车辆的品牌识别等功能，大大提高了监控的准确性和效率。随着物联网、云计算等技术的发展，国内视频监控系统的智能化和网络化程度也在不断提高。通过将视频监控系统与大数据、人工智能等技术相结合，可以实现更加智能的监控和管理。例如，通过对大量监控数据的分析，可以预测某一区域的交通流量变化，为交通管理提供决策支持。同时，网络化的视频监控系统也实现了跨地区、跨部门的信息共享和协同工作,提高了监控的效率和覆盖范围。

相对于国内,国外在视频监控技术的基础理论和关键算法研究方面更为深入。国外的研究机构和高校在视频监控的目标检测、行为分析、场景理解等方面进行了深入研究,提出了许多先进的算法和模型。这些算法和模型不仅提高了视频监控的准确性和实时性,也为后续的研究和应用提供了有力的理论支持。在国外,视频监控系统的标准化和集成化也是研究的重点。通过制定统一的标准和规范,可以实现不同厂家、不同型号的视频监控系统的互联互通,提高了系统的兼容性和可扩展性。同时,集成化的视频监控系统可以将多个子系统整合为一个统一的平台,实现资源的共享和协同工作,提高了监控的效率和可靠性。

虽然视频监控技术在国内外都取得了显著的进展和应用,但仍面临着一些挑战和问题。首先,随着监控范围的扩大和监控数据的增加,如何保证视频监控的准确性和实时性成为一个亟待解决的问题。其次,视频监控技术的发展也面临着隐私和数据安全等方面的挑战。如何在保障公共安全的同时保护个人隐私和数据安全是一个需要深入研究的问题。未来,视频监控技术的发展将呈现以下几个趋势:一是智能化程度将进一步提高,通过深度学习、强化学习等技术实现更加智能的目标检测、行为分析等功能。二是网络化程度将进一步加强,实现跨地区、跨部门的信息共享和协同工作。三是隐私和数据安全将得到更加重视,通过加密技术、访问控制等手段保障用户隐私和数据安全。

综上所述,视频监控技术在国内外都受到了广泛的关注和研究。通过技术创新和应用、智能化和网络化等手段不断提高视频监控的准确性和效率,为公共安全、城市管理、交通监控等领域提供了有力的支持。未来随着技术的不断发展和应用需求的不断提高,视频监控技术将迎来更加广阔的发展前景。同时也需要加强隐私和数据安全等方面的研究和应用,保障用户的合法权益和社会稳定。

(二)视频处理和分析算法的优化和改进

视频处理和分析技术是现代信息技术的重要组成部分,广泛应用于安防监控、智能交通、视频编辑、内容推荐等多个领域。随着高清、超高清视频的普及以及视频数据量的爆炸式增长,视频处理和分析算法的优化和改进变得尤为重要。国内外众多研究机构和学者在此领域进行了深入的研究和探索，旨在提高视频处理和分析的准确性和效率。

在国内，视频处理算法的优化主要关注于提高处理速度和降低计算复杂度。针对高清、超高清视频处理中的计算瓶颈，国内研究人员提出了多种优化方法。例如，利用 GPU 加速、多核并行计算等技术，实现对视频帧的快速处理。此外，还有研究者关注于视频压缩编码的优化，旨在减小视频文件的大小，降低存储和传输成本。在视频分析方面，国内研究主要关注于目标检测、跟踪、识别等任务。随着深度学习技术的兴起，国内研究者将深度学习模型应用于视频分析领域，取得了显著的成果。例如，利用卷积神经网络（CNN）进行目标检测，利用循环神经网络（RNN）进行视频序列的分析和处理。同时，还有研究者更加关注视频内容的语义理解和情感分析方面的研究，目的在于在更深层次实现视频内容分析。

在国外，视频处理算法的研究更加注重创新性和实用性。研究者不断探索新的视频处理技术，如基于深度学习的视频超分辨率重建、视频去噪、视频增强等。这些技术旨在提高视频质量，使视频内容更加清晰、逼真。在视频分析方面，国外研究者关注于算法的精细化和准确性。他们利用先进的计算机视觉技术和深度学习方法，对视频中的目标进行精细化的分析和处理。例如，通过深度学习模型实现对视频目标的精确跟踪和识别，甚至实现对目标行为的预测和分析。此外，还有研究者致力于视频内容结构化分析与语义理解研究，实现更深层次的视频内容分析。

尽管国内外在视频处理和分析算法的优化和改进方面取得了显著的进展，但仍面临一些挑战和问题。例如，如何进一步提高视频处理和分析的准确性和效率，如何处理大规模、高复杂度的视频数据等。未来，随着计算机视觉、深度学习等技术的不断发展，视频处理和分析算法的优化和改进将迎来更加广阔的发展前景。一方面，新型算法和技术的出现将进一步提高视频处理和分析的准确性和效率；另一方面，视频处理和分析算法的应用场景正在不断扩展和深化，将应用于更多领域，为社会发展带来更高价值。

综上所述，视频处理和分析算法的优化和改进在国内外都受到了广泛的关注和研究。通过优化处理算法、改进分析算法、引入新技术等方法，国内外研究者不断提高视频处理和分析的准确性和效率。随着各类技术持续不断地发展以及应用需求的日益提高，视频监控技术势必会迎来更为广阔的发展空间与前景。但在这个过程中，必须同步强化在隐私以及数据安全等诸多方面的深入研究与有效应用，以此来切实保障广大用户的合法权益不受侵害，进而维护整个社会的和谐稳定。

（三）视频联网和多 Agent 技术在交通管理中的应用

随着城市化进程的加快和交通流量的不断增加，交通管理面临着越来越多的挑战。视频联网技术和多 Agent 系统的出现为交通管理带来了新的机遇。视频联网技术能够实时采集、传输和处理交通视频数据，为交通管理提供丰富的信息支持；而多 Agent 系统则能够模拟人类的协同工作行为，实现多个智能体之间的协同决策和协作。国内外学者在视频联网和多 Agent 技术在交通管理中的应用方面进行了广泛研究，本书将对相关研究进行综述，以期为交通管理的智能化发展提供参考和借鉴。

在国内，视频联网技术被广泛应用于交通监控、交通流量统计、违章行为识别等场景。例如，通过部署在关键路段的摄像头，可以实时监控道路交通情况，及时发现交通拥堵、事故等异常情况；通过对交通视频数据的处理和分析，可以统计交通流量、车辆类型、行驶速度等信息，为交通规划和管理提供依据；此外，利用深度学习等技术，还可以实现对违章行为的自动识别和记录，提高交通执法的效率和准确性。在国内，多 Agent 技术也被应用于交通管理中。例如，通过构建多 Agent 交通管理系统，可以实现多个智能体之间的协同决策和协作，提高交通管理的智能化水平。具体而言，每个 Agent 可以负责不同的交通管理任务，如交通信号控制、路径规划、车辆调度等，通过 Agent 之间的通信和协作，可以实现全局最优的交通管理策略。在国内，一些学者开始研究结合视频联网技术与多 Agent 技术，以进一步提高交通管理的智能化水平。例如，通过将视频数据作为多 Agent 系统的输入信息，可以实现基于视频数据的交通状态感知和决策；同时，利用多 Agent 系统的协同决策和协作能力，可以实现对交通视频数据的智能分析和处理。此类融合应用充分发挥视频联网技术和多 Agent 技术的联合优势，使交通管理更加高效准确。

在国外，视频联网技术在交通管理中的应用也得到了广泛研究。例如，一些发达国家通过建设智能交通系统（ITS），将视频联网技术与其他交通管理技术相结合，实现了对道路交通情况的实时监控和智能分析。这些系统可以自动识别和记录交通违法行为、交通事故等异常情况，并及时向交通管理部门发送报警信息，提高交通管理的效率和安全性。在国外，多 Agent 技术也被广泛应用于交通管理中。例如，一些研究者利用多 Agent 技术构建智能交通控制系统，实现对交通信号的智能控制和调度。这些系统可以根据实时交通数据调整交通信号灯的配时方案，以缓解交通拥堵和提高道路通行效率。除此之外，多 Agent 技术在车辆协同驾驶、智能交通诱导等诸多领域也得到了应用，在很大程度上提升了道路行驶的安全性以及车辆的通行效率。国外的一些研究者已经着手对视频联网技术与多 Agent 技术的融合进行探索，目的在于进一步提升交通管理方面的智能化程度。比如，一些研究团队利用深度学习技术对交通视频数据进行分析和处理，提取出有用的交通信息作为多 Agent 系统的输入数据；然后利用多 Agent 系统的协同决策和协作能力实现对交通状态的智能感知和决策。

尽管视频联网和多 Agent 技术在交通管理中的应用取得了显著的进展，但仍面临着一些挑战和问题。例如，如何保证视频数据的实时性和准确性？如何设计高效的多 Agent 协同决策和协作机制？如何处理交通管理中复杂多变的情况？未来随着人工智能技术的不断发展和交通管理需求的不断提高，视频联网和多 Agent 技术在交通管理中的应用将迎来更加广阔的发展前景。一方面，新型的技术和方法将不断提高视频数据处理和分析的准确性和效率；另一方面，随着多 Agent 系统理论的深入研究和应用场景的不断拓展，多 Agent 技术将能够更好地模拟人类的协同工作行为，实现更加智能和高效的交通管理策略。此外，随着物联网、大数据等技术的融合应用，视频联网和多 Agent 技术还将在更广泛的领域得到应用和推广，为城市交通的智能化发展提供更加全面的技术支持。

综上所述，视频联网和多 Agent 技术在交通管理中的应用具有重要的现实意义和应用价值。国内外学者在相关领域进行了广泛研究并取得了一定的成果。然而，仍需要不断探索和创新以提高交通管理的智能化水平和效率。通过深入研究和实践不断推动视频联网和多 Agent 技术在交通管理中的应用和发展，将为城市交通的智能化发展提供更加坚实的技术支撑。

本章小结

本章系统地介绍了智能交通管理关键技术的研究进展，深入探讨了本研究的背景、目的与价值，涵盖交通流监测、区域动态划分、状态快速识别、多 Agent 系统应用、视频监控技术集成以及 Agent 通信协作。通过横向对比国内外研究，本章揭示了技术演进的脉络，为智能交通管理的未来发展提供了清晰的路线图和研究方向。

第二章

相关理论基础

第一节 智能交通系统

智能交通系统（Intelligent Transportation System，ITS）是未来交通系统的璀璨发展方向。在当今科技飞速发展的时代浪潮中，它巧妙地将先进的信息技术、高速的数据通信传输技术、灵敏的电子传感技术、精准的控制技术以及强大的计算机技术等多种前沿科技有效地集成在一起，并全面运用于整个地面交通管理系统之中。由此得以建立起一种在广阔的大范围内、全方位立体式发挥重要作用的实时、准确且高效的综合交通运输管理系统。这种系统犹如交通领域的智慧大脑，时刻监测着交通状况，为人们的出行提供着可靠的保障，推动着城市交通向更加便捷、高效、智能的方向不断迈进。

一、智能交通系统的概念

智能交通系统，作为现代交通管理的璀璨明珠，远非单一技术应用的简单堆砌，而是一个错综复杂却又高度集成的系统网络。它犹如城市的神经中枢，通过精密的架构和先进的科技手段，对庞大的交通网络进行全面而细致的管理与优化。

该系统深度融合了信息技术的最新成果，构建了一个高效的信息采集、处理与发布平台。在这个平台上，海量的交通数据被实时捕捉，无论是车辆的位置、速度，还是道路的拥堵状况、事故信息等，都被准确无误地收录并快速处理。这些处理后的信息，再通过多样化的渠道迅速传递给交通参与者，如手机 App、车载导航、路边显示屏等，为他们提供及时、准确的出行指导，有效地避免了盲目出行和无效等待。

智能交通系统还巧妙地运用了电子传感和自动控制技术，对交通流进行智能化的调控。通过智能信号灯、可变车道标识、动态交通诱导等手段，系统能够实时感知交通状况的变化，并自动调整交通信号配时和车道分配，以最大限度地优化交通流，减少拥堵现象的发生。这种智能化的调控方式，不仅提高了道路通行能力，而且显著降低了交通事故的发生率，为市民的出行安全提供了有力保障。

智能交通系统还广泛覆盖了公共运输管理、车辆安全控制、不停车收费、应急管理等众多领域。在公共运输管理方面，系统通过智能调度和实时监控，确保了公交、地铁等公共交通工具的准时准点运行；在车辆安全控制方面，则通过安装先进的传感器和制动系统，实现了车辆的主动避障和紧急制动；在不停车收费方面，则利用 RFID 等无线通信技术，实现了车辆的高速通过和自动扣费；在应急管理方面，则通过构建应急指挥中心和快速响应机制，确保了突发事件能够得到及时有效的处理。

这些子系统之间相互协作、密切配合，共同构建了一个高效、安全、便捷的智能交通体系。它们不仅提升了整个交通体系的运行效率和服务水平，还极大地改善了市民的出行体验和生活质量。随着科技的不断进步和应用的不断深化，智能交通系统必将在未来的城市交通管理中发挥更加重要的作用，为城市的可持续发展和居民的美好生活贡献更多的智慧和力量。

二　智能交通系统的核心技术

智能交通系统（ITS）作为现代城市发展与交通管理领域的璀璨明珠，正以前所未有的速度引领交通行业的深刻变革。该系统通过集成并优化一系列前沿技术，不仅极大地提升了交通运行的安全性、流畅性和环境友好性，还为实现城市交通的智能化、高效化、绿色化奠定了坚实基础。

在智能交通系统的技术架构中，交通感知技术犹如其敏锐的"眼睛"和"耳朵"，通过遍布城市各个角落的高精度传感器、高清监控摄像头以及雷达等先进设备，实时捕捉并分析道路交通环境及参与者的动态信息。这些信息包括但不限于车辆的位置、速度、行驶轨迹、道路拥堵状况、行人流动等，为后续的交通管理与决策提供了详尽而准确的数据支撑。

数据通信技术则是智能交通系统信息流动的"血脉"。它依托于高速、低延迟的无线通信网络，如5G、LTE-V2X等，构建了一个车与车、车与路、车与云之间无缝衔接的通信环境。这一技术使交通数据能够实时、准确地传输至交通管理中心或车载终端，为智能交通系统的各项功能提供了强大的信息保障。

交通决策与控制技术则是智能交通系统的"大脑"。它基于海量的交通数据，运用先进的预测、分析和优化算法，快速生成并执行最优的交通决策方案。通过智能信号灯控制、动态车道分配、交通诱导等手段，该技术能够实现对交通流的精细化管理和精确控制，有效缓解交通拥堵，提高道路通行效率。

智能交通管理与服务技术则更像是智能交通系统的"贴心助手"。它利用大数据、云计算等先进技术，对交通态势进行全面分析，为交通管理部门提供科学的决策依据。同时，具有路况监测、交通信息发布、导航与路线规划等功能，为驾驶员提供便捷、高效的出行服务，帮助他们避开拥堵路段，节省出行时间，提升出行体验。

安全保障技术则是智能交通系统不可或缺的"守护者"。它集成了车辆防撞、交通违法监测、交通事故预警与处理等多种功能，通过实时监测交通状况和事件，及时发现并处理潜在的安全隐患。这些技术的应用不仅显著提升了交通安全性，还降低了交通事故的发生率，为市民的出行安全保驾护航。

而智能辅助驾驶技术作为智能交通系统的未来之星，正逐步从实验室走向实际应用。它利用先进的感知和计算技术，为驾驶员提供车辆定位、车道保持、自动泊车等辅助功能，极大地减轻了驾驶员的驾驶负担。随着技术的不断成熟和完善，智能辅助驾驶技术有望在未来实现更高级别的自动驾驶，彻底改变人们的出行方式。

综上所述，智能交通系统的核心技术通过感知、通信、决策、管理、服务和安全保障等多个维度的深度融合与创新应用，全方位提升了交通系统的智能化水平。这一系统的广泛应用不仅有助于解决当前城市交通面临的诸多难题和挑战，还将为城市的可持续发展注入新的活力和动力。

三 智能交通系统的组成与功能

（一）智能交通系统的组成

智能交通系统作为现代交通管理的核心框架，其高效运作依赖于多个精密且相互关联的组成部分。这些组成部分共同协作，实现了交通信息的全面采集、智能处理与及时发布，极大地提升了交通系统的安全性、效率与环保性。

1. 交通信息采集系统

交通信息采集系统是智能交通系统的基石，它通过多种手段实时捕获道路交通的各类数据。这一系统包括人工输入方式，如交警或交通管理人员的现场报告；同时也融合了先进的自动化技术，如GPS车载导航仪器和GPS导航手机，它们能够实时定位并传输车辆位置信息。此外，车辆通行电子信息卡、CCTV摄像机、红外雷达检测器、线圈检测器以及光学检测仪等设备也发挥着关键作用，它们分布在道路网络的关键节点，不间断地监测车辆行驶状态、道路占用情况及交通流量等关键参数，为后续的交通管理提供了翔实的数据。

2. 信息处理分析系统

信息处理分析系统是智能交通系统的"大脑"，负责对采集到的海量交通信息进行深度加工和智能分析。这一系统由信息服务器作为数据存储与处理的中心，依托强大的计算能力，对原始数据进行清洗、整合和挖掘。同时，专家系统通过内置的专业知识和算法模型，对交通数据进行深度分析，预测交通趋势，识别潜在问题。GIS（地理信息系统）应用系统的加入，则使交通信息能够在空间维度上进行可视化展示，为决策者提供了直观、全面的交通状况视图。在某些情况下，人工决策也会参与进来，特别是在复杂或特殊情况下，人类的专业判断和经验往往能发挥不可替代的作用。

3. 信息发布系统

信息发布系统是智能交通系统与公众之间的桥梁，负责将处理分析后的交通信息及时、准确地传递给出行者。这一系统充分利用了多种信息传播渠道，包括互联网、手机应用、车载终端等数字化手段，以及广播、路侧广播、电子情报板等传统媒介。通过互联网和手机应用，出行者可以随时随地查询实时路况、公交到站时间等信息；车载终端则通过显示屏直接向驾驶员展示导航指引和交通提示；而广播、路侧广播和电子情报板则覆盖了更广泛的受众群体，尤其是在移动中的人群，确保信息的广泛传播和即时接收。此外，电话服务台也作为一种补充手段，为需要人工帮助的出行者提供了便捷的咨询渠道。通过这些多样化的信息发布方式，智能交通系统实现了交通信息的全面覆盖和精准推送，极大地提升了公众的出行体验感和满意度。

（二）智能交通系统的功能

智能交通系统作为现代城市交通管理的核心支撑，集成了先进的信息技术、通信技术、控制技术和人工智能等多种高科技手段，旨在提升交通效率、保障交通安全、缓解交通拥堵并减少环境污染。其强大而多样的功能，不仅改变了人们的出行方式，还深刻地影响着城市的发展格局。以下是对智能交通系统主要功能的详细介绍：

1. 交通信息采集与监控

智能交通系统的首要功能是全面、实时地采集交通信息并进行有效监控。通过部署在道路网络中的各类传感器（如线圈检测器、红外雷达检测器、光学检测仪等）、CCTV摄像机以及GPS导航设备等，系统能够不间断地收集车辆流量、行驶速度、道路占用率、交通事件等数据。同时，结合人工输入的信息，如交警现场报告，形成了一套完整、准确的交通信息数据库。这些信息为后续的交通管理和决策奠定了坚实的基础。

2. 交通流预测与调度

基于采集到的实时交通信息，智能交通系统利用先进的数据分析算法和模型，能够准确预测未来的交通流量变化趋势和道路拥堵情况。通过预测结果，系统可以自动调整交通信号灯的配时方案，优化交通流的分配，减少等待时间和交通冲突。此外，对于公共交通系统，如公交和地铁，系统还能根据客流需求进行车辆调度，提高运营效率和服务质量。

3. 交通安全管理与应急响应

智能交通系统在提升交通安全方面发挥着重要作用。它通过对车辆行驶轨迹的跟踪和监测，可以及时发现并预警潜在的交通事故风险，如超速、违规变道等行为。同时，系统还能与紧急救援机构联动，一旦发生交通事故或其他紧急事件，能够迅速启动应急响应机制，调度救援力量前往现场，最大限度地减少人员伤亡和财产损失。

4. 出行信息服务与导航

智能交通系统提供了丰富的出行信息服务，包括实时路况查询、公交到站时间预测、停车场空位查询等。这些信息通过互联网、手机应用、车载终端等多种渠道向公众发布，帮助出行者做出更加合理、高效的出行决策。此外，系统还具备智能导航功能，能够根据实时交通状况为出行者规划最优路线，避开拥堵路段，提高出行效率。

5. 环保与节能减排

智能交通系统致力于环保与节能减排。通过优化交通流、减少等待时间和交通冲突，系统能够显著降低车辆的燃油消耗和尾气排放。同时，对于公共交通系统的优化调度，也能鼓励更多市民选择绿色出行方式，减少私家车的使用，从而进一步降低城市交通对环境的影响。

6. 交通规划与政策制定

智能交通系统为交通规划和政策制定提供了有力支撑。通过对历史交通数据的分析和挖掘，系统能够揭示交通需求的变化规律和特点，为城市规划者提供科学的决策依据。此外，系统还能模拟不同交通政策实施后的效果，评估其对交通状况、环境质量和经济效益等方面的影响，为政策制定者提供了参考和借鉴。

智能交通系统以其强大的信息采集、预测调度、安全管理、信息服务、环保节能以及规划支持等功能，正逐步改变城市交通面貌。随着技术的不断进步和应用的不断深入，智能交通系统将在未来城市交通管理中发挥更加重要的作用。

第二节 视频联网技术基础理论概述

随着信息技术以惊人的速度迅猛发展，数字化浪潮以前所未有的力量席卷而来，深刻地改变着现代生活和社会的方方面面。在这一变革的进程中，视频监控已悄然成为现代社会中不可或缺的关键组成部分，犹如一张无形却又无处不在的守护网，时刻保障着社会的安全与秩序，推动着各个领域的高效运作。尤其是在公共安全领域，它成为预防和打击犯罪的有力武器，为执法部门提供了实时的现场画面，助力快速侦破案件，维护社会的稳定和谐；在智能交通领域，它能实时监测交通流量、路况信息，为交通管理和调度提供决策依据，有效缓解交通拥堵，提升出行效率和安全性；在商业应用领域，它不仅用于店铺的安全防范，还能通过对顾客行为的分析，优化商品陈列和营销策略，提高商业运营的效益和竞争力。其重要性随着社会的发展和需求的增长日益凸显，成为保障社会正常运转和经济发展的重要基石。

视频联网技术，作为视频监控领域的核心驱动力，宛如一座坚固的桥梁，为跨地域、跨平台的视频信息传输、存储、分析和共享搭建了畅通无阻的通道，提供了强大而坚实的支撑。它的出现和发展，彻底改变了传统视频监控孤立、分散的局面，将一个个独立的监控节点紧密地连接在一起，形成了一个有机的整体。通过现代先进的网络技术，无论是分布在城市不同角落的公共安全监控设备，还是跨越不同地区的智能交通摄像头，或者是分散在各个商业场所的监控系统，都能够实现无缝对接，使视频信息能够在广袤的网络空间中自由流动，实现了监控资源的最大化利用和优化配置。

视频联网技术，简言之，是指借助现代前沿的网络技术手段，将分散在不同地理位置、不同系统平台的视频监控设备有机地连接起来，从而达成视频信息的实时、高效传输与共享的目标。它宛如一把神奇的钥匙，打破了传统视频监控所固有的地域限制枷锁，让监控资源不再受限于局部的空间范围，能够在更广阔的领域内得到更加合理、有效地调配和利用。

视频联网技术的重要性体现在多个关键维度。

首先，实时性。这是其核心优势之一。通过视频联网，监控人员仿佛拥有了一双千里眼，能够实时获取到各个监控点的视频信息，无论距离有多遥远，都如同身临其境。这种实时的视觉感知能力使他们能够在第一时间发现异常情况，如公共场所的突发安全事件、交通路口的事故等，并迅速做出响应，及时采取有效的措施进行处理，将潜在的危害和损失降到最低程度。

其次，高效性。视频联网技术在视频数据的传输和存储方面展现出了卓越的效能。它采用了先进的数据压缩算法和高效的传输协议，能够在保证视频质量的前提下，实现视频数据的快速传输，大大减少了数据传输的时间成本和带宽占用。同时，在存储方面，通过智能化的存储管理系统，能够对海量的视频数据进行合理分类、存储和检索，提高了存储资源的利用率和数据访问的效率，从而极大地提升了整个监控系统的运行效率，确保监控系统能够持续稳定地运行，为各种应用场景提供可靠的支持。

最后，智能化。随着人工智能、大数据分析等先进技术与视频联网技术的深度融合，它为监控系统赋予了全新的智慧和能力。结合人工智能的图像识别、行为分析技术，视频联网技术可以实现自动化监控，无须人工时刻值守，系统能够自动识别异常行为和事件，如人员的异常聚集、物体的违规移动等。同时，通过大数据分析对历史视频数据的挖掘和分析，能够实现智能预警功能，提前预测可能出现的安全隐患和风险，为决策提供科学依据，极大地提高了监控系统的智能化水平，使其从传统的被动监控转变为主动的智能防范，为社会的安全和发展提供更加有力的保障。

一　视频联网技术的发展历程

视频联网技术的发展历程主要经历了以下几个阶段：

（一）模拟监控阶段

20世纪70—90年代：这是视频监控的早期阶段。在这个时期，视频监控系统主要采用模拟技术，使用模拟摄像机来采集图像信号，通过同轴电缆将信号传输到监控中心的监视器上。这种方式的优点是技术相对简单，成本较低，能够满足基本的监控需求。例如，一些银行、商场等场所开始安装模拟监控系统，用于安全防范。但是，模拟监控系统存在着很多局限性，比如图像分辨率低、信号易受干扰、传输距离有限、无法进行远程监控等。

（二）数字监控阶段

20世纪90年代末至21世纪初：随着数字技术的发展，数字监控系统逐渐兴起。这一阶段的监控系统采用"PC+多媒体卡"的方式，将模拟视频信号转换为数字信号进行处理和存储。数字监控系统克服了模拟监控的一些缺点，图像质量有了明显提高，能够实现简单的视频编辑和存储管理，并且可以通过网络进行一定程度的远程监控。不过，这种系统的稳定性和兼容性还不够完善，系统的建设和维护成本也相对较高。

（三）网络监控阶段

21 世纪初至 21 世纪前 10 年：网络技术的快速发展推动了视频监控向网络监控阶段迈进。网络摄像机的出现使视频信号可以直接通过网络进行传输，不再需要额外的信号转换设备。网络监控系统具有更高的灵活性和可扩展性，能够实现远程实时监控、多地点集中管理、视频资源共享等功能。同时，网络监控系统还支持高清视频传输，图像质量得到了极大的提升。在这一阶段，视频监控系统在城市安防、交通管理、企业管理等领域得到了广泛的应用。

（四）智能监控阶段

2010 年以来：随着人工智能、大数据、云计算等技术的不断发展，视频监控进入了智能监控阶段。智能监控系统能够对视频图像进行智能分析和处理，如人脸识别、行为分析、车牌识别等，实现了对异常事件的自动检测和预警。同时，云存储技术的应用使视频数据的存储和管理更加便捷、安全。此外，移动互联网的普及也使用户可以通过手机、平板电脑等移动设备随时随地访问和查看监控视频。

视频联网技术的发展历程是一个不断演进和完善的过程，从模拟到数字、从网络到智能，每一个阶段都为视频监控领域带来了新的机遇和挑战，也为人们的生产生活提供了更加安全、便捷的保障。

二　视频联网技术的关键技术

（一）视频编码技术

1. H.264/AVC 和 H.265/HEVC 标准

H.264/AVC 是一种被广泛应用的视频编码标准，它运用了多种先进编码技术。帧内预测利用图像帧内空间相关性，以相邻像素预测来减少数据冗余。比如，对于一个像素块，依据周围像素灰度值预测其可能值，再对预测误差编码。帧间预测则借助视频序列中相邻帧的时间相关性，通过运动估计和运动补偿减少时间冗余。像在连续视频帧中，背景和物体运动大多连续，找到前一帧物体位置并补偿，就能用更少数据表示当前帧。H.264/AVC 能在保障视频质量的同时，有效降低数据量，节省存储和传输带宽。

H.265/HEVC 作为 H.264 的继任者,进一步提升了编码效率。它采用更灵活的编码单元划分方式,如四叉树结构的编码单元,能更好适应不同分辨率和复杂程度的视频内容。对于高分辨率视频,可更精细划分编码单元。同时,增加了新的预测模式如角度预测等,提高了预测准确性。与 H.264 相比,在相同视频质量下能节省约 50% 的码率,对高清和超高清视频的存储与传输意义重大。

2. AV1 标准

AV1 是由开放媒体联盟开发的开放、免版税视频编码格式。其目标是为满足未来超高清、高帧率视频需求,提供比 H.265 更高的编码效率。AV1 采用多种创新编码技术,如基于块的变换、预测和熵编码等。它的变换编码采用更灵活的变换块大小和多种变换类型,能更好地适应不同视频内容特征。例如,对复杂纹理图像区域,可用较小变换块精细编码。AV1 还支持多层编码,可根据不同应用场景和带宽条件,提供不同质量层次的视频流,增强了视频传输灵活性。

(二) 视频传输技术

1. 流媒体传输协议

(1) RTSP (Real-Time Streaming Protocol)。RTSP 是用于控制实时流媒体数据传输的应用层协议。它允许客户端(如视频播放器)对媒体服务器上的视频流进行播放、暂停、快进、快退等操作。RTSP 本身不传输数据,而是通过建立会话,协调客户端和服务器之间的媒体传输。比如,用户通过视频客户端请求播放视频时,RTSP 协议先建立连接,协商传输参数,再由其他协议(如 RTP)进行实际数据传输。

(2) RTP (Real-time Transport Protocol) /RTCP (RTP Control Protocol)。RTP 是用于实时传输音频和视频数据的协议,提供时间戳、序列号等信息,保证视频数据在网络上的实时性和顺序性。例如,在视频会议中,RTP 确保不同参与者的视频和音频数据按正确顺序和时间播放。RTCP 与 RTP 配合使用,用于监控数据传输质量,如统计丢包率、抖动等参数,并反馈给发送方,以便其调整传输策略。

(3) HTTP-based Streaming (如 HLS 和 DASH)。基于 HTTP 的流媒体传输协议,如苹果的 HLS (HTTP Live Streaming) 和 MPEG-DASH

（Dynamic Adaptive Streaming over HTTP）。HLS 将视频流分割成一系列小的、基于 HTTP 的文件片段，客户端可根据网络带宽和播放设备性能，动态选择不同分辨率和码率的片段播放。例如，在移动网络环境下，网络带宽低时，客户端选择低分辨率、低码率视频片段保证流畅播放。DASH 是更通用的自适应流媒体标准，同样分割视频流为片段，通过媒体表示描述（MPD）文件提供视频流元数据，使客户端依据网络状况自适应选择合适片段。

2. 网络适应性技术

（1）码率自适应。码率自适应是视频传输关键技术。它依据网络带宽实时变化，动态调整视频码率。网络带宽变窄时降低码率，减少数据量防止卡顿；带宽变宽时提高码率，提供更高质量视频。该技术结合流媒体传输协议，通过客户端和服务器交互实现。如在 DASH 协议中，客户端依据网络状况和自身性能，从服务器提供的多码率版本视频片段中选择合适的播放。

（2）抗丢包技术。网络传输中数据包丢失常见，尤其在无线网络和拥塞网络环境。抗丢包技术主要有前向纠错（FEC）和重传机制。FEC 在发送端对数据冗余编码，接收端丢失部分数据包时，可依据冗余信息恢复。例如，发送端用里德—所罗门码等纠错码对视频数据编码，接收端依据接收数据和纠错码恢复丢失数据。重传机制是检测到数据包丢失时，接收端请求发送端重发。但重传会延迟，需平衡延迟和丢包恢复。

（三）视频存储技术

1. 存储介质与架构

（1）硬盘存储（DVR 和 NVR）。数字视频录像机（DVR）用于存储模拟视频信号数字化后的视频数据，常采用硬盘为存储介质，内部有多个硬盘插槽，可插入不同容量硬盘。网络视频录像机（NVR）存储网络摄像机传输的数字视频数据，通过网络接口接收视频流存于硬盘。NVR 的优势是可接入多个网络摄像机，支持远程访问管理。例如，小型监控系统中，DVR 或 NVR 存储摄像头采集的视频数据，方便用户查看历史记录。

（2）云存储。云存储基于云计算，将视频数据存于云端服务器。

用户经互联网访问服务，上传下载数据。其优点是存储容量大、可扩展性强、便于数据共享管理。如大型企业或城市级视频监控系统，云存储提供海量空间，依需增容。且不同地点用户可共享访问视频数据，提高利用效率。

2. 存储管理技术

（1）数据索引与检索。视频存储量增加，快速查找所需视频片段成为关键。存储管理利用数据索引和检索方法，对视频数据标记分类。如依据时间、地点、事件类型等建立索引，用户查找特定时间或地点视频时，通过索引快速定位。高级检索技术可基于内容检索，像图像识别查找含特定人物、车辆或事件的视频片段。

（2）数据备份与恢复。为防止视频数据因设备故障、人为误操作等丢失，有数据备份和恢复机制。备份方式多样，如定期备份到其他设备或异地存储。设备故障或数据丢失时，用备份数据恢复。例如企业视频存储系统，每天或每周将数据备份到外部硬盘或云端，保证数据安全。

（四）视频分析技术

1. 目标检测与识别技术

（1）人脸识别。人脸识别在视频分析中应用广泛。它提取视频帧中人脸特征，如五官位置、形状、纹理等，与预存人脸数据库比对识别特定人物。采用多种算法，如基于深度学习的卷积神经网络（CNN）算法。在安防领域，监控视频中人脸识别可识别可疑人员，或用于门禁系统身份验证。

（2）车辆识别。包括车牌识别和车辆类型识别。车牌识别对视频帧中车牌区域进行图像处理，提取车牌号码，利用光学字符识别（OCR）技术，经图像预处理、字符分割、字符识别等步骤实现准确识别。车辆类型识别依据车辆外形、尺寸、颜色等特征判断类型，如轿车、客车、货车等。在交通管理中，用于违法查处、停车场管理等。

2. 异常行为检测

通过分析视频中人物或物体的运动轨迹、动作姿态等，检测异常行为。如监控区域内有人长时间徘徊、奔跑、翻越围栏等，系统会将其判断为异常行为并发出警报。利用机器学习和深度学习算法，通过学习大量正常行为数据建立行为模型，对比视频中行为与模型，发现不符合正常模式情况。

3. 流量分析与预测

对交通视频或人员聚集场所视频，分析流量预测变化趋势。如城市交通路口，分析车辆行人流量，结合时间、天气等因素，预测交通拥堵情况，为管理部门决策提供依据。常采用时间序列分析、深度学习的循环神经网络（RNN）等方法。

三 视频联网技术的发展趋势

视频联网技术在交通领域发挥着至关重要的作用，为交通管理和出行服务带来了诸多变革和提升。

在交通监控与路况监测上，视频联网技术通过在道路的关键节点如路口、桥梁、隧道等位置安装摄像头，实现了对交通状况的全面实时监控。这些摄像头能够实时采集交通流量、车速以及车辆排队长度等关键信息。交通管理部门借助监控中心的屏幕，可以远程清晰地查看各个路段的实时路况。依托于先进的视频分析技术，视频联网系统能够自动检测各类交通事件，无论是交通事故、车辆故障，还是道路施工、交通违法等情况，系统都能迅速识别并发出警报。

在交通执法与管理上，视频监控记录在交通执法过程中具有不可替代的重要性。它可以作为查处各种交通违法行为的关键证据，包括超速、超载、酒驾、无证驾驶等。在交通事故处理中，视频记录更是能够准确还原事故现场的情况，帮助交警部门公正、准确地判断事故责任。例如，在处理一起两车碰撞的事故时，通过查看事故发生路段的监控视频，可以清晰地看到车辆的行驶轨迹、速度以及碰撞瞬间的情况，从而确定事故是由哪一方的违规行为导致的，大大提高了执法的公正性和准确性。

在交通流量分析与管理上，对大量的视频监控数据进行深入分析，能够为交通管理提供科学依据。通过分析不同时间段、不同路段的交通流量变化规律，交通管理部门可以制定更加合理的交通疏导策略。例如，根据数据分析发现某条道路在工作日的晚高峰时段，由东向西的交通流量明显大于由西向东的交通流量，那么就可以针对性地调整交通信号灯的配时，增加东向西方向的绿灯时间，减少西向东方向的绿灯时间，以提高道路的整体通行效率。同时，这些数据还可以为道路建设规划提供参考，帮助确定哪些路段需要拓宽或新建，以满足日益增长的交通需求。

在出行信息服务方面，视频联网技术为出行者提供了及时准确的路况信息服务。通过将视频监控获取的路况信息，借助互联网、移动应用程序以及道路旁的电子显示屏等多种渠道发布给公众，出行者可以在出发前提前了解道路的通行状况，从而选择最佳的出行路线和出行时间。例如，一些地图导航应用会实时接收交通管理部门发布的路况信息，并根据这些信息为用户提供实时的导航建议。如果前方路段出现拥堵，导航会自动规划避开拥堵路段的新路线，帮助用户节省出行时间，提高出行效率。在高速公路上，视频联网技术也有着重要的应用。它可以实时监测服务区的停车位使用情况、加油站的排队情况等信息，并将这些信息提供给即将进入服务区的车辆。司机可以提前了解服务区的状况，决定是否需要提前在其他服务区停靠，避免因服务区已满而无法停车休息或加油的情况发生。此外，视频监控还能及时发现服务区内的异常情况，如治安事件、火灾等，以便相关部门迅速采取措施进行处理，保障司乘人员的安全和服务区的正常运营。

在智能交通系统建设方面，视频联网技术是车路协同系统的重要支撑。通过在道路上安装摄像头和在车辆上配备通信设备，实现了车辆与道路基础设施之间的信息交互。车辆可以接收道路上的交通信号、路况等信息，从而更好地调整行驶速度和路线，提高行驶的安全性和效率。例如，当车辆接近路口时，系统可以通过视频联网将路口的交通信号灯状态以及实时路况信息传输给车辆，车辆根据这些信息提前做出减速或加速的决策，实现更加顺畅地通过路口，减少等待时间和能源消耗。同时，道路基础设施也可以获取车辆的位置、速度、行驶状态等信息，为交通管理部门进行智能交通诱导和优化交通控制提供数据支持。建立统一的交通指挥调度平台，将视频监控、交通信号控制、应急救援等多个系统进行集成，实现了对交通的全方位指挥调度。在发生突发事件时，指挥中心可以通过视频监控迅速了解现场情况，结合其他系统的数据信息，快速制定出科学合理的救援方案和交通疏导策略。例如，在遇到自然灾害导致道路中断的情况时，指挥中心可以通过视频监控查看受灾路段的具体情况，及时调配救援车辆和设备前往现场，并通过调整周边道路的交通信号，引导车辆避开受灾路段，确保救援工作的顺利进行和交通的有序运行。

视频联网技术在交通领域的广泛应用，极大地提升了交通管理的智能化水平和服务质量，为人们的出行提供了更加安全、便捷和高效的保障。随着技术的不断发展和创新，视频联网技术在交通领域的应用前景将更加广阔。视频联网技术在不断演进的过程中，呈现出多方面的发展趋势，这些趋势将进一步推动其在各个领域的广泛应用和深度发展，为人们的生活和工作带来更多的便利和价值。

（一）高清化与超高清化

随着显示技术的进步和用户对图像质量要求的不断提高，视频联网技术正朝着高清化和超高清化方向迅猛发展。高清视频能够提供更清晰、细腻的图像细节，使监控画面中的人物、物体和场景更加清晰可辨。目前，主流的高清标准包括1080P（全高清）和4K（超高清），而未来8K甚至更高分辨率的视频技术也在逐步研发和应用中。例如，在城市安防监控领域，高清摄像头能够更准确地捕捉到犯罪嫌疑人的面部特征、行为动作以及车辆牌照等关键信息，为案件侦破提供有力支持。在智能交通系统中，超高清视频可以更精确地识别车辆类型、交通流量和路况信息，有助于实现更高效的交通管理和调度。

（二）智能化

人工智能技术的融入是视频联网技术发展的重要趋势之一。智能视频分析通过运用机器学习、深度学习等算法，能够对视频内容进行自动识别、分析和理解。例如，实现人脸识别、行为分析、目标跟踪、异常事件检测等功能。在安防领域，智能监控系统可以自动识别出可疑人员的行为举止，如徘徊、闯入禁区等，并及时发出警报。在商业领域，通过对顾客行为的分析，商家可以了解顾客的购物习惯和偏好，优化店铺布局和营销策略。此外，智能视频分析还可以与大数据技术相结合，对海量的视频数据进行挖掘和分析，提取有价值的信息，为决策提供数据支持。

（三）云化

云计算技术的兴起为视频联网带来了新的发展模式——视频云服

务。视频云平台将视频的存储、处理和分析等功能迁移到云端，用户可以通过互联网随时随地访问和管理视频资源。这种模式具有诸多优势，如降低了用户的硬件投资成本和维护成本，提高了系统的可扩展性和灵活性。同时，云平台还能够实现资源的共享和协同，多个用户或部门可以在云端共同使用和管理视频数据。例如，企业可以将分布在不同地区的分支机构的监控视频统一存储在云端，总部管理人员可以通过云平台进行实时查看和集中管理。在智能家居领域，用户可以通过云服务将家庭摄像头的视频上传到云端，即使不在家也能通过手机等设备随时查看家中的情况。

（四）移动化

随着智能手机和平板电脑等移动设备的普及，视频联网技术也越来越注重移动化应用。用户可以通过移动设备随时随地观看实时视频、接收报警信息和进行远程控制。移动化应用不仅方便了用户的使用，还拓展了视频监控的应用场景。例如，物业管理人员可以在巡逻时通过手机查看小区各个区域的监控视频；家长可以在外出时通过手机关注孩子在幼儿园或学校的情况。为了满足移动化应用的需求，视频联网技术需要不断优化视频压缩算法和传输协议，以适应移动网络的带宽和延迟限制，确保在移动设备上能够流畅地观看视频。

（五）融合化

视频联网技术将与其他相关技术进行深度融合，创造出更多的应用场景和价值。

1. 与物联网融合

物联网技术的发展使万物互联成为可能，视频联网技术与物联网的融合将进一步拓展视频监控的应用范围。通过将视频设备与其他物联网传感器（如温度传感器、湿度传感器、烟雾传感器等）相结合，可以实现对环境信息的全面感知和综合分析。例如，在智能农业中，通过在农田中安装视频摄像头和环境传感器，可以实时监测农作物的生长情况、土壤湿度、气象条件等，并根据这些信息进行精准的灌溉、施肥和病虫害防治。

2. 与大数据融合

视频数据作为一种重要的大数据资源，与大数据技术的融合将为数据分析和挖掘带来新的机遇。通过对海量的视频数据进行存储、管理和分析，可以提取出有价值的信息和知识，为决策提供支持。例如，在城市交通管理中，通过对交通监控视频数据的分析，可以了解交通流量的时空分布规律、预测交通拥堵的发生，从而优化交通信号灯配时、规划交通路线等。

3. 与区块链融合

区块链技术的分布式账本、不可篡改和加密等特性为视频联网技术的安全和信任问题提供了解决方案。将区块链技术应用于视频数据的存储和传输，可以确保视频数据的真实性、完整性和安全性。例如，在视频证据的保存和管理方面，区块链可以保证证据的可信度，防止数据被篡改或伪造。同时，区块链技术还可以实现视频数据的授权访问和共享，保护用户的隐私权益。

（六）标准化与规范化

随着视频联网技术的广泛应用和市场的不断扩大，标准化与规范化将成为行业发展的必然趋势。统一的标准和规范可以促进不同厂家设备之间的互联互通和兼容性，降低系统集成的难度和成本。目前，国内外已经制定了一系列相关的标准和规范，如视频编码标准（如 H.265、H.266 等）、通信协议标准（如 GB/T 28181 等）、安全标准等。未来，这些标准和规范将不断完善和更新，以适应技术的发展和市场的需求。同时，行业组织和监管部门也将加大对标准和规范的执行力度，推动视频联网技术行业的健康、有序发展。

（七）绿色节能

在全球倡导可持续发展的背景下，视频联网技术也将朝着绿色节能方向发展。视频设备的能耗在整个系统中占有一定的比例，降低设备的能耗对于减少能源消耗和碳排放具有重要意义。未来，视频联网技术将通过采用更先进的芯片制造工艺、优化设备的电源管理、提高视频编码效率等方式来降低能耗。例如，新的视频编码标准可以在保证视频质量的前提下，大幅度降低视频数据的传输和存储所需的带宽和存储空间，从而减少设备的运行功耗。同时，一些视频设备还将采用太阳能等可再生能源供电，进一步实现绿色环保。

视频联网技术的发展趋势呈现出多元化和综合性的特点，高清化、智能化、云化、移动化、融合化等趋势相互交织，共同推动着视频联网技术在各个领域的不断创新和应用拓展。随着这些趋势的不断深入发展，视频联网技术将为人们的生活和社会的发展带来更加智能、便捷、安全和高效的服务。

第三节　交通流基础理论阐述

一　交通流的基本概念

交通流作为交通工程领域的核心概念，涵盖了交通系统中车辆、行人等移动实体在特定时间和空间内的运动状态与相互关系。它不仅仅是车辆和行人的简单集合，更是一种复杂、动态、时空交织的系统现象。

第一，需要明确"流量"这一基本概念。流量，在交通领域中通常指的是在特定的单位时间内，通过某一特定断面的车辆或者行人的具体数量。这个概念不仅仅是一个简单的数字统计，它深刻地反映了交通流的密集程度以及动态变化情况。可以说，流量是评估交通系统运行状态的重要指标之一，其重要性不容小觑。流量的变化受到多种多样的因素影响。一是道路条件起着至关重要的作用。道路的宽度、平整度、坡度等都会对流量产生直接的影响。宽敞平坦的道路往往能够容纳更多的车辆和行人通过，而狭窄崎岖的道路则会限制流量。二是交通信号控制对流量有着显著的影响。合理的交通信号配时可以有效地提高道路的通行能力，增加流量；反之，则可能导致交通拥堵，降低流量。三是驾驶员的行为是影响流量的重要因素之一。驾驶员的驾驶习惯、遵守交通规则的程度以及对路况的判断等，都会在不同程度上影响交通流的顺畅程度，进而影响流量。因此，准确地测量和深入分析流量数据，对于深刻理解交通流的特性、精准预测交通状态变化趋势具有极其重要的意义。通过对流量数据的准确把握，我们可以更好地规划城市交通，优化道路布局，提高交通系统的运行效率，为人们的出行提供更加便捷、安全、高效的交通环境。

第二，"密度"也是交通流中的一个重要概念。密度在交通领域中指的是单位长度的道路或者特定的空间范围内车辆或者行人的具体数量。这一概念不仅仅是一个单纯的数值体现，它更是直观地反映了交通流的拥挤程度。密度作为评估道路承载能力和交通流畅度的重要指标，在交通规划与管理中占据着举足轻重的地位。密度的变化与流量和速度之间存在极为密切的关联，三者之间通常维持着一种微妙的动态平衡关系。当流量逐渐增加时，在一定的道路条件和空间范围内，密度很可能会随之上升。这是因为更多的车辆或行人涌入有限的空间，使单位长度内的数量增多。而随着密度的上升，速度却可能会下降。这是由于车辆或行人之间的间距变小，相互干扰增加，使得行驶或行走的速度受到限制。反之，当流量减少时，密度和速度都有可能发生变化。此时，道路或空间内的车辆或行人数量减少，密度相应降低，而速度则可能会因为干扰减少而有所提升。因此，通过精确地测量和深入地分析密度数据，能够更好地了解交通流的运行状态和变化规律。这不仅有助于交通管理者制定更加科学合理的交通管控措施，提高道路的通行效率，还能为出行者提供准确的交通信息，帮助他们选择更加便捷的出行路线，从而共同营造一个安全、有序、高效的交通环境。

"速度"也是交通流中不可忽视的一个概念。速度，具体而言指的是车辆或者行人在道路之上的平均行驶速度。这个看似简单的数值，实际上深刻地反映了交通流的流畅程度以及运行效率。它就如同交通系统性能的一面镜子，是评估交通系统性能的重要指标之一，其重要性不言而喻。

速度的变化受到多种多样的因素影响。一是道路设计起着至关重要的作用。道路的坡度、弯道半径、路面状况等都会对速度产生直接的影响。合理的坡度设计可以使车辆行驶更加顺畅，适宜的弯道半径能够保证车辆在转弯时保持安全的速度，而良好的路面状况则为车辆提供了稳定的行驶条件，有利于提高速度。二是交通信号控制也对速度有着显著的影响。科学合理的交通信号配时可以减少车辆的等待时间，使交通流更加连续，从而提高速度；反之，则可能导致车辆频繁停车和启动，降低速度。此外，驾驶员的驾驶习惯也是影响速度的重要因素之一。谨慎、文明的驾驶习惯可以保证车辆在安全的前提下以合理的速度行驶，而急躁、冒险的驾驶习惯则可能导致超速行驶或者频繁变道，不仅降低了交通流的整体速度，还增加了安全隐患。通过精确地测量和深入地分析速度数据，可以全面了解交通流的运行效率。如果速度数据显示交通流的运行效率低下，可以通过优化道路设计、改善交通信号控制、加强驾驶员教育等方式来提高速度，提升交通流的运行效率。同时，速度数据还可以帮助发现潜在的安全隐患。例如，如果某个路段的速度过高或者速度差异过大，就可能存在安全风险。针对这些问题，可以采取设置限速标志、加强交通执法等措施来降低安全隐患。因此，通过对速度数据的测量和分析，可以采取相应的措施进行优化和改进创造一个更加安全、高效、舒适的交通环境。

除上述基本概念外，交通流中还涉及许多其他相关术语和概念，如车头时距、车道占有率、交通波等。这些概念从不同的角度描述了交通流的特性和运行状态，为我们提供了更加全面和深入的认识。

交通流的基本概念涵盖了流量、密度、速度等多个方面，它们共同描述了交通流的特性和运行状态。后续的研究和分析将进一步探讨这些概念之间的关系和相互作用，为交通流理论基础的研究提供更加丰富和深入的内容。

二 交通流理论的主要内容

交通流是交通工程学的一个重要分支，它运用物理学中的动力学原理和方法来研究交通流中车辆的运动规律。通过对交通流动力学的深入研究，可以更好地理解交通流的特性、预测交通状态的变化趋势，并为交通规划、设计、控制和管理提供科学依据。交通流动力学的基础在于建立描述交通流运动的数学模型。这些模型通常基于一系列的假设和简化，以便能够用数学语言来刻画交通流的基本特征。交通流理论的主要内容为对以下四大理论的应用，分别是概率论、排队论、车流波动理论和跟驰理论。

（一）概率论

主要借助概率论的相关方法来对车流的分布规律展开研究。其中，车流的统计分布扮演着十分重要的角色，是运用概率论方法研究交通现象的基础所在，有着不可或缺的重要性，同时也被直接应用于多个交通领域的实际设计与标准确定之中。比如在转弯车道长度的设计方面，通过对车流统计分布的深入分析，可以更加科学合理地确定转弯车道的长度，以满足不同交通流量下的车辆行驶需求。在行人过街控制信号的设计中，了解车流的统计分布有助于精确设定信号灯的时间间隔，确保行人能够安全、高效地通过马路。此外，在通行能力及车速标准的确定等方面，车流统计分布也为相关决策提供了重要的依据。

常用概率论方法研究的车流分布中，比较常用的主要有车流计数分布、间隔分布和车速分布三种。

（1）车流计数分布。也称"到达分布"，是指在各个特定的时间区间内，抵达某一具体地点的车辆数量所呈现出的概率分布情况。当车流处于密度相对较小的状态，且未受到其他外部干扰因素作用时，其计数分布契合泊松分布的规律。在此情形下，车辆抵达的过程展现出较强的随机性特征，这与泊松分布所具备的特性相符。然而，倘若交通处于较为拥挤的状态，车辆呈连续行驶的状况时，相应的计数分布便会符合二项分布或者广义泊松分布。此时，车辆之间相互影响的程度较大，交通流量呈现出相对集中的态势。除此之外，当交通受到周期性干扰因素影响时（例如，受到交通信号的干扰），其计数分布则与负二项分布相契合。这种负二项分布能够很好地反映出交通信号对车辆到达情况所产生的周期性影响作用。

（2）间隔分布。是指到达车辆相互之间车头时距的概率分布情况，这里的车头时距具体是指前后到达车辆车头之间相隔的距离，并且以秒作为计量单位。当车辆的计数分布呈现为泊松分布这一情形时，与之相对应的间隔分布将会符合负指数分布的规律特征。这意味着车辆之间的车头时距呈现出指数衰减的趋势。而当计数分布属广义泊松分布时，相应的间隔分布则符合厄兰分布。厄兰分布在描述车辆间隔方面具有独特的优势，能够更好地反映出广义泊松分布下车辆间隔的特点。

（3）车速分布。是指车辆于道路上行驶过程中出现各类车速的概率分布状况。在特定交通场景下，当轿车处于缓坡路段且处于自由行驶状态时，其车速分布呈现出符合正态分布的规律特征。在这种情况下，车辆的车速围绕着一个平均值呈现出正态分布的特征。而在高速干道上，车流的车速分布符合对数正态分布。这是因为高速干道上的车辆行驶速度受到多种因素的影响，对数正态分布能够更好地描述这种复杂的车速分布情况。

（二）排队论

排队论聚焦于研究与分析服务对象出现排队拥挤现象，在运筹学领域中占据着举足轻重的地位。它着重深入探寻等待时间以及排队长度所呈现出的概率分布情形，旨在通过严谨且科学合理的分析方式，对"服务对象"与"服务系统"两者之间的内在关系予以高效协调。经由这样的协调过程，既能全方位地契合"服务对象"的需求，又可以极大降低服务系统的经费投入。

1936年亚当斯率先用排队论探究无信号道路交叉口行人延误问题，此后交通工程领域将信号交叉口等交通设施作为"服务系统"，抵达车辆作为"服务对象"，排队论在这些设施规划设计及运营管理方面广泛应用。近年来，学界和业界又用排队论深入研究信号交叉口车辆排队及延误状况，一方面可根据车辆延误最小化制订交通信号配时方案；另一方面能依据区域内交叉口车辆延误总量最小化制订区域交通最优控制方案，此乃排队论在交通工程应用的关键方面。

(三) 车流波动理论

基于车流波动理论的研究方法采用类比的思维方式，把交通流模拟为流体，把车流密度的疏密变化类比作水波的起伏，进而抽象出"车流波"这一概念。车流波动理论基于如下假设而形成：当道路条件或交通状况发生改变，致使车流密度随之变动时，车流之中会产生车流波并进行传播。通过深入分析车流波的传播速度，以此来探寻车流流量、密度以及车速三者之间的内在关联，此即车流波动理论的核心要义所在。从研究对象的选取来看，车流波动理论着眼于整批车辆，这种整体化的考量方式使其归属于宏观分析方法的范畴。同时，该理论预设了车流中各单个车辆的行驶状态完全相同这一理想化条件。然而，现实交通环境中，车辆个体在驾驶习惯、车辆性能等诸多方面均存在差异，这使该预设与实际情况相去甚远，也成为车流波动理论的一大局限性所在。尽管存在上述不足，在交通流呈现出较为典型的"流"态特征的特定情境中，比如在分析瓶颈路段所出现的车辆拥塞等问题时，车流波动理论依然具备独特的应用价值。它能够为剖析此类交通拥堵问题提供别具一格的分析视角与有力的理论支撑，助力交通管理及相关研究工作的有效开展。

在工程交通领域，车流波动理论是一种独特的分析工具。为了更好地理解和分析交通流的变化规律，车流波动理论将交通流比拟为流体，这一巧妙的设想为我们打开了一扇全新的窗户,去审视交通现象。通过将车流密度的疏密变化类比为水波的起伏,并在此基础上进一步抽象出车流波这一概念,如此形象化的类比方式,使原本复杂且抽象的交通流状况变得更具直观性,易于感知理解。车流波动理论正是基于这样的类比假设,当车流因道路状况的改变,如道路施工、路面损坏等,或者由于交通状况的变化,如交通事故、交通管制等情况而引起车流密度变化时,在车流中就会产生类似的车流波。

借助对车流波传播速度的分析,能够进一步深入探寻车流流量、车流密度与车速之间所存在的内在关系。该理论运用了一种宏观层面的分析手段,其选取整批车辆作为考察的对象,从整体上把握交通流的变化趋势。在实际的交通场景中,可以模拟当某个路段发生拥堵或者道路通行条件发生变化时,车流的速度、密度会随之改变,这种变化就如同水波在水面上的传播一样,会逐渐影响到周围的车辆。

但车流波动理论也存在一定的不足之处。该理论构建在一个理想化的假定基础之上,即假定车流中各个单独车辆的行驶状态是完全一致的,但这一假定与实际交通场景中车辆行驶状态存在多样化差异的客观现实并不相符。每一位驾驶员的驾驶习惯、反应速度、行车目的等都不尽相同,车辆的性能、型号等也存在差异,这些因素都会导致单个车辆的行驶状态各不相同。尽管如此,在交通流呈现出较为明显的"流"态特征的特定场合中,车流波动理论依旧展现出其独有的应用价值,能够发挥出独特的作用。

在分析瓶颈路段的车辆拥堵问题中,车流波动理论就发挥了重要作用。当一条道路上的某个路段由于车道减少、道路狭窄或者交通流量过大等原因成为瓶颈路段时,车流在这里会出现明显的密度变化和速度变化。运用车流波动理论可以分析这种变化是如何产生的,以及它会以怎样的速度向周围路段传播。这有助于交通规划者和管理者更好地理解拥堵的形成机制,从而采取相应的措施来缓解拥堵,如优化道路设计、调整交通信号配时、实施交通诱导等。

车流波动理论还可以为交通流量预测提供一定的参考。通过对历史交通数据的分析,结合车流波动理论,可以预测在不同的道路和交通状况下车流的变化趋势,为交通管理部门提前做好应对措施提供依据。

车流波动理论虽然存在一定的局限性，但在特定的交通分析场景中，它依然是一种不可或缺的工具，为理解交通流的变化规律提供了新的视角和方法，有助于更好地解决交通拥堵等实际问题，为人们的出行创造更加安全、高效、便捷的交通环境。

（四）跟驰理论

跟驰理论是一种对交通流中单个车辆跟随前车行驶状态进行深入研究的理论。在实际交通中，车辆往往不是孤立行驶的，后车会根据前车的运行情况不断调整自身的速度和行为。这种前后车之间的相互作用关系就构成了"跟驰"现象。可以形象地将其理解为一个动态的"链条"，每一辆车都在这个链条中受到前车的影响，同时也影响着后车。运用动力学相关方法，针对车辆列队于无法超车的单一车道上行驶这一特定情境展开深入探究，着重聚焦于后车跟随前车的行驶状态。通过严谨的学术手段，运用数学模式对该行驶状态予以精准表达，并进行详细的阐释与论证。鉴于其考察对象聚焦于单辆车辆在行驶过程中彼此之间的相互关系，从研究视角与方法层面来看，这属于一种微观分析方法。在连续行车的实际状况下，后车出于安全考量，需要与前车维持一定的安全距离，因而时常会随着前车车速的变化而相应地改变自身车速。这种车速的改变情况可进行简化表示，即"后车车速变化＝驾驶员反应灵敏度×前车车速变化"。以这一表达式为基础，通过合理的数学变换与推导，能够得出多种关于车流速度和密度关系的表达式。如此一来，只要获取了某一车流的速度以及流量方面的观测统计数据，便可依据上述理论，构建起能够表征该车流具体行驶状态的数学模型。

跟驰理论在交通工程实践中有着广泛且重要的应用，常用于对高速公路上车辆尾撞事故的成因分析、交通信号自动控制机制的优化等诸多方面，为解决相关交通问题提供了有力的理论支撑与分析思路。

随着智能交通系统的发展，交通流的研究也面临着新的挑战和机遇。通过利用大数据、人工智能等先进技术，不仅可以更加精确地获取和分析交通流数据，为交通流动力学的研究提供更加丰富的信息来源。同时，这些技术也可以帮助建立更加复杂和精细的模型，以更好地描述和预测交通流的运行状态。交通流是理解和分析交通流运动规律的重要工具。通过深入研究交通流的基础理论和方法，还可以为交通规划、设计、控制和管理提供科学依据，推动智能交通系统的发展和应用。

第四节　交通控制系统概述

交通控制系统乃是借助能够与时刻处于动态变化之中的交通状况相适配的各类设备，构建而成的一个可依据交通规则对交通流进行精准、正确指挥调度的系统。交通控制系统呈现出从传统的被动式系统朝主动式系统逐步演进的发展态势。就其控制方法而言，将会突破现有的定周期系统控制模式，系统周期不再固定，而是能够依据实际情况随时进行灵活调整，以此增强系统应对瞬时交通流量变化的适应性与灵活性，使其能够更好地契合复杂多变的交通场景需求。在控制设备层面，大规模集成电子化设备以及微型计算机将会得到广泛的应用。这些先进设备的引入，不仅有助于提升交通控制系统的智能化水平，还能够进一步强化系统的整体性能，为实现交通的高效、有序指挥与管控奠定坚实的物质技术基础。

交通控制系统是一种利用现代技术设备，根据实时交通情况来指挥和调节交通流量的系统。随着科技的发展，交通控制系统正从被动系统向主动系统转变，以适应不断变化的交通需求。智能交通系统（Intelligent Traffic System，ITS）是交通控制系统的一个重要分支，它综合运用了信息技术、计算机技术、数据通信技术等多种先进技术，以提高交通管理的效率和安全性。

交通控制也被称作交通信号控制或者城市交通控制，其核心运作机制在于依托交通警察的现场指挥，或者借助交通信号控制设施，依据交通流所呈现出的动态变化特性，对车辆以及行人的通行情况予以科学、合理的指挥与调度。这种控制方式运用了现代化的通信设施、信号装置、传感器、监控设备和计算机，对运行中的车辆进行准确地组织和调控。

交通控制系统（Traffic Control System，TCS）的主要目的是管理和调节设施内的交通流量，确保行人和车辆的安全高效通行。TCS是各类安全程序的重要组成部分，通过提供清晰的交通指引，规避交通繁忙地区发生事故和碰撞的风险。

新一代交通控制系统是在同济大学杨晓光教授的指导下，由同济大学智能交通运输系统（ITS）研究中心研发的，面向未来交通场景应用的系统。这种系统能够应对常规车辆、网联车辆及自动驾驶车辆组成的多模式交通流，以满足不断变化的交通需求。

目前现代智能交通信息物理融合路网的建设进程中，面临着诸多亟待解决的问题。其中，对象种类呈现出高度的复杂性，所涉及的数据量极为庞大，对于数据的传输以及计算有着较高的要求，并且在实时调度控制方面的能力相对薄弱。鉴于上述情况，以云控制系统理论作为坚实的基础，通过深入的分析与严谨的设计，构建出了智能交通信息物理融合云控制系统方案。这种方案以现代智能交通控制网络为研究对象，旨在提高交通控制系统的性能和效率。

道路交通控制系统是调控交通流、缓解阻塞、提高运行效率和节能减排的核心手段。随着技术的发展，道路交通控制系统已从人工控制发展为固定检测器数据、网联车数据驱动的智能控制。通过总结分析道路交通控制关键技术特点和系统性梳理国内外4代道路交通控制系统的发展现状，可以为未来的交通控制系统提供有益的参考和指导。

普通道路交通控制分为点控制、线控制和面控制三类。它们分别使用不同的控制系统。

一　点控制系统

点控制系统（Point Control System）是智能交通管理领域中的一项关键技术，通过集中式的控制方法优化城市交叉口或特定路段的交通流动。这种系统的核心优势在于其能够实时监测和分析交通流量数据，并通过动态调整信号灯的时序来提升交通效率和道路安全性。点控制系统通常由一系列关键组件构成，包括交通信号控制器、车辆检测器、通信设备和中央控制单元等，它们共同协作以实现对城市交通流的有效管理。

点控制作为线控制与面控制的基础构成单元，发挥着至关重要的作用。点控制是借助安装于单个平面交叉路口上的信号机，来对信号周期以及绿信比实施有效控制的一种方式。信号周期，是指信号灯完整地历经红灯、黄灯、绿灯各显示一次所耗费的总时长，它直观地反映了信号灯完成一轮完整显示的时间跨度。绿信比是指信号灯在某一特定方向上，其绿灯、黄灯显示时间的总和与整个信号周期时长的比值。

点控制可分为以下几大类别：第一类是定周期控制，其核心运行机制在于，促使信号灯依照预先设定好的信号周期以及绿信比进行运转操作。该控制方式原理简单、易于实施，是交通控制领域中应用最为广泛且最为常见的一种控制手段。第二类是一段固定周期控制，在整个控制流程中，信号灯仅具备单一的信号周期以及固定的绿信比，其特点在于整个控制过程中参数相对固定，呈现出较为稳定的调控模式。第三类是多段定周期控制，在这种控制方式下，信号灯预先被设定有若干个不同的信号周期以及与之对应的绿信比。在实际的交通控制过程中，能够依据交通流量所发生的动态变化情况，自动地对所采用的信号周期以及绿信比进行相应的切换调整，更好地适应不同交通流量状态下的调控需求。第四类是感应式控制，该控制方式依托感应式信号机来实现。感应式信号机凭借安置在交叉口各个入口处的车辆检测器所收集到的交通相关信息，基于这些实时的交通情报，能够以较为灵活的方式对绿灯的开放时间进行精准控制，从而使交通信号的调控更贴合实际交通流的变化情况，提高路口的通行效率。第五类是全感应式控制与半感应式控制这两种方式。全感应式控制是指在交叉口的各个入口处均设置有车辆检测器，通过全方位收集各入口的交通信息，实现对交通信号的全面且精准的感应式调控；而半感应式控制则仅在交叉口的某两个入口处设置车辆检测器，通过这部分检测信息，使对应方向的绿灯具备灵活开放的能力，在一定程度上兼顾了成本与调控效果，以满足不同交通场景下的具体控制需求。

在点控制系统的工作流程中，第一步是交通数据的采集。系统通过在关键交通节点安装的车辆检测器，实时收集各类交通相关数据。这些数据包括但不限于交通流量、车辆速度和车辆排队长度等，为信号控制系统提供了翔实的实时交通状况信息。这些信息是后续控制决策的基础，确保了系统能够根据当前的交通实际情况做出响应。第二步是将收集到的交通数据通过高速通信网络传输至中央控制单元，数据经过处理和分析，以识别和评估当前的交通状况。中央控制单元利用先进的算法和模型，对交通拥堵、车辆排队和交通事故等情况进行分析，从而判断交通流的状态和可能存在的问题。第三步是基于对交通状况的分析，中央控制单元采用预设的控制策略或算法，制定相应的信号控制方案。这些方案包括调整交叉口的绿灯时间、为特定方向设置信号优先，或者实施交通引导等措施。控制策略以优化交通流，减少拥堵，提高道路的整体通行效率为目标。第四步是在控制策略制定完成后，中央控制单元将方案发送至各个交通信号控制器。这些控制器根据接收到的指令调整信号灯的时序，实施中央控制单元制定的交通控制方案。

点控制系统的主要优势在于其集中管理和动态调整的能力。通过实时监测和分析交通数据，系统能够快速响应交通状况的变化，有效地缓解交通拥堵，提高道路通行能力。另外，点控制系统还可以与其他智能交通系统（ITS）组件相互配合，如公交优先系统、交通信息发布系统等，实现更广泛的交通管理和服务功能。在这种集成化的智能交通管理的支持下，城市交通系统能够更加高效、安全地运行。点控制系统还具备持续监测和自我优化的能力。系统不断地收集交通状况和控制效果的反馈信息，对控制策略进行必要的调整和优化。这种持续的反馈循环确保了系统能够适应交通状况的变化，不断提升控制效果和交通管理的适应性。

二 线控制系统

线控制系统（Line Control System）的目标是通过协调一系列连续交叉口的信号灯时序，优化整个路段或道路网络的交通流动。与传统的点控制系统不同，线控制系统关注的是更大范围内的交通流，不仅局限于单个交叉口或节点，而是将整条道路视为一个连续的交通流控制单元。

线控制系统的工作原理是车辆跟驰理论，即车辆在道路上行驶时会受到前车速度和行驶状态的影响。通过实时监测道路上的交通状况，线控制系统可以动态调整信号灯的时序，维持车辆之间的合理间隔和车速，减少停车和起步的次数，以提高路段的整体通行效率。线系统通常需要部署在具有大量交通流量的城市主干道或高速公路上，实现最佳的交通流控制效果。

线控制系统的实施涉及多个关键技术。首先，需要安装先进的车辆检测设备，如感应线圈、视频摄像头等，以实时收集交通流量、车速、车辆间隔等数据。其次，需要建立一个高效的通信网络，将收集到的数据传输至中央控制系统。再次，中央控制系统根据交通流模型和控制算法，计算出最优的信号灯时序，并将其下发至沿线的各个交叉口。最后，沿线的信号灯根据中央控制系统的指令调整时序，实现协调一致的交通流控制。

线控制有三个基本参数，分别是信号周期、绿信比和相位差。信号周期、绿信比已在前文阐述，相位差是相邻两个交叉口信号机同方向绿灯开启时间差与周期之比。

实现线控制的系统有以下两种。

（1）有电缆线控制系统。该系统架构中设置有主控制器这一核心组件。主控制器具备存储功能，各类预先编制好的控制模型均被妥善存储于其中。在实际运行过程中，主控制器会通过传输电缆，将相应的控制指令发送至各个交叉口所配备的信号机之上。信号机接收到控制指令后，便会依照控制模型所提出的具体要求，对灯色进行相应的变换操作，以此实现交通信号的有序调控。该系统还具备信息收集与处理的功能。它能够收集由车辆检测器所提供的交通情报信息，收集完成后，系统会运用特定的算法与处理机制，对这些交通情报进行深入分析与处理，为后续更精准的交通控制决策提供有力的数据支撑。

（2）无电缆线控制系统。相较于有电缆线控制系统，无电缆线控制系统在结构上有所不同，其并未设置主控制器这一组件。在该系统中，各类控制模型是分别存储在各个交叉口的信号机内部的。这些安装于各交叉口的信号机均配备了高精度的石英晶体钟。借助石英晶体钟所提供的统一时间基准，各个信号机之间能够相互协调一致，进而按照预先设定好的控制模型有序运行，以此达成交通线控制的目标，确保交通流在多个交叉口之间能够实现相对平稳、有序的通行状态。

线控制系统根据功能可分为以下三种。

（1）单时段线控制系统。单时段线控制系统呈现出相对单一的系统参数配置特征，具体表现为整个系统在运行过程中仅具备一种固定的信号周期、单一的绿信比以及唯一的相位差。基于这样的参数设定，该系统所能构建生成的控制模型仅有唯一的一种形式。因此，在实际的交通调控运作中，此系统仅能依照这一种既定的控制模型开展相应工作，而难以对交通流量频繁变动的复杂状况做出灵活有效的应对。从发展历程来看，单时段线控制系统属于交通线控制领域早期发展阶段所形成的一种较为简易的控制系统，在当时相对简单的交通环境下发挥了一定的基础性调控作用，然而随着交通流量的动态变化日益复杂，其功能局限性越发凸显。

（2）多时段线控制系统。多时段线控制系统在系统参数方面展现出多样化的特点。该系统能够涵盖多种不同的信号周期、丰富的绿信比以及各异的相位差，基于这些多元化的参数组合，可进一步构建出多种不同的控制模型。尤为关键的是，多时段线控制系统具备依据时间序列自动进行切换调整的功能机制，能够依据交通流量随时间变化的动态情况，精准且适时地选择与之相适配的控制模型，进而有效适应交通流量在不同时段的复杂变化情况，以此实现对交通流更为精准、高效地调控，提升整体交通系统的运行效率。

（3）感应式线控制系统。感应式线控制系统具备所有电缆控制系统的控制功能。在其主控制器内部，预先存储有多种不同类型的控制模型。在实际的交通控制流程中，该系统可借助车辆检测器所实时检测获取到的交通流量具体数值大小，动态且实时地对正在应用的控制模型做出相应的改变调整，以此更好地契合交通流量实时变化的需求。在交通线控制的实际应用场景中，常用的线控制模型包含同时式、交变式以及推进式等多种类型。这些线控制模型遵循共同的基本原理，即在保障各个交叉口的信号周期达成统一的基础之上，通过运用科学合理的方法，对各个信号机的绿信比以及它们相互之间的相位差进行适度且精准的调整优化，进而促使被控制的干道上能够成功构建形成"绿波带"这一有利于交通流顺畅通行的状态。在此种状态下，车辆在干道上行驶过程中遭遇红灯停车等待的频次将会显著降低，从而有效提升干道的通行能力，达到缓解交通拥堵、优化交通流运行效率的目的。

三　面控制系统

面控制系统又称为区域交通信号控制系统，该系统以某个区域所有交叉口的交通信号为控制对象。不同于单一交叉口或路段的点控制模型和线控制模型，面控制模型关注的是更大范围内的交通流，通常覆盖一个城市区域、城区或者特定的交通网络。其目的是在整个控制区域内实现交通流的最大化效率，减少拥堵，提高安全性，并优化交通环境。也就是将一个区域复杂的交通流视为一个整体，用交通流理论构建数学模型，进行交通控制活动。

信号控制有三种基本的类型，分别为单点信号控制、干线信号控制以及网络信号控制。从过往的研究与实践情况来看，工程师常常简单地把单纯的网络信号系统认定为区域交通控制系统，这种认知方式在一定程度上忽视了不同控制类型之间的关联性以及整体系统性。

而面控制系统的正确概念应当从更为宏观、系统的角度来理解。其核心要义在于，将城区内所有交通信号的监控工作，统一纳入到一个指挥控制中心的管理之下，使其构成一部完整的、有机结合的控制系统。这一控制系统并非单一的某种信号控制类型，而是融合了单点信号系统、干线信号系统以及网络信号系统的综合性控制系统，各子系统相互协作、相互配合，共同致力于实现城区范围内交通流的高效、有序调控与指挥，以保障整个区域交通系统的平稳运行。该概念有以下几层意义。

（1）整体监视与控制赋予交通工程师持续对整个信号系统实施监视及控制的能力。基于该概念所构建形成的交通信号系统具备强大的故障检测与交通数据收集功能，无论交通运行过程中还是设备使用环节中，任何一处出现故障，系统均能够在较短时间内精准检测出来。同时，还可从整个街道网络层面出发，随时对交通状况相关数据展开全面收集，为后续的交通分析、决策制定等工作提供有力的数据支撑。

（2）单点信号系统、干线信号系统、网络信号系统有不同的适用条件。由于不同的交叉口在交通流量、道路布局、周边环境等诸多方面存在差异，交通工程师可依据这些不同情况，秉持科学、合理的原则，从中挑选出最为契合特定交叉口实际状况的控制方法，以此实现交通信号控制的精准性与高效性，优化交通流的运行秩序。

（3）现代城市交通管理的核心是区域控制系统，它已从基础信号控制发展为包含车辆检测、数据采集、智能分析和实时调控的综合系统。该系统在提高道路通行效率、增强交通安全、优化公共交通服务、减少交通拥堵和环境污染方面起着关键作用。它不仅提升了经济效益，也带来了环境效益，缓解了城市交通问题，提升了城市运行效率，应对了城市化带来的交通挑战。现代化交通控制系统是解决城市交通问题的关键，具有节省资金、高效运行、快速展现良好效果和广泛调控能力的优点。

面控制模型通常包括以下几个关键方面：一是数据集成。面控制模型需要集成来自区域内多个来源的交通数据，包括车辆检测器、信号灯、摄像头、GPS追踪器等设备提供的信息，来提供关于交通流量、车速、交通密度、事故和道路状况等方面的实时信息。二是交通流模拟。模型使用先进的算法和计算机仿真技术来模拟交通流在控制区域内的动态行为，包括车辆的行驶路径、交叉口的排队情况、交通信号的时序等。三是优化算法。面控制模型采用优化算法来确定最佳的信号灯时序、交通引导策略和道路使用方案，来实现最小化整体旅行时间、减少拥堵和提高交通网络的通行能力。四是实时控制。面控制模型能够根据实时交通数据和预测情况，动态调整交通控制策略，包括调整信号灯的绿灯时间、实施交通引导和分流、优化公共交通服务等。五是决策支持。面控制模型为交通管理人员提供决策支持，帮助他们评估不同的交通管理策略和措施的效果，以及在紧急情况下采取有效的应对措施。

面控制模型的实施需要高度的技术支持和复杂的系统架构，包括强大的数据处理能力、先进的通信网络和精密的监控设备。随着人工智能和大数据分析技术的发展，面控制模型正变得越来越智能化，能够更好地应对复杂的交通状况，提高城市交通系统的效率和可靠性。当下的国际交通控制领域中，各国所采用的面控制系统大多借助两种程序进行有效的交通信号控制，分别是TRANSYT（Traffic Net-work Study Tool，交通网络研究工具）程序和SIGOP（Traffic Signal Optimization Program，交通信号优化程序）程序。上述两种程序的基本运行逻辑是优化相位差，基于此制订合理的配时方案，目的是将全区域交通系统的运行效率提升至最高，以此保障区域内交通流的顺畅通行以及整体交通秩序的高效有序。

面控制系统包含多个关键组成部分，其中控制中心处于核心地位。在控制中心内，配备有中心处理机以及与之相配套的外围设备，这些设备的主要作用在于对交通数据进行处理与分析。控制中心还设置了地图显示板、交叉口信号状态显示板以及交通情况显示板。借助这些显示板，能够实现对实时交通状况的全面展示，管理人员可以直观地了解交通情况，进而有效地履行监控路况以及对路况进行评估等重要职能，助力交通系统的科学管理与高效运行。控制中心还装有交通事故和车辆诱导显示装置，以及控制台，以便在紧急情况下迅速采取行动。面控制系统的传输系统由中央数传机、终端数传机和传输线组成，负责将收集到的交通数据从各个检测点传输到控制中心。信号控制系统是面控制系统的另一个重要组成部分，它根据控制中心的指令动态调整交叉口的信号灯时序，以优化交通流。交通情报收集系统由设在道路上的各种车辆检测器组成，用于收集关于交通流量、车速和交通密度等关键信息。可变标志系统则用于向驾驶员提供实时的交通信息和导航指示，帮助他们做出更加合理的行驶决策。通信系统是面控制系统的神经中枢，包括有线电通信和无线电通信，确保控制中心与各个组成部分之间的信息传输畅通无阻。电视监视系统则为管理人员提供了另一种监控手段，通过实时视频监控可以及时发现并处理交通事故和其他紧急情况。控制模型和软件系统是面控制系统的大脑，包含用于交通流模拟、预测和优化的高级算法和模型。

　　面控制系统以其四大主要功能为核心，全面提升了城市交通管理的智能化水平。首先，实时信息收集与处理功能通过遍布道路的车辆检测器，精准捕捉车辆数量、行驶速度等关键数据，并迅速传递至中心处理机进行深度分析，为交通管理提供了翔实的数据支撑。这一过程不仅提高了数据的准确性，还大大缩短了信息处理的时间，从而使交通决策更加迅速和高效。其次，终端信号机与可变标志控制功能根据实时交通状况，灵活调整信号灯配时和标识显示，确保交通信号与道路实际状况紧密匹配，有效引导车流。这种动态调整机制能够根据交通流量的变化，智能地优化信号灯的切换，从而减少交通拥堵，提高道路通行效率。再次，车辆诱导功能依托收集到的交通信息，通过智能算法预测并通报交通拥堵情况，引导驾驶员合理规划路线，避免拥堵区域。这一功能通过提供实时的交通状况和建议路线，帮助驾驶员做出更明智的出行选择，从而减少交通压力和降低事故发生率。最后，集中监视与快速响应功能借助先进的监控设备，使管理人员能够实时掌握交通全局，快速响应并处理各类交通事件，确保道路畅通无阻。这一功能确保了在紧急情况下，管理人员能够迅速采取措施，比如事故处理、道路维护等，以最小化对交通流的影响。这四大功能相互协同，共同构建了高效、智能的城市交通管理体系。它们不仅提高了交通管理的效率和效果，还为城市居民提供了更加安全、便捷的出行环境。

（一）面控制的目标

道路交通信号控制系统通过协调所控区域内交通信号的配时，缩短车辆在道路上的运行时间，减少停车次数，降低车辆排气污染，并合理利用道路空间。系统利用中心计算机系统，能够实时灵活地调整信号配时，以适应瞬变的交通情况，同时对紧急事件作出及时反应。

道路交通信号控制系统的协调配时功能目的在于优化交通流动，通过合理调整信号灯的时序，以缩短车辆在道路上的运行时间，减少交通拥堵和停车次数。这不仅提高了道路通行能力，也改善了交通环境，减少了车辆排气污染。同时，系统利用中心计算机实时监测交通情况，能够灵活地调整信号配时，以适应交通状况的瞬时变化，从而提高交通运行效率，降低交通事故风险，并对紧急事件作出及时反应，保障交通安全。

中心计算机系统还可以诊断交通信号故障，能及时发现故障，并进行处理。这有助于减少因交通信号故障引起的交通混乱和事故，降低交通运输系统的运行风险，从而使因故障所引起的损失减至最小。在这些功能的加持之下，道路交通信号控制系统不仅提高了交通运行效率和安全性，也为城市交通管理提供了重要的技术支持，促进了交通智能化和可持续发展。

（二）面控制的分类

1. 按控制策略分类

根据控制策略的不同，面控制主要可以划分为两大类：定时式系统和适应式联机系统。定时式系统主要依赖于历史数据和当前的交通状况，通过离线优化的方式确定信号灯的配时方案，从而实现定时控制。这种系统因其操作简单、可靠性高以及效益显著而受到青睐，但其缺点在于它并不擅长应对交通流量的随机变化。另外，适应式联机系统则具备实时响应交通量变化的能力，它通过安装在道路上的检测器来实时采集交通数据，并据此进行最优控制决策，从而提升整体的交通控制效益。这两种系统在控制策略上存在明显的差异，它们各自拥有独特的优势和局限性。

2. 按控制方式分类

在交通管理领域，面控制技术扮演着至关重要的角色，它通过智能化的手段来优化和调整交通流。面控制按控制方式的不同，可以分为方案选择和方案形成两种方式。方案选择方式依据实时交通数据，通过分析当前的交通状况，从预存的多种交通模型中选择最匹配的模型和控制参数进行控制。这种方式类似于从一个工具箱中挑选出最适合当前问题的工具，以期达到最佳的交通管理效果。而方案形成方式则更为动态和灵活，它基于实时数据动态计算控制参数，形成信号控制配时方案，操纵信号控制机以高效运行交通信号灯。这种方式更像是根据实际情况现场制作工具，以适应不断变化的交通需求。这两种方式虽然在操作上有所不同，但它们共同构成了面控制系统的重要部分，相互补充，共同为城市交通的顺畅和安全提供保障。

3. 按控制结构分类

在面控制领域，控制结构主要可以被划分为两大类，即集中式控制结构和分层式控制结构。集中式控制结构以其结构简单、设备集中而著称，这使它在研制和维护方面具有一定的便利性。然而，这种结构对通信和存储的要求相对较高，这可能会对控制的时效性和扩展性产生一定的影响。另外，分层式控制结构通过层级的划分，实现了战略控制与战术控制的有效分离，从而提高了系统的可靠性和降级控制功能。在多级控制架构中，可以看到一级、二级和三级控制的划分，这种架构有效地削减了传输费用，增强了故障保护能力，并且扩大了实时单元的容量，从而提升了控制的灵活性。但多级控制架构的设备投资和维护成本相对较高。

在当前的交通管理领域，绝大多数的控制模型和算法都是为了应对正常交通流量而设计的。这些模型和算法的主要目标在于减少交通延误、缩短行程时间以及降低停车次数，从而有效提高道路的通行能力。然而，随着城市交通压力的不断增大，超饱和交通状况变得越来越普遍，这要求交通控制模型和算法必须能够适应更为复杂的交通环境。近年来，针对超饱和交通状况的控制模型和算法也取得了显著的进展，这些新的方法和策略正在逐步被应用于实际的交通管理中，以期在极端交通条件下也能保持交通流的顺畅和高效。

第五节　多 Agent 协商理论概述

一　协商的基本理论概述

（一）协商的基本概念

协商，也称作谈判。依据牛津词典的阐释：Negotiation is a process by which a group of entities try and come to a mutually acceptable agreement on some matter。即指若干主体针对某一问题予以探讨，进而达成共识的流程。

社会心理学认为，协商是多方在共同目标下通过沟通达成共识的过程。核心在于坦诚表达观点、需求，通过谈判和妥协找到解决方案。有效的沟通和情绪管理，以及对他人动机和需求的理解至关重要。协商还是一种组织规则，指导任务分配和资源协调。学者提出了合同网等模型，以结构化方式促进信息流通、决策和冲突解决，确保协商效率和成功。

Durfee 和 Lesser（2004）认为协商是通过信息交换达成共识的过程，冲突是起点，通过妥协或创新解决方案实现一致。Kraus（1998）强调协商是改进共同观点的过程，减少不一致和不确定性。Weinberger（2000）则视协商为一系列决策行为，旨在通过交互实现各方利益最大化。

协商，这一活动被广泛认为是艺术与科学的完美结合。正如 Raifa（2003）所阐述的那样，协商的科学性体现在其系统性的分析方法，这种方法被用来解决各种争议和分歧。Sperber 进一步强调，协商的过程涉及一系列的观察、假设、剖析以及推断，通过这些步骤，人们能够运用各种技术手段动态地优化流程。这些观点共同揭示了一个事实，即协商不仅仅依赖于艺术性的沟通技巧，它同样需要基于理性的深入分析以及技术的应用，这些元素共同作用，使协商成为一种既富有创造性和直觉性，又具有逻辑性和系统性的复杂活动。

（二）协商的分类

不同的协商分类运用于不同的情境，根据协商议题、协商主体、协商议程以及主体态度的差别，协商可做如下分类：

（1）根据所讨论的议题数量不同，协商被划分为单议题协商和多议题协商。单议题协商集中于一个核心议题，目标明确，讨论集中，只有达成一致意见才算成功。多议题协商涉及多个议题，要求同时交流并寻求每个议题的共识，所有议题达成一致才视为成功，这增加了难度和复杂性。

（2）根据协商主体的数量不同，协商被划分为一对一协商、一对多协商和多对多协商。在一对一协商中，协商过程简洁明了，仅涉及两个主体——买方和卖方，这种协商方式便于双方直接沟通，快速达成共识。而一对多协商则是指协商中有一方（买方或卖方）包含两个或两个以上的主体，这种协商模式通常涉及一个中心主体与多个其他主体之间的互动。多对多协商则更加复杂，它涉及多个买方和多个卖方的同时参与，需要更高的协调能力和更复杂的沟通策略。每种协商类型都有其独特的特点和适用场景，选择适合的协商方式对于推动协商进程和达成有效协议至关重要。

（3）根据议程的不同，协商被划分为分散议程协商、同时议程协商和顺序议程协商。分散议程协商涉及多个独立问题，讨论相对独立。同时议程协商将问题整合为一个综合提议，同步研讨以解决所有问题。顺序议程协商按逻辑或优先级顺序逐一探讨问题，每个问题的解决都基于前一个问题，逐步推进协商进程。这三种协商议程适用于不同场景和需求。

（4）根据协商主体的态度差异，协商被划分为合作性协商和竞争性协商。依据是各方是否持合作态度和追求互利共赢。合作性协商中，主体积极寻求共识，促进共赢。竞争性协商中，主体强硬，注重自身利益，可能导致冲突。因此，了解协商主体的态度倾向对于选择合适的协商策略与方式至关重要。

（三）协商策略

协商策略重点在于为了达成自身利益的最大化，协商主体于协商之际怎样做出让步以及运用何种提议策略。协商策略对协商主体的收益有着关键作用，在协商中选用恰当策略对于提升自身收益、助力协商成功、增进协商效率都有着极为重要的意义。

Faratin（2000）在文献中提及，对协商过程收敛产生影响的要素主要涵盖时间、资源与行为这三类。依据这三种要素，协商主体能够采用如下三种基本协商策略：时间依赖型、资源依赖型以及行为依赖型协商策略。

1. 时间依赖型策略

时间依赖型策略强调时间在协商中的核心作用，通常伴随明确的时间限制。例如，在紧急供应链响应中，需求方会设定截止时间以期及时获得服务或产品。随着截止日期临近，协商方往往加快让步，以期在时间耗尽前达成协议，避免潜在损失。

Faratin 提出了时间依赖策略的提议值生成函数，其表达式为：

$$V_{a_i}^{X_j} = \begin{cases} \min_{a_i}^{X_j} + (1-a_{a_i}^{X_j}(t))(\max_{a_i}^{X_j} - \min_{a_i}^{X_j}), & \text{如果递减} \\ \min_{a_i}^{X_j} + a_{a_i}^{X_j}(t)(\max_{a_i}^{X_j} - \min_{a_i}^{X_j}), & \text{如果递减} \end{cases} \quad (2-1)$$

其中，$\max_{a_i}^{X_j}$ 和 $\min_{a_i}^{X_j}$ 是指 Agent a_i 的每个议题 X_j 的最高值和最低的保留值。对任一 Agent 个体 a_i 来说，其议题 $V^{X_j} \in [\min_{a_i}^{X_j}, \max_{a_i}^{X_j}]$。$\alpha_{a_i}^{X_j}(t)$ 是以时间参数 t 为自变量的函数，其有多项式形式和指数形式两种基本呈现形式，即：

多项式形式：$\alpha_{a_i}^{X_j}(t) = k_{a_i}^{X_j} + (1-k_{a_i}^{X_j})\left(\frac{\min(t, t_{\max})}{t_{\max}}\right)^{\frac{1}{\beta}}$ （2-2）

指数形式：$\alpha_{a_i}^{X_j}(t) = e^{\left(1-\frac{\min(t, t_{\max})}{t_{\max}}\right)\gamma^\beta \ln k_{a_i}^{X_j}}$ （2-3）

其中，k 变量与区间规模的乘积决定初始提议议题值的大小。时间依赖策略参数 β 决定了取值的变动规律。β 参数的不同取值，会产生以下 3 种策略模式：

（1）Boulware 策略。此时 $\beta<1$，协商伊始之际，协商主体的让步幅度趋近于 0；直至协商时间逐步靠近终止时刻，才会有较大幅度的让步，意在促使协商得以顺利完成。

（2）Conceder 策略。此时 $\beta>1$，协商之初，协商主体即大幅让步，伴随时间流转，后续让步幅度渐趋减小。

（3）Linear 策略。如果 $\beta=1$，协商全程中协商主体的比率与幅度是不变的。

在整个协商过程中，β 参数取值范围和数值大小显示协商主体的让步状况和方式。

2. 资源依赖型策略

若有限通信量、资金或受限的协商主体数量等资源对协商进程有着关键影响，协商主体就会于协商时采用资源依赖策略。该策略函数的值域即为可利用资源的数量。

Faratin 构建下述函数，用于资源依赖协商策略的描述：

$$\alpha_{a_i}^{X_j}(t) = k_{a_i}^{X_j} + (1-k_{a_i}^{X_j})e^{-resource(t)} \tag{2-4}$$

其中，$resource(t)$ 是一个函数，其资源值随时间变动，若此资源和时间存在关联，那么就与上述的时间依赖策略相对应。

3. 行为依赖型策略

行为依赖型策略是协商过程中一种重要的战术选择，其核心在于协商主体在制定提议时高度依赖于协商对手已展现出的态度和行为。这种策略的核心机制是让步幅度的模仿，即协商主体会根据对手上一次的让步幅度来明确自己下一次的提议，以此作为双方互动与协商的基础。行为依赖型策略进一步细化为多种具体形式，包括相对行为模仿策略，其中协商主体依据对手让步的相对大小来做出相应回应；随机绝对模仿策略，允许协商主体在一定绝对范围内根据对手行为自由提议；以及平均模仿策略，协商主体先计算对手让步的平均值，再依此平均值来制定自己的提议。这些策略共同构成了行为依赖型策略的丰富内涵。

（四）协商协议

协商协议是协商过程有序进行的关键，包含协商主体、协商语言和交互规则三大要素。协商主体参与协商，协商语言用于表达意图和状态，交互规则规定提议提出、响应和行为准则，确保公平、效率和信息传递。合同网协议和拍卖机制的协商协议是常见形式，适用于不同场景，推动协商活动顺利进行。

1. 合同网协议

合同网协议，20 世纪 80 年代由 Davis 和 Smith 提出，是协商协议中最广泛应用的一种。它定义了任务需求者和任务承包人两种角色，并通过发布任务、评估报价、签署协议等流程实现高效任务分配与协作。因其动态任务分配能力和灵活性，合同网协议在 Multi-Agent 系统协商研究中受到青睐，为分布式系统任务分配、资源管理和协作策略优化提供了理论和实践指导。

（1）问题管理者有任务需求时，向外发布求解请求与公告。

（2）问题求解者收到任务请求，依据自身情况评估任务，挑选合适任务投标。

（3）问题管理者依据标准选择问题求解者并签订合同。

（4）问题求解者求解并受监督，可转管理者细分任务再签订合同，完成后提交结果。

（5）问题管理者处理求解结果。

合同网协议构建复杂层次结构，运行可能存在以下几种问题。

（1）协商时问题发布者向所有可能承担者发送请求，等待回应或至截止时间，损耗通信资源与时间。

（2）协商提议单回合，主体无双向通信能力，无法动态分配任务。

（3）模型中管理者需更新协商请求者信息，主体与任务量多时代价大，影响协商效率。

2. 基于拍卖机制的协商协议

基于拍卖机制的协商协议依凭清晰规则促使市场里买卖双方展开交互协商，并按预先设定的机制选出适配的成功者，以此促进资源流转与任务高效分配。

拍卖依据不同规则与流程可大致分为简单拍卖和复杂拍卖两类。简单拍卖形式较为直观，常见的英式拍卖、荷兰式拍卖皆归属其中；复杂拍卖涵盖组合拍卖、双向拍卖、多属性拍卖等进阶形式。这些拍卖协议均为一对多的协商协议，具备规则严谨、结构化程度高、便于实施等诸多长处；然而在协商场景中缺乏灵活性，存在如下缺陷：

（1）在基于拍卖协议的协商过程中，竞买者与拍卖者的通信呈单向性。拍卖程序中，提议并不是在拍卖者和竞买者之间双向流通，而是单向地从一方流向另一方，这极大地降低了协商效率。

（2）拍卖协议灵活性不足，因其规则严苛固化。传统拍卖流程，像英式拍卖，起拍价、加价幅度和竞价时长等环节均提前确定，开拍后无法按需变更；复杂拍卖如组合拍卖，标的物组合形式既定，难依竞买者新需求灵活调整。成交后反悔及二次协商空间极小，遭遇突发状况或新信息，协议也因缺乏灵活修正机制，让双方难以应变。

（3）基于拍卖协议的协商时间不易掌控，因为拍卖流程特性与不确定性叠加。传统拍卖环节固定，启动后不能随意中断或加速，即便竞争态势清晰也得走完流程；复杂拍卖如组合、多属性拍卖，竞买人决策及属性比对耗时久。且竞买者情绪波动、突发竞争或临时入场等意外频出，易打乱节奏，致协商时长失控。

许多学者在合同网协商协议与拍卖机制的基础上提出了一些特定的协商协议，刘俊等（2007）提出一种基于拍卖机制改进的合同网协商协议；王黎明等（2006）提出一种支持 Q 学习和 Multi-Agent 协商的通用协商协议，对经典合同网协议进行了一定程度的扩展。

二　Multi-Agent 协商机制

Multi-Agent 协商近年受到众多学者关注，在多代理系统（MAS）协同、协作与冲突解决中至为关键，以 Agent 通信语言构建交互机制，Agent 借此对任务达成共识，解决单个 Agent 难以处理的问题。

合适协商机制影响 Multi-Agent 协商效率、效用与交互模式，主要协商机制有多种，前面已述合同网和拍卖协议，以下内容将着重描述三种机制，即黑板系统、市场机制、面向服务。

（一）基于黑板系统的 Multi-Agent 协商机制

黑板系统用于无确定性求解策略，由黑板、控制结构与知识源集合组成。黑板是共享数据区，动态变化以支撑后续流程，作用于问题求解。知识源是独立专精的模块，主要功能是问题求解，处理数据对象并反馈结果。黑板系统控制结构负责协调知识源对黑板的访问和操作，决定激活知识源的顺序和时间，促使 Agent 完成共同任务。

在 Agent 结构中，推理过程对应动作规划，完成后成黑板控制结构上下文，依此选可执行转换，与激活知识源放入 Agenda 中比优先级并执行最高者。基于黑板的 Agent 模型可参照图 2-1。

在基于黑板系统的 Multi-Agent 模型中，知识源是核心，由推理器、消息输入组件和消息处理器组成。

消息处理从输入组件开始，它通过感受器将外部信息转化为消息对象，存入信念库队列，并按优先级规则有序录入黑板系统。消息处理器负责解析和处理黑板上的消息对象，保证信息流通。推理器是智能核心，包含愿望表达式、目标设定、意图规划和优先级判定，帮助 Agent 制定行动策略和优化决策执行顺序，确保系统的高效有序运作。

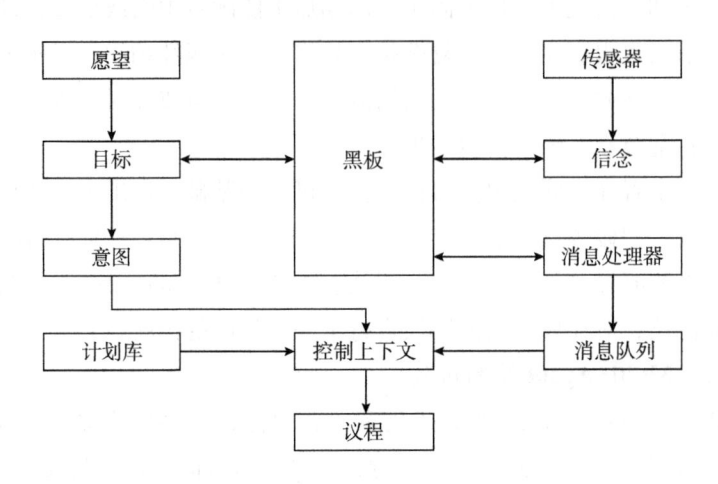

图 2-1　基于黑板机制的 Agent 系统结构

(二) 市场驱动的协商机制

市场驱动协商机制依据现实市场供求原理进行协商活动，协商中有多卖方与买方主体，各主体可根据市场需求动态调整让步幅度，其幅度由 Agent 愿望、剩余时间、成功概率、竞争程度这四个因子决定。

假设 U 为在时刻 t 主体的提议和对手反提议的效用差，那么在下一时刻 t' 则有：

$$U' = E(\varepsilon) x T(t, t', t_{max}, \lambda) x O(n, <w_i, v>) x C(m, n) \tag{2-5}$$

其中，ε 表示 Agent 对"协商成功"的愿望，大小由用户给出，其值越大，表示用户越希望协商成功。一般定义 $E(\varepsilon) = 1-\varepsilon$，$\varepsilon \in [0, 1]$。$T(t, t', t_{max}, \lambda)$ 是时间函数，t_{max} 是给定的协商时间最大值，λ 由用户设定的让步速率，它随时间变化，其函数表达为：

$$T(t, t', t_{max}, \lambda) = \frac{1-\left(\dfrac{t'}{t_{max}}\right)^{\lambda}}{1-\left(\dfrac{t}{t_{max}}\right)^{\lambda}} \tag{2-6}$$

$O(n, <w_i, v>)$ 为交易机会（Trading Opportunity），其定义为：

$$O(n, <w_i, v>) = \frac{p}{p'} \tag{2-7}$$

其中，P 为当前时刻协商成功的概率。p' 为在下一时刻可与协商对手协商成功的预期概率，由用户设定。p 是 n、w_i、v 三个变量的相关函数。n 为协商对手的数目，w_i 为所有协商对手提议的效用向量，v 为当前提议的效用。p 可以表示为：

$$p = 1 - \frac{\prod_{i=1}^{n}(v - w_i)}{v^n} \tag{2-8}$$

$C(m, n)$ 为竞争因子，反映协商的竞争激烈程度。m 为竞争者的数目，可表示为：

$$C(m, n) = 1 - \left(\frac{m-1}{m}\right) \tag{2-9}$$

竞争因子的表现形式为一个概率，它是事件"协商不是任一交易机会的最高优先级选择"发生的概率。

基于市场机制的协商模型依据现实市场结构建立多对多模型，设协商对手数、竞争者数及对手建议等为公有确定信息，用单调评估函数评价协商议题效用，一定程度限制了协商主体决策与灵活度。

（三）面向服务（Service-oriented）的协商机制

面向服务的协商机制是一种在面向服务的架构环境下，某一协商主体之间就服务的各种属性（如质量、价格、功能等）进行沟通和达成一致的协商机制，主要用于解决服务供需双方在服务交易过程中可能出现的利益冲突、需求差异等问题。

在面向服务协商里，协商主体的偏好借助效用函数实现精细呈现。效用函数作为关键量化媒介，整合响应时长、资源、成本、功能丰富度、对吼行为等多元属性。协商主体依据自身战略、资源与任务需求，严谨设定属性权重系数，像时敏业务 Agent 会提高响应时长权重，来凸显时效偏好。当协商成功后，协商主体会履行协商成果，提供服务。

目前，上述几种 Multi-Agent 协商机制已经广泛应用于各类场景，在实际中很多企业基于协商机制，成功开发出很多 Multi-Agent 协商系统，用于实际经营活动。无论是学者的理论性研究还是经营活动中的实际性应用，都为供应链协商模型研究夯实了基础。

三 多 Agent 系统的通信机制

多 Agent 系统（Multi-Agent System，MAS）是由多个自主或半自主的 Agent 组成的系统，它们通过相互协作、协商、竞争等方式共同解决复杂问题。通常而言，每个 Agent 都具备一定的智能和自主决策能力，能够依据环境信息以及与其他 Agent 的交互来执行任务。MAS 的结构与通信机制是其能够高效、协调运行的关键所在。

（一）消息传递机制

消息传递是多 Agent 系统中最常用的通信方式之一。Agent 之间通过发送和接收消息来交换信息、协调行为和共享知识。消息传递机制通常包括消息的格式定义、消息的发送和接收规则、消息的传输协议等。

（二）共享黑板机制

共享黑板机制是一种基于黑板模型的通信方式。黑板是一个全局共享的数据结构，Agent 可以在黑板上发布自己的信息、请求其他 Agent 的信息或与其他 Agent 进行交互。通过黑板，Agent 之间可以实现异步、非阻塞的通信，提高系统的并发性和灵活性。

（三）基于知识的通信机制

基于知识的通信机制强调 Agent 之间的知识共享和推理。Agent 将自己的知识以某种形式表示出来，并通过推理和演绎来与其他 Agent 进行交流和协作。这种机制要求 Agent 具有一定的知识表示和推理能力，能够实现更高层次的协作和智能。

四 Agent 之间的通信和协作机制的设计和实现

随着人工智能技术的快速发展，多 Agent 系统（Multi-Agent System，MAS）作为一种协同工作的智能系统，受到了广泛关注。多 Agent 系统的核心构成部分在于 Agent 之间的通信以及协作机制，对于达成系统所具备的协同、高效以及智能等行为发挥着极为关键的作用。国内外学者在 Agent 之间的通信和协作机制的设计和实现方面进行了大量研究，旨在提高多 Agent 系统的整体性能和效率。本部分将对 Agent 之间的通信和协作机制的设计和实现的国内外相关研究进行综述，以期为后续研究提供参考和借鉴。

在国内，研究者依据多 Agent 系统的自身特点，设计出了多种通信协议。比如，基于消息的通信协议是借助发送与接收消息的方式，达成 Agent 之间的信息互换及协作；基于共享的通信协议则是依靠共享数据或者状态信息，来实现 Agent 之间的协同作业；而基于黑板的通信协议是通过黑板系统对 Agent 之间的协作流程予以组织及管理。这些通信协议的设计旨在提高 Agent 之间的通信效率和协作能力。在协作策略的实现方面，国内研究者提出了多种方法。例如，基于合同网的协作策略通过 Agent 之间的协商和谈判来达成合作；基于角色分配的协作策略则通过为 Agent 分配不同的角色和任务来实现协同工作；基于行为规划的协作策略则通过规划 Agent 的行为序列来实现协同目标。这些协作策略的实现旨在提高多 Agent 系统的整体性能和效率。在国内，Agent 之间的通信和协作机制被广泛应用于多个领域。例如，在智能交通领域，Agent 之间的通信和协作机制被用于实现车辆协同驾驶、交通信号控制等功能；在智能制造领域，Agent 之间的通信和协作机制可以实现智能生产调度、自动化仓储管理等功能；在智能家居领域，Agent 之间的通信和协作机制能够实现智能家居设备的协同控制、智能安防等功能。这些应用展示了 Agent 之间的通信和协作机制在解决实际问题中的巨大潜力和价值。

在国外，Agent 之间的通信和协作机制的基础理论得到了深入的研究。研究者从逻辑学、博弈论、决策理论等多个角度对 Agent 之间的通信和协作机制进行了建模和分析。这些理论为 Agent 之间的通信和协作机制的设计和实现提供了坚实的理论基础和指导。在国外，研究者不断探索新的通信和协作技术，以提高多 Agent 系统的性能和效率。例如，基于深度学习的通信协议通过学习 Agent 之间的通信模式来优化通信过程；基于强化学习的协作策略通过学习 Agent 之间的协作行为来改进协作过程。这些创新技术为 Agent 之间的通信和协作机制的设计和实现提供了新的思路和方法。在国外，Agent 之间的通信和协作机制在各种复杂场景应用。例如，在机器人团队协作中，Agent 之间的通信和协作机制被用于实现机器人的协同导航、目标追踪等功能；在分布式传感器网络中，Agent 之间的通信和协作机制被用于实现数据的融合、处理和分析等功能。各种应用场景充分显示出，Agent 之间的通信和协作机制在这类应用具有很大潜力。

尽管国内外在 Agent 之间的通信和协作机制的设计和实现方面取得了显著的进展，但仍面临着一些挑战和问题。例如，如何设计高效、稳定、可扩展的通信协议和协作策略是一个重要的问题；如何处理 Agent 之间的冲突和竞争也是一个需要解决的问题。未来，随着人工智能技术的不断发展，Agent 之间的通信和协作机制的设计和实现将迎来更加广阔的发展前景。一方面，新型的技术和方法将不断提高 Agent 之间的通信效率和协作能力；另一方面，Agent 之间的通信和协作机制的应用场景正在不断扩展和深化，将在更多领域应用并且推广，以促进社会发展。

（一）通信机制设计的重要性

通信机制是多 Agent 系统能够协同工作、交换信息、共享知识和资源的关键。一个高效、稳定、安全的通信机制能够极大地提升多 Agent 系统的整体性能。因此，在设计多 Agent 系统时，必须充分考虑通信机制的设计。通信机制的设计需要考虑到 Agent 之间的交互频率、数据类型、通信延迟、系统规模等因素，以确保系统在各种场景下都能保持良好的性能。

（二）通信机制设计原则

在设计通信机制时，应遵循以下原则。简洁性：通信协议和信息格式应简洁明了，易于理解和实现，以减少通信开销和解析时间。可扩展性：通信机制应支持 Agent 数量的增加和系统规模的扩大，保持系统的可扩展性。可靠性：通信机制应确保信息的可靠传输，防止数据丢失、重复或乱序。安全性：通信机制应提供加密、认证等安全机制，保护信息的机密性、完整性和可用性。

（三）通信机制优化策略

为了进一步提高通信机制的性能，可以采取以下优化策略。优化消息格式：针对特定应用场景，设计更加紧凑、高效的消息格式，减少不必要的数据传输。同时，使用二进制格式替代文本格式，可以提高传输效率。引入缓存机制：在 Agent 之间引入缓存机制，缓存常用数据和消息，减少频繁的数据请求和传输。这可以通过使用缓存数据库、消息队列等技术实现。负载均衡：在多个 Agent 之间合理分配通信任务，避免个别 Agent 过载或空闲，提高系统的整体性能。可以通过负载均衡算法、任务调度策略等实现负载均衡。压缩与解压缩技术：对于大量数据的传输，可以采用压缩与解压缩技术，减少传输过程中的数据量，提高传输效率。异步通信：采用异步通信方式，允许 Agent 在不等待其他 Agent 响应的情况下继续执行其他任务，提高系统的并发性和响应速度。错误处理与重传机制：在通信过程中，可能会出现数据丢失、错误等问题。为了保障通信的可靠性，需要设计错误处理与重传机制，确保数据的正确传输。

（四）监控与调优

为了持续提高通信机制的性能，需要建立监控机制，实时监控通信过程中的各项指标，如通信延迟、消息频率、错误率等。根据监控结果，可以对通信机制进行调优，调整参数、优化算法，以适应不同场景下的需求。总之，通信机制的设计与优化是多 Agent 系统中的重要环节。通过合理的设计和持续的优化，可以确保多 Agent 系统在各种场景下都能保持高效、稳定、安全地运行。

总言之，多 Agent 系统的核心构成部分在于对 Agent 之间通信和协作机制的设计与实现，对系统协同、高效以及智能的行为表现起着极为关键且不可或缺的作用。国内外学者在通信协议的设计、协作策略的实现以及通信与协作机制的应用等方面进行了大量研究，取得了显著的进展。展望未来，当技术持续发展且应用需求不断提升之时，Agent 之间通信和协作机制的设计与实现将会迎来更多挑战与机遇并存的局面。同时，需进一步加强关于隐私和数据安全等方面的研究及应用，从而保障用户合法权益，维护社会的安稳状态。通过深入研究和实践不断探索新的技术和方法，推动 Agent 之间的通信和协作机制的设计和实现取得更加显著的成果，为人工智能技术的发展和应用做出更大的贡献。

第六节 区域交通联动控制机制理论概述

随着城市化和区域一体化的快速发展，交通拥堵、环境污染和资源浪费等问题日益凸显。为了促进区域交通的协调发展，提高交通效率，减少资源浪费和环境污染，区域交通联动机制应运而生。本节将详细阐述区域交通联动机制的相关理论，以期为相关领域的研究和实践提供参考。

一　区域交通联动控制机制的概念

区域交通联动控制机制作为现代交通管理领域中一项至关重要的理论与实践体系，是为了应对日益复杂的城市及区域交通状况而发展起来的一种综合性管理理念与方法。

它所涉及的范围是特定的地理区域，这个区域可以是一个城市的某个城区、多个相邻城区，甚至是一个城市与周边城镇相互连接构成的更大区域。在这个区域内，包含了多种多样的交通方式。道路上的机动车交通是最为常见的部分，涵盖了大量的私人汽车，它们作为居民日常出行和货物运输的重要工具，在交通流量中占据较大比重；公交车作为公共交通的主要载体，承担着大量乘客的日常通勤和出行需求，对于缓解城市交通压力和提高交通资源利用率具有关键作用；货车则在城市物资供应和经济活动中发挥着不可或缺的作用，保障着各类生产生活物资的顺畅流通。非机动车交通也不容忽视，自行车以其灵活、便捷和环保的特点，成为短距离出行的重要选择，尤其在倡导绿色出行的当下，受到越来越多人的青睐；电动车则凭借其较低的使用成本和相对较快的速度，在城市交通中也占有一定的份额。而轨道交通，如地铁和轻轨等，凭借其大运量、高效率和准时性的优势，成为城市交通骨干网络的重要组成部分，能够有效地缓解地面交通压力，为城市居民提供快速、便捷的出行方式。

区域交通联动控制机制的核心要点在于建立一个全面、统一且高效的控制体系。这一体系充分借助先进的技术手段，其中智能交通系统是其重要的技术支撑。智能交通系统中的传感器广泛分布在区域内的各个路段、路口以及不同交通设施上，能够实时、精准地采集各种交通运行数据。这些数据涵盖了交通流量，即单位时间内通过某一道路断面的车辆或行人数量，它是衡量交通繁忙程度的重要指标；车速反映了车辆在道路上的行驶快慢，对于评估道路通行效率和交通流畅性具有重要意义；车辆密度体现了道路上车辆的分布密集程度，与交通拥堵状况密切相关；公交运行时刻表记录了公交车的发车时间、到达时间以及站点停留时间等信息，对于优化公交运营和实现与其他交通方式的协同至关重要。

通过强大的通信网络，这些采集到的数据能够迅速、准确地传输到交通控制中心的数据处理和分析平台。在这个平台上，运用科学的算法和模型对数据进行深入分析和处理。例如，通过交通流模型分析交通流量、车速和密度之间的关系，预测交通拥堵的发生时间和地点；利用排队论模型优化路口信号灯的配时，以减少车辆排队等待时间。基于这些分析结果，制定出协调一致的控制策略。

在交通信号控制方面，区域交通联动控制机制实现了从传统的单个路口独立控制向区域协同控制的转变。不再仅仅关注单个路口的交通状况，而是根据区域内整体交通流量的实时变化情况，对相邻路口乃至更大范围内的信号灯进行联动配时。通过精心设计的算法，实现"绿波带"等高效的通行模式，使车辆在行驶过程中能够尽可能地连续通过多个绿灯，减少在路口的停车次数和等待时间，从而提高道路的整体通行效率。就像在一条主干道上，通过协调多个路口的信号灯配时，当车辆以一定的速度行驶时，可以一路绿灯通过，大大地缩短了行程时间，提高了出行的便捷性和舒适性。

对于公共交通而言，区域交通联动控制机制根据实时客流情况和道路拥堵状况，动态调整公交线路和发车频率。在高峰时段，当客流量较大且道路拥堵时，增加公交车的发车频率，缩短发车间隔，以满足乘客的出行需求，同时避免乘客在站台过度聚集；在平峰时段，根据实际客流情况适当调整发车频率，以提高公交资源的利用效率。此外，还可以通过智能调度系统，根据实时交通信息优化公交线路，避开拥堵路段，提高公交的运行速度和准点率。例如，当某条道路发生拥堵时，调度系统可以及时调整公交线路，引导公交车绕行其他畅通道路，确保乘客能够按时到达目的地。同时，通过与轨道交通的协同配合，实现无缝换乘。优化公交与轨道交通站点设置，使其间距合理，便于乘客换乘。并且，通过信息共享和协同调度，确保公交和轨道交通的运行时刻表相互匹配，减少乘客的换乘等待时间。例如，当一列地铁即将到达某个换乘站时，附近的公交车辆可以根据实时信息调整运行速度和时间，使乘客能够在地铁到站后迅速换乘公交，实现高效的出行衔接。

区域交通联动控制机制强调的是整体性、协同性和动态性。整体性体现在将整个区域的交通系统视为一个有机整体，而不是各个部分的简单叠加，从宏观角度进行规划和管理，以实现整体最优的交通运行效果。协同性则要求不同交通方式之间、不同路段之间以及交通管理部门与出行者之间密切配合、协同工作。交通管理部门通过信息发布平台向出行者提供实时交通信息，出行者根据这些信息调整出行计划和路线选择，从而实现交通需求的合理分布；同时，不同交通方式之间通过协同调度和优化配置，提高交通资源的综合利用效率。动态性意味着该机制能够实时根据交通状况的变化进行调整和优化。交通流量、路况等因素随时都在发生变化，区域交通联动控制机制通过实时采集数据、实时分析和实时决策，及时调整控制策略，以适应不断变化的交通需求，确保交通系统始终保持高效、稳定的运行状态。

区域交通联动控制机制以提高整个区域交通系统的运行效率为核心目标，通过减少交通拥堵、降低车辆在道路上的停留时间和能源消耗、减少尾气排放等方式，为居民提供更加便捷、高效、安全的出行环境，促进区域的可持续发展，是现代城市交通管理的重要发展方向，对于解决城市交通问题、提升城市综合竞争力具有不可替代的作用。

二 区域交通联动控制机制的理论基础与原理

（一）理论基础

交通信号区域联动控制的理论基础主要是系统工程论、交通流理论和控制理论。系统工程论的核心在于将区域交通视为一个整体，交通流理论关注交通流的动态特性和运行规律，而控制理论则强调多个控制系统之间的协调与合作，以实现共同的目标。

1. 协同控制理论

协同控制理论是一种先进的控制方法，它主要关注多个系统或子系统之间的协同合作，以实现共同的目标。该理论最早起源于协同学，协同学是一门研究不同事物共同特征及其协同机制的综合性学科。协同控制理论结合了现代控制理论、系统科学、信息科学等多个学科的知识，为复杂系统的控制提供了一种新的思路和方法。协同控制理论的核心思想是通过协调各个子系统之间的行为，使整个系统能够呈现出有序、稳定和高效的状态。它强调系统内部各个部分之间的相互作用和相互影响，认为系统的整体性能不仅仅取决于单个子系统的性能，更重要的是各个子系统之间的协同作用。协同控制理论通过设计合适的协同机制和控制策略，使各个子系统能够相互配合、协同工作，从而实现整个系统的优化和性能提升。协同控制理论具有很多优点。首先，它可以处理复杂系统中的不确定性和非线性问题，具有很强的鲁棒性和适应性。其次，协同控制理论可以实现多个目标的同时优化，具有很好的综合性能。此外，协同控制理论还具有很强的可扩展性和灵活性，可以适应不同规模和复杂度的系统。协同控制理论在实际应用中有着广泛的应用前景。例如，在智能交通系统中，协同控制理论可以用于实现交通信号的联动控制、车辆协同驾驶、交通拥堵预警等多个方面。在能源领域，协同控制理论可以用于实现风电、光伏等可再生能源的协同调度和优化运行。此外，协同控制理论还可以应用于智能制造、航空航天、机器人等多个领域，为复杂系统的控制和管理提供有效的解决方案。

2. 控制理论

控制理论为实现对交通系统的精确控制提供了方法和手段。在区域交通联动控制中，主要应用了反馈控制、自适应控制等控制理论。反馈控制通过实时监测交通系统的运行状态，将实际情况与预期目标进行比较，根据偏差来调整控制策略，使交通系统朝着预定目标运行。自适应控制则能够根据交通流量、路况等动态变化的因素，自动调整控制参数，以适应不同的交通状况。例如，智能交通信号控制系统可以根据实时交通流量自动调整信号灯的时长，实现对交通流的动态控制。

（二）原理

1. 信息采集与共享

区域交通联动控制的首要原理是全面、准确地采集交通信息，并实现信息的共享。通过在道路上设置各种传感器，如地磁传感器、摄像头、雷达等，实时获取交通流量、车速、车辆类型等数据。同时，利用公交车辆的定位系统、轨道交通的运行监控系统等，收集公共交通的运行信息。这些信息被传输到交通控制中心，经过处理和分析后，形成对整个区域交通状况的全面了解。然后，通过通信网络将这些信息共享给交通管理部门、出行者以及其他相关系统，为决策和出行提供依据。

2. 协同控制策略制定

基于采集到的交通信息，运用先进的算法和模型，制定协同控制策略。这包括交通信号的协同控制、不同交通方式之间的协同调度以及交通诱导策略等。在交通信号协同控制中,通过对相邻路口信号灯的配时进行优化,实现绿波带控制或区域协调控制,减少车辆的停车次数和延误时间。对于不同交通方式的协同调度,例如公交与地铁的衔接,根据两者的运行时刻表和客流量,合理调整发车时间和线路,提高换乘效率。交通诱导策略则通过可变信息标志、手机应用等方式,为出行者提供实时的交通路况和最优出行路径建议,引导车辆合理分布,避免交通拥堵。

3. 控制指令执行与反馈

制定好的协同控制策略通过通信网络下达给相应的交通控制设备,如交通信号灯、可变信息标志、公交调度系统等,由它们执行具体的控制指令。同时,这些设备将执行情况反馈给交通控制中心,交通控制中心根据反馈信息对控制策略进行实时评估和调整。如果发现某个路口的交通拥堵情况没有得到改善,或者出现了新的交通问题,控制中心将重新分析交通数据,调整控制策略,再次下达指令,形成一个不断优化的闭环控制过程,以确保区域交通始终保持在较为良好的运行状态。

区域交通联动控制机制理论基于系统工程、交通流和控制理论等多学科理论基础,通过信息采集与共享、协同控制策略制定以及控制指令执行与反馈等原理,实现对区域交通的高效、协同管理,旨在提高交通运行效率,缓解交通拥堵,为城市的可持续发展提供有力的支持。

三 区域交通联动控制机制核心要素

区域交通联动控制机制作为提升交通系统运行效率、缓解拥堵、保障出行安全与顺畅的关键手段,涵盖了多个核心要素,这些要素相互关联、相互作用,共同构成了一个有机的整体。

(一)信息集成与共享

1. 多源交通数据采集

(1)固定监测设备。在区域内的道路网络中广泛布置各类固定监测设备,如地磁传感器、环形线圈检测器等,用于实时获取交通流量、车速、车道占有率等基础数据。地磁传感器通过感应车辆通过时地球磁场的变化来检测车辆的存在和行驶状态,具有安装维护方便、精度较高等优点。环形线圈检测器则是利用电磁感应原理,当车辆通过埋设在道路中的线圈时,会引起线圈电感量的变化,从而实现对交通参数的检测，其技术相对成熟，数据可靠性强。

视频监控摄像头也是重要的监测手段之一，它不仅可以直观地获取道路上的交通状况图像信息，还能通过图像处理技术分析车辆的类型、行驶轨迹等更详细的数据。高清智能摄像头能够实现车牌识别、车辆行为分析等功能，为交通管理提供丰富的信息支持。例如，在路口可以通过摄像头监测车辆的闯红灯、违规变道等行为，同时统计不同方向的车流量。

（2）移动监测设备。利用公交车、出租车等公共交通工具以及私家车上安装的全球定位系统（GPS）和移动通信设备，实现对交通流的动态监测。公交车和出租车在城市道路中行驶范围广，其 GPS 数据可以反映道路的实时通行状况。通过对这些车辆的位置、速度等信息的采集和分析，可以了解道路的拥堵情况和交通流量的变化趋势。例如，当某条道路上的公交车行驶速度明显降低且车辆集中时，可能预示着该路段出现了交通拥堵。

智能手机等移动终端也成为交通数据采集的重要来源之一。随着移动互联网的发展和位置服务技术的普及，许多交通相关的应用程序可以通过用户的手机获取其位置和移动速度等信息。虽然这些数据相对分散且个体差异较大，但通过大数据分析技术，能够从中提取出有价值的交通信息，如热门出行路线、交通拥堵热点区域等。

2. 数据传输与通信网络

（1）有线通信。对于固定监测设备，通常采用有线通信方式将采集到的数据传输到交通控制中心。光纤通信是一种常见的有线通信技术，具有传输速度快、容量大、抗干扰性强等优点，能够保证大量交通数据的稳定、高效传输。在城市交通基础设施建设中，预先铺设光纤网络，将道路上的传感器、信号灯等设备与交通控制中心连接起来，确保数据的实时传输。例如，在一个大城市的交通管理系统中，光纤网络覆盖了整个市区的主要道路和交通节点，实现了对交通数据的快速采集和集中处理。

（2）无线通信。移动监测设备则主要依赖无线通信技术。如 4G、5G 等移动通信网络，能够实现车辆与交通控制中心之间的数据实时交互。5G 网络具有更高的传输速率和更低的延迟，为交通数据的快速上传和控制指令的下达提供了更好的支持。例如，公交车上的智能终端可以通过 5G 网络将实时位置、乘客数量等信息迅速传输到交通控制中心，同时接收来自控制中心的调度指令和路况信息。

此外，专用短程通信技术（DSRC）在车路协同系统中也得到了广泛应用。它可以实现车辆与道路基础设施之间的短距离通信，用于传输车辆的行驶状态、交通信号等信息，提高交通系统的安全性和运行效率。例如，在高速公路上，车辆可以通过 DSRC 技术与路边的通信设备进行交互，获取前方路况和交通标志等信息，提前做好驾驶决策。

3. 数据处理与分析

（1）数据清洗与整合。采集到的交通数据往往存在噪声、错误和缺失值等问题，需要进行数据清洗。通过数据质量检测算法，识别和去除异常数据，保证数据的准确性和可靠性。例如，对于明显超出合理范围的车速数据或不合理的交通流量数据进行筛选和修正。同时，将来自不同数据源的数据进行整合，统一数据格式和标准，以便进行后续的分析和处理。例如，将地磁传感器数据、视频监控数据和 GPS 数据进行融合，形成全面的交通信息数据集。

（2）数据分析与挖掘。运用交通流理论、统计学方法和机器学习算法等对处理后的数据进行深入分析。通过建立交通流量预测模型，根据历史交通数据和实时数据预测未来一段时间内的交通流量变化趋势。例如，采用时间序列分析方法对某路口的小时交通流量进行预测，为交通信号配时优化提供依据。

利用聚类分析算法对交通拥堵模式进行识别，将具有相似交通特征的区域或时段进行分类，以便制定针对性的交通控制策略。例如，通过聚类分析发现某些工作日的早晚高峰时段，城市的几个主要区域交通拥堵情况具有相似性，可针对这些区域制订统一的交通疏导方案。

借助机器学习算法，如深度学习中的卷积神经网络（CNN）对视频图像数据进行处理，实现车辆识别、交通事件检测等功能。例如，通过 CNN 模型可以自动识别道路上的交通事故、道路施工等特殊事件，及时通知交通管理部门进行处理。

4. 信息共享平台

（1）内部共享。在交通管理部门内部建立信息共享平台，实现不同子系统之间的数据共享和协同工作。例如,将交通信号控制系统、公交调度系统、智能交通诱导系统等连接到共享平台上,使各个系统能够获取全面的交通信息。交通信号控制系统可以根据公交车辆的实时位置和运行状态,调整信号灯配时,优先保障公交车辆的通行;公交调度系统可以根据道路拥堵情况,优化公交线路和发车频率;智能交通诱导系统则可以根据实时交通信息,为出行者提供最优的出行路径建议。

(2)外部共享。与其他相关部门和机构进行信息共享,拓展交通信息的应用范围。与城市规划部门共享交通数据,为城市土地利用规划、交通基础设施建设规划提供决策支持。例如,根据交通流量分布情况,规划新的商业区、住宅区和公共设施的位置,以实现交通与城市发展的协调。与气象部门合作,将气象信息与交通信息结合,在恶劣天气条件下(如暴雨、大雾等),提前发布交通预警信息,提醒出行者注意安全并合理选择出行方式。同时,向公众开放部分交通信息,通过手机应用程序、交通广播等渠道,为出行者提供实时路况、公交到站时间等信息,方便公众出行。

(二)协同控制策略

1. 交通信号协同控制

(1)区域信号配时优化。基于交通流量的实时监测和预测数据,对区域内多个路口的信号灯配时进行协同优化。采用绿波带控制技术,根据道路的车速限制和路口间距,计算出合适的信号灯相位差,使车辆在行驶过程中能够连续遇到绿灯,减少停车次数和延误时间。例如,在一条城市主干道上,通过调整沿线多个路口的信号灯配时,实现车辆以一定的速度行驶时,可以不停车通过大部分路口,提高道路的通行效率。

考虑到交通流量的方向性和时段性变化,采用动态信号配时方案。在高峰时段,增加交通流量大的方向的绿灯时间,减少交通流量小的方向的绿灯时间,以提高路口的通行能力。例如,在早高峰时段,进城方向的交通流量较大,出城方向相对较小,通过调整路口信号灯的相位和时长,使进城方向的车辆能够更快地通过路口,缓解交通拥堵。

(2)应急情况下的信号控制。制定应急交通信号控制预案,在突发事件(如交通事故、火灾、大型活动等)发生时,能够迅速调整信号灯配时，实现交通流的快速疏散和救援车辆的优先通行。例如，当某路口发生交通事故导致道路堵塞时，交通控制中心可以立即启动应急预案，将周边路口的信号灯调整为红灯，阻止车辆继续驶向事故路段，同时为救援车辆开辟绿色通道，确保其能够快速到达事故现场。

与交通诱导系统相结合，在应急情况下通过可变信息标志等设备，向驾驶员提供实时的交通信息和绕行建议，引导车辆避开拥堵路段，减少交通混乱。例如，在事故现场周边的道路上设置可变信息标志，提示驾驶员前方道路堵塞，建议绕行其他路线，并显示绕行路线的方向和距离。

2. 公交与轨道交通协同调度

（1）公交优先策略。在交通信号控制方面，给予公交车优先通行权。通过设置公交专用信号灯相位或延长公交车绿灯时间，确保公交车在路口能够快速通过，减少公交车辆的延误。例如，在一些城市的主要路口，当公交车到达时，交通信号系统会自动检测并优先为公交车放行，提高公交的运行速度和准点率。

与公交调度系统协同，根据实时交通状况和公交客流量，动态调整公交线路和发车频率。在交通拥堵路段，适当增加公交车辆的发车频率，以满足乘客的出行需求；在客流较少的时段，合理减少发车班次，降低运营成本。同时，通过智能公交调度系统，实现对公交车辆的实时监控和调度，提高公交运营效率。例如，当某条公交线路上的客流量突然增加时，调度中心可以及时增派车辆前往该线路，避免乘客长时间等待。

（2）公交与轨道交通的衔接。优化公交站点、轨道交通站点布局，尽可能缩短换乘距离，方便乘客换乘。在轨道交通站点附近设置公交换乘枢纽，配备完善的换乘设施，如遮阳棚、座椅、信息显示屏等，为乘客提供舒适的换乘环境。同时，通过信息共享平台，实现公交与轨道交通的运行信息互通。乘客可以在公交站点和轨道交通车厢内获取到对方的实时运行信息，以便合理安排出行时间和换乘方案。例如，乘客在公交站点的信息显示屏上可以看到下一班地铁的到达时间和换乘路线等信息，提前做好准备。

制定联合运营时刻表，根据公交和轨道交通的运行速度、站点间距以及客流分布情况，合理安排两者的发车时间，实现无缝衔接。例如，在一些城市的轨道交通终点站，公交车辆会根据地铁的到站时间进行排班，确保乘客下车后能够及时换乘公交，减少乘客的等待时间。同时，对于一些大型换乘枢纽，可以采用"一票制"等优惠政策，鼓励乘客采用公交与轨道交通相结合的出行方式，提高公共交通的吸引力和整体服务水平。

3. 不同交通方式的整合与衔接

（1）慢行交通与公共交通的融合。建设完善的慢行交通系统，包括自行车道和步行道网络，并与公共交通站点进行有效衔接。在公交站点和轨道交通站点附近设置自行车停放设施，方便乘客采用"自行车+公交/地铁"的出行方式。例如，在城市的地铁站出口附近设置大型自行车停车场，鼓励居民骑自行车到达地铁站，然后换乘地铁出行，既解决了"最后一公里"的出行问题，又减少了私人汽车的使用，缓解了交通拥堵和环境污染的程度。

优化慢行交通与公共交通的换乘设计，设置合理的行人过街设施和自行车通道，确保乘客在换乘过程中的安全和便捷。例如，在路口设置专门的自行车信号灯和行人过街横道，与机动车信号灯协调控制，保障慢行交通参与者的通行权益。同时，在公交站点设置无障碍通道，方便轮椅等特殊人群的出行。

（2）私人汽车与公共交通的协调。通过交通需求管理措施，引导私人汽车合理使用，促进私人汽车与公共交通的协调发展。例如，在城市中心区域实行交通拥堵收费政策，提高私人汽车进入拥堵区域的成本，促使部分居民选择公共交通出行。同时，加强停车管理，提高中心城区的停车收费标准，减少路边停车现象，缓解道路交通压力。

发展智能停车引导系统，为私人汽车驾驶员提供周边停车场的实时空位信息，引导驾驶员将车辆停放在合适的停车场，然后换乘公共交通前往目的地。例如，通过手机应用程序，驾驶员可以在到达目的地附近前查询到附近停车场的位置、空位数量和收费标准等信息，并根据引导前往停车场停车，再步行或乘坐公交、地铁等公共交通工具到达最终目的地。

（三）智能交通技术应用

1. 先进的交通监测技术

（1）智能传感器技术。除传统的地磁传感器、环形线圈检测器和视频监控摄像头外,新型智能传感器不断涌现并应用于区域交通联动控制中。例如,激光雷达传感器可以通过发射激光束并接收反射回来的光信号,精确测量车辆的位置、速度和距离等信息,具有高精度、高分辨率和不受光照条件影响等优点,适用于复杂的交通环境监测。

毫米波雷达传感器能够检测到车辆的速度、距离和角度等信息,并且对恶劣天气条件(如雨、雾、雪等)具有较强的适应性,在智能交通系统中广泛用于车辆检测和跟踪。它可以实时监测道路上车辆的行驶状态,为交通信号控制和车辆安全预警提供准确的数据支持。

(2)车联网技术。车联网技术实现了车辆与车辆(V2V)、车辆与基础设施(V2I)之间的通信。通过车载单元(OBU)和路侧单元(RSU),车辆可以与周边的车辆和道路基础设施进行信息交互。例如,车辆可以获取前方道路的交通状况、信号灯状态等信息,提前调整行驶速度和路线。同时,交通管理部门也可以通过车联网技术实时获取车辆的行驶信息,实现对交通流的精准监控和管理。

在区域交通联动控制中,车联网技术可以用于实现车辆的协同驾驶和智能交通信号控制。例如,当车辆接近路口时,通过 V2I 通信将车辆的位置和速度信息传输给交通信号控制系统,系统根据实时交通情况调整信号灯配时,实现车辆的不停车通过或优先通行,提高路口的通行效率和安全性。

2. 智能交通信号控制技术

(1)自适应信号控制技术。自适应信号控制系统能够根据实时交通流量、车速和占有率等数据自动调整信号灯的配时方案。它通过安装在路口的传感器实时监测交通状况,并将数据传输到信号控制机。信号控制机根据预设的算法和模型,实时计算最优的信号灯配时参数,如绿灯时间、红灯时间和相位差等,以适应交通流的动态变化。例如,当某方向的交通流量突然增加时,系统会自动延长该方向的绿灯时间,缩短其他方向的绿灯时间,从而提高路口的通行能力,减少车辆排队等待时间。

基于人工智能的自适应信号控制技术进一步提高了控制的准确性和智能化水平。通过机器学习算法,系统可以不断学习和优化控制策略,根据历史交通数据和实时交通情况预测未来的交通流量变化趋势,并提前调整信号灯配时，实现更加精准的交通控制。例如，利用深度强化学习算法，让信号控制系统在不断的实践中自主学习最优的控制策略，以应对各种复杂的交通场景。

（2）区域协调控制技术。区域协调控制技术旨在实现多个路口之间信号灯的协同控制，以提高整个区域的交通运行效率。它通过建立区域交通模型，综合考虑区域内各路口的交通流量、流向和道路网络结构等因素，制定全局最优的信号控制策略。常见的区域协调控制方法包括绿波带控制、同步协调控制和拥堵区域控制等。

绿波带控制通过合理设置相邻路口信号灯的相位差和绿灯时间，使车辆在一定的车速下能够连续通过多个路口的绿灯，减少停车次数和延误时间，提高道路的通行效率。同步协调控制则是使区域内多个路口的信号灯同时进行切换，以避免车辆在相邻路口之间频繁停车和启动，适用于交通流量较大且相对稳定的区域。拥堵区域控制是在交通拥堵发生时，通过调整拥堵区域周边路口的信号灯配时，限制车辆进入拥堵区域，同时引导车辆分流，缓解拥堵状况。

3. 交通诱导与信息服务技术

（1）可变信息标志（VMS）。可变信息标志是交通诱导系统的重要组成部分，它可以实时显示道路的交通状况、路况信息、施工信息和交通管制措施等。通过安装在道路沿线的VMS，驾驶员可以提前了解前方道路的情况，选择合适的行驶路线。例如，当某路段发生交通事故导致交通拥堵时，交通管理部门可以在距离事故现场一定距离的VMS上显示"前方事故，拥堵，请绕行"等信息，引导驾驶员避开拥堵路段。

VMS还可以与交通信号控制系统联动，根据信号灯的配时情况和交通流量，提供实时的速度建议和车道引导信息。例如，在绿波带路段，VMS可以显示建议车速，帮助驾驶员顺利通过绿波带；在路口，根据不同车道的交通流量情况，VMS可以提示驾驶员选择车流量较小的车道行驶，提高路口的通行效率。

（2）智能导航系统。随着智能手机的普及和移动互联网的发展，智能导航系统成为人们出行的重要工具。智能导航系统可以根据实时交通信息为用户规划最优的出行路线，并提供实时的导航指引。它通过与交通信息平台的数据对接，获取道路的拥堵情况、交通事故等信息，并结合用户的出发地和目的地，计算出最快、最便捷的行驶路线。同时，在导航过程中，系统会实时更新路况信息，如遇到拥堵路段或突发事件，会及时重新规划路线，引导用户避开拥堵区域。

一些智能导航系统还具备社交功能，用户可以分享自己的出行经验和路况信息，为其他用户提供参考。此外，智能导航系统还可以与车辆的车载系统集成，实现更加便捷和安全的导航服务。例如，通过车载显示屏和语音提示，为驾驶员提供更加直观的导航指引，减少驾驶员因操作手机而分散注意力的情况，提高行车安全性。

（3）出行信息服务平台。建立综合性的出行信息服务平台，整合多种交通信息资源，为公众提供一站式的出行信息服务。通过网站、手机应用程序和社交媒体等渠道，用户可以查询实时公交信息、地铁时刻表、道路路况、停车场空位信息等。出行信息服务平台还可以提供个性化的出行建议，根据用户的出行习惯和偏好，为用户推荐合适的出行方式和路线。

本章小结

第一，对智能交通系统、视频联网技术的相关理论进行了阐述，论述了其概念内涵、发展兴起与发展趋势等。

第二，界定了供应链伙伴协商的内涵，对协商类型、协商策略、协商协议、交通流理论、控制系统、交通信号等相关理论进行了论述。

第三，对多 Agent 技术、Multi-Agent 协商机制等理论进行了详细的阐述。

第三章
交通视频中参数的提取分析与建模

通过了解视频检测技术可知，图像分析是其中最重要的一环。为了保证以后能够在实践中起到作用，必须重点考虑图像的处理方法与流程，从而保证结果合理有效。而在交通检测期间，往往会出现海量的图像信息，且必须完成相关统计、运算等任务。所以，对此交通视频进行分析时，怎样建立合理的检测算法、选择最优算法及时、有效地获得交通参数，作为本研究分析的重点，应当得到重视。

第一节　检测算法

一　交通视频中提取交通参数的概念和流程

交通视频中提取交通参数是构建智能交通系统（ITS）的核心环节，它使交通管理部门能够有效监控、分析并优化交通状况。通过分析从固定或移动摄像头收集的视频数据，可以获取关键的交通信息，如车辆流量、速度、排队长度、密度以及违章行为等。这些参数对于理解交通流动态、预测交通趋势、制定交通规划和管理策略制定至关重要。

视频数据的采集是提取交通参数的第一步，涉及使用高质量的摄像头捕捉交通场景。随后，为了提高分析的准确性，需要对视频进行预处理，包括去噪、增强图像质量、稳定视频画面等。这一步骤对于减少后续分析中的误差和不确定性至关重要。

车辆检测与跟踪是提取交通参数过程中的技术难点。传统上，这依赖于图像处理技术，如边缘检测、背景减除和光流法等，来识别和追踪视频中的车辆。这些方法在简单或受控的环境中效果显著，但在复杂或动态变化的交通环境中可能会遇到挑战。近年来，深度学习技术的发展为车辆检测与跟踪带来了革命性的变化。通过训练深度神经网络，如卷积神经网络（CNN），可以更准确地从复杂背景中识别车辆，并跟踪它们的运动轨迹。

一旦车辆被检测和跟踪，就可以根据它们的运动数据计算交通参数。例如，通过计算特定时间段内通过某个监测点的车辆数量，可以估计交通流量。此外，通过分析车辆在一段时间内的平均速度，可以评估道路的拥堵程度。这些参数的准确提取对于交通管理部门制定有效的交通管理措施至关重要。

提取的交通参数可以用于实时监控交通状况，预测交通流量和拥堵趋势，评估交通管理措施的效果，以及为城市规划和交通基础设施建设提供决策支持。随着计算能力的增强和算法的不断进步，从交通视频中提取参数的技术将更加精确和高效，从而在智能交通系统中的应用也将更加广泛。

二　基于图像差分的检测算法

图像差分是一种在视频监控和计算机视觉领域中常用的技术，它通过分析连续视频帧之间的差异来检测和跟踪运动对象。这种方法的核心思想是，在一个静态的背景中，运动对象会引起像素值的变化，而这些变化可以用来识别和追踪对象。图像差分实践的原理主要包括背景差分法和相邻帧差法两种技术。

背景差分法是一种基于背景模型的方法，它通过将当前帧与一个预先建立的背景模型进行比较来检测运动对象。这种方法的实施步骤通常包括以下几个阶段：

（1）背景模型的建立：在视频监控开始时，系统会收集一系列静止的背景帧，并计算它们的平均值或统计模型，以此作为背景模型。

（2）帧与背景模型的比较：在后续的视频帧中，每一帧都会与背景模型进行比较，以确定哪些像素发生了变化。

（3）阈值处理：通过设置一个阈值，系统可以区分出哪些变化是由于运动对象引起的，哪些是由于噪声或其他非运动因素引起的。

（4）结果分析：系统会分析这些变化，以确定运动对象的位置、大小和运动轨迹。

背景差分法的优点在于其定位准确、处理效率高，能够快速响应当前画面的变化。然而，这种方法也存在一些局限性，如外界环境的变化（如风、天气变化）会影响背景模型的准确性，导致误检或漏检。因此，需要动态调整背景模型以适应这些变化，确保检测结果的有效性。

相邻帧差法则是另一种常用的图像差分技术，它通过比较序列中相邻两帧或三帧之间的差异来检测运动对象。这种方法的步骤通常包括：

（1）帧间差分：计算相邻帧之间的像素差，以识别出哪些像素发生了变化。

（2）二值化处理：将差分结果转换为二值图像，其中运动对象被标记为白色（或黑色），而静止背景为黑色（或白色）。

（3）形态学处理：通过形态学操作（如膨胀、腐蚀）来连接断裂的目标区域，消除噪声。

（4）目标提取：从二值图像中提取出运动对象，并进行进一步的分析。

相邻帧差法的优点在于它不需要维护一个背景模型，因此不受静景图像问题的影响，能够专注于捕捉活动对象。此外，由于相邻帧之间的时间间隔很短，这种方法对于光线变化不敏感，能够较好地处理光线变化带来的影响。

然而，相邻帧差法也有其缺点。例如，如果运动对象的纹理不够复杂，可能会导致目标区域的断裂，使目标难以被完整检测。此外，如果目标对象在两帧之间的移动距离较大，可能会产生虚影，导致目标的尺寸被错误估计，甚至产生多个目标的假象。因此，在实际应用中，需要仔细考虑这些因素，以确保检测结果的准确性和可靠性。

图像差分技术在运动检测领域有着广泛的应用，但每种方法都有其适用场景和局限性。在实际应用中，可能需要根据具体的监控环境和需求，选择合适的方法或将多种方法结合起来使用，以达到最佳的检测效果。

三　基于检测的方法

这种方法首先通过目标检测算法识别出视频中的车辆，其次通过跟踪算法跟踪每个车辆的运动轨迹，从而提取出交通参数，如车辆流量、速度和排队长度等。这种方法的核心在于两个关键步骤：目标检测和目标跟踪。

目标检测是该方法的第一步，使用算法在视频帧中识别出车辆等目标物体。这一步骤通常基于机器学习或深度学习技术来实现。在机器学习领域，支持向量机（SVM）是一种流行的分类器，它通过在特征空间中构建一个最优边界来区分不同的类别。在深度学习领域中，卷积神经网络（CNN）在图像识别上具备卓越性。CNN通过模拟人类视觉系统的层次结构，能够自动学习和提取图像中的复杂特征。这些深度学习模型通常需要大量的标注数据进行训练，以便在各种条件下都能准确地识别车辆。

车辆被检测出来后，目标跟踪算法会对每个车辆的运动轨迹进行跟踪。跟踪算法的目标是在连续的视频帧中持续识别同一个车辆，以便分析其运动模式。这通常通过计算帧间的运动特征，如光流或特征点匹配来实现。目标跟踪的工作难点在于处理遮挡、光照变化、车辆速度变化等复杂情况。为了提高跟踪的准确性和鲁棒性，研究者开发了多种跟踪算法，如基于卡尔曼滤波器的方法、粒子滤波器，以及基于深度学习的Siamese网络等。

但在实际应用中，基于检测的方法存在一些不足之处。视频质量、光照条件和背景复杂度等因素都可能影响检测的准确性。在光照稳定、背景简单、视频质量高的环境中，基于检测的方法能够发挥较好的效果。但在复杂的交通场景中，如车辆密集、行人众多或天气条件恶劣的情况下，传统检测方法可能会难以发挥作用。例如，雨雪天气可能会导致图像模糊，降低车辆的可识别性；而复杂的背景可能会增加误检和漏检的风险。因此，为了提高检测的准确性和鲁棒性，研究人员正在不断探索新的技术和算法。

深度学习方法，尤其是基于深度神经网络的目标检测和跟踪算法，近年来在处理复杂场景中显示出巨大的潜力。深度学习模型通过从大量数据中学习，能够自动提取复杂的特征，从而在复杂多变的环境条件下实现更准确地车辆检测和跟踪。此外，多模态数据融合技术也在逐步应用于交通参数提取中。通过结合视频监控、雷达、激光雷达（LiDAR）等多种传感器数据，可以进一步提高系统的鲁棒性和准确性。例如，雷达和LiDAR可以提供车辆速度和距离的精确测量，而视频监控则提供车辆的形状和运动信息，两者的结合能够提供更全面的车辆行为分析。

除了上述技术，增强现实（AR）和边缘计算等前沿技术也开始被应用于交通参数的提取中。增强现实技术可以将计算机生成的图像叠加到实时视频上，帮助操作员更清晰地识别和理解交通情况。而边缘计算则允许在数据源附近进行数据处理，减少了数据传输的延迟和带宽需求，使交通参数的提取更加实时和高效。

四　基于光流的方法

基于光流的方法，也称为光流估计，是计算机视觉领域中用于分析图像序列中物体运动的一种技术。该方法通过测量连续帧之间的像素强度变化来推断物体的运动轨迹。在智能交通系统的背景下，这种方法可以用于估计车辆的速度、方向和其他交通参数，为交通管理和规划提供重要信息。

光流法的基本原理建立在两个假设之上，一是亮度恒定假设，即物体在连续的图像帧中的亮度保持不变；二是假设物体的运动在连续帧之间是连续和平滑的。基于上述假设，光流算法通过比较连续帧的像素点来估计物体的运动。这一过程涉及复杂的计算，通常采用如 Horn-Schunck 或 Lucas-Kanade 等算法来求解光流方程。这些算法通过最小化亮度变化和空间一致性来估计每个像素点的运动矢量，来得到整个场景的光流场。

在实际应用中，基于光流的方法需要经过几个关键步骤来实现准确的运动估计。首先，对视频帧进行预处理，包括去噪和平滑处理，以减少图像中的随机噪声和不相关的变化。这一步骤有助于提高后续光流估计的准确性。其次，通过光流算法计算连续帧之间的像素位移，生成光流场。最后，对估计出的光流场进行后处理，以消除异常值和不准确的估计。这个过程涉及中值滤波、去除离群点和光流平滑等技术。

完成光流估计后，就可以对交通参数进行分析。通过计算光流向量的平均值，可以得到车辆的整体运动趋势。此外，通过聚类分析，可以将属于同一车辆的光流矢量分组，从而估计单个车辆的运动状态。流光法的一个显著优势是它可以在没有明确车辆检测的情况下估计车辆的运动，这使它在车辆密集或遮挡的情况下效用显著。

但在光照变化剧烈、阴影或反射等复杂场景中，光流法的性能可能会受到影响。此外，光流法难以区分实际的运动和由于相机抖动、视角变化等非运动因素引起的亮度变化。为了克服这些，研究人员正在不断改进光流算法。例如，通过引入深度学习方法，可以训练神经网络来识别和分离运动和非运动因素，从而提高光流法在复杂场景中的鲁棒性。

此外，将光流法与其他传感器数据融合也是提高准确性的有效途径。例如，结合雷达、激光雷达（LiDAR）等传感器数据，可以获得更加精确的车辆运动估计。这些传感器提供了额外的信息，如车辆的距离和速度，可以与光流估计结果相结合，以提高整体的交通参数提取精度。

五 基于模型的方法

基于模型的方法是通过建立数学模型来描述和预测车辆运动行为的一种提取方法。与基于检测和流光的方法不同，基于模型的方法通常需要对交通流的物理特性和车辆动力学有深入的理解。通过这些模型对交通流中的车辆进行分类、定位和跟踪，从而估计出各种交通参数，如车辆流量、速度、加速度、车头时距等。

在基于模型的方法中，首先需要建立车辆的运动模型，既可以是简单的线性模型，如假设车辆以恒定速度运动，也可以是复杂的非线性模型，如考虑车辆加速度和制动的影响。这些模型通常基于牛顿运动定律和交通流理论，如跟驰模型（Car-Following Model）和车道变换模型（Lane-Changing Model）。跟驰模型描述了车辆之间的相互作用，如何根据前车的速度和位置来调整自己的速度和位置。车道变换模型则考虑了车辆在不同车道间的移动规律。

建立模型后，需要通过观察和测量来校准和验证这些模型。这通常需要收集大量的交通数据，包括车辆的位置、速度、加速度等信息。通过这些数据可以估计模型参数，如车辆的最大加速度、制动强度、反应时间等。将模型与实际观测数据进行比较，评估其准确性和适用性。如果模型不能很好地拟合实际数据，可能需要对模型进行调整或采用更适宜的模型。

在校准和验证模型之后，就可以使用这些模型来进行交通参数的估计。例如，通过分析车辆的运动轨迹，可以估计车辆的速度和加速度。通过计算车辆之间的车头时距，可以得到交通流的密度和流量。此外，还通过观察车辆的车道变换行为，可以分析交通流的稳定性和安全性。这些估计结果可以用于交通管理部门进行决策支持，如调整信号灯的时序、规划道路的扩建或改善交通信号系统。

虽然基于模型的方法在理论上具有较高的准确性，但在实际应用中同样具有局限性。一是由于交通环境的复杂性，很难建立准确性高的模型。交通流受到多种因素的影响，如道路条件、天气、驾驶员行为等，这些因素都需要在模型中予以考虑。二是模型的参数估计需要大量的数据支持，而这些数据的收集和处理需要投入极大的时间成本和经济成本。三是模型的适用性也可能受到限制，因为不同的交通环境可能需要不同的模型。

为了解决这些局限性，众多学者正在不断改进基于模型的方法。一方面，采用更先进的统计和机器学习技术，以便更好地从数据中提取模型参数，并评估模型的准确性。另一方面，结合其他技术，如基于检测的方法和基于流光的方法，来提供更多的观测数据，从而提高模型的鲁棒性。首先，使用目标检测算法来识别和跟踪车辆；其次，使用基于模型的方法来估计车辆的运动参数。这种方法的融合可以充分利用不同技术的优势，提高交通参数提取的整体性能。

六　基于深度学习的方法

基于深度学习的方法是近年来在智能交通系统中提取交通参数的前沿技术。这种方法利用深度神经网络的强大学习能力，从交通监控视频中自动识别和分析车辆行为，从而提取出关键的交通参数。深度学习模型，尤其是卷积神经网络（CNN），它在图像识别和视频分析任务中具有很大的卓越性，因此成为该领域的主流技术。

深度学习方法的核心在于构建和训练深度神经网络模型。这些模型由多层的神经元组成，能够从原始数据中自动学习复杂的特征表示。在交通参数提取任务中，CNN 模型首先对输入的视频帧进行预处理，如归一化和尺寸调整。之后通过卷积层和池化层提取图像的特征，这些特征包括车辆的形状、颜色、纹理等信息。最后通过全连接层将这些特征映射到交通参数上，如车辆的位置、速度、加速度等。

深度学习模型，需要大量的标注数据。这些数据通常由专业人员手动标注，包括车辆的精确位置、运动轨迹和交通事件的类型等信息。通过这些标注数据，模型可以通过反向传播算法和梯度下降等优化方法进行训练。在训练过程中，模型的权重会不断调整，以最小化预测交通参数和实际标注之间的差异。一旦模型训练完成，就可以用于新的视频数据，自动提取交通参数。

基于深度学习的方法在处理复杂交通场景中显示出巨大的潜力。相较于传统的基于检测和模型的方法，深度学习模型能够更好地处理遮挡、光照变化和背景干扰等问题。因为深度学习模型能够从大量数据中学习到更具鲁棒性的特征表示，从而在复杂多变的环境条件下实现更准确地预测。此外，深度学习模型还可以通过迁移学习等技术，利用在特定场景下训练好的模型来提高其他场景下的识别性能。

但深度学习法也存在局限性。一是深度学习模型的训练需要大量的计算资源和时间，这很可能限制模型在实时交通监控系统中的应用。二是模型的解释性较差，即模型的决策过程对于使用者来说不够透明，导致在某些特定情况下，使用者难以理解和信任模型的预测结果。三是深度学习模型在数据质量和数量上的依赖性较高，标注错误或偏差的数据可能导致模型性能下降。

针对这些局限性，众多研究者正在不断改进深度学习模型和训练方法。比如使用更高效的网络结构和优化算法，来减少模型的训练时间和计算资源消耗。同时，引入注意力机制和特征可视化技术，以提高模型的解释性，帮助人们理解模型的决策过程。或者通过结合多模态数据，如视频监控和雷达数据，提高模型在复杂场景下的鲁棒性和准确性。

为了达到实时检测的标准，保证交通图像的合理性，综合相关方法进行对比研究，最终确定通过背景差分法完成检测工作。

第二节　车辆检测

一　车辆检测算法流程

车辆检测算法流程如图 3-1 所示，其中包括交通视频序列、背景初始化、背景差分、阴影消除、背景更新以及最终目标检测图像等。

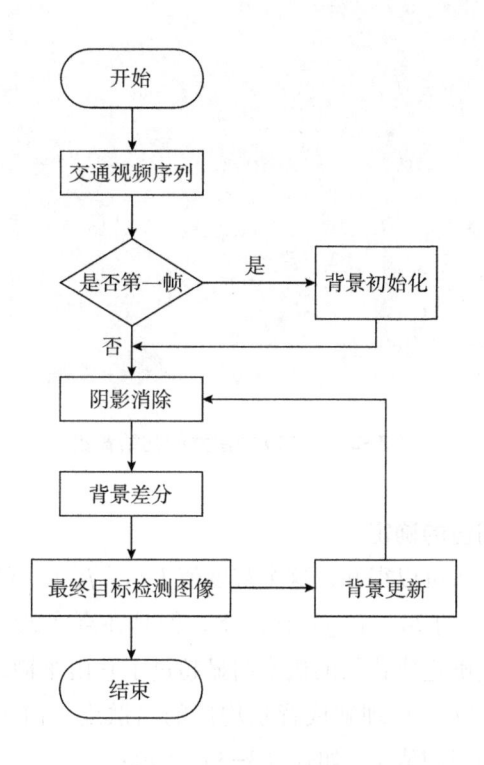

图 3-1　车辆检测算法流程

二　背景的初始化

采取混合高斯模型对背景初始化，假定某一时段，在相同地点的像素灰度值经过统一全部遵照均值是 $\mu(i, j)$、标准差为 $\sigma(i, j)$ 的高斯分布，即：

$$G(I(i, j, t)) = \frac{1}{\sqrt{2\pi}\sigma(i, j)} e^{\frac{(I(i,j,t)-\mu(i,j))^2}{2\sigma(i,j)^2}} \tag{3-1}$$

其中，$I(i, j, t)$ 表示坐标为 (i, j) 的像素在 t 时刻的灰度值，而 $\mu(i, j)$ 表示坐标为 (i, j) 的像素背景初始值，即：

$$B(i, j) = \mu(i, j) = \frac{1}{N} \sum_{i=0}^{N-1} I(i, j, t) \tag{3-2}$$

根据上述方法建立的初始背景如图 3-2 所示。

图 3-2　前 110 帧建立的初始背景

三　检测阈值的确定

根据高斯分布可以得知，这个灰度值 $I(i, j, t)$ 有 95% 以上落在均值为 $\mu(i, j)$ 的 $2\sigma(i, j)$ 区间下，但是在真实的交通环境下，检测线其中一点被确定成背景的概率明显超过了它由车辆遮盖的概率，所以，能够将 $2\sigma(i, j)$ 理解成背景均值的离散度，由于外界条件相对多样化，需要选择阈值 T，如式（3-3）所示：

$$T = m\sigma(i, j) = m\sqrt{\frac{1}{N}\sum_{I=0}^{N-1}(I(i, j, t) - \mu(i, j))^2} \qquad (3-3)$$

通常来讲，m 可以被设置为 1—3，根据现实需求进行设置。

四　背景差分的车辆检测

在视频图像中根据车道数量的大小划分成不一样的检查区域，这个区域也就是虚拟线圈的检查范围，如图 3-3 所示。区域中设置检测线，每次只在检测线上对车辆目标进行检测，并对区域中若干个检测线的像素进行分析。

检测区域应当适中，使检测区域有足够的宽度和长度，这样可以更好地检测区域内灰度变化情况，但检查范围太广，处置范围的像素数量会提升，这样就会导致要计算的数据量加大，最后不能实现及时处置的目的；检查范围太窄，范围中的像素偏少，会对经过的汽车的辨别产生影响，甚至可能造成误判，给检测数据带来偏差。一般一个检测区域长度为普通车长,宽度为车道的宽度。

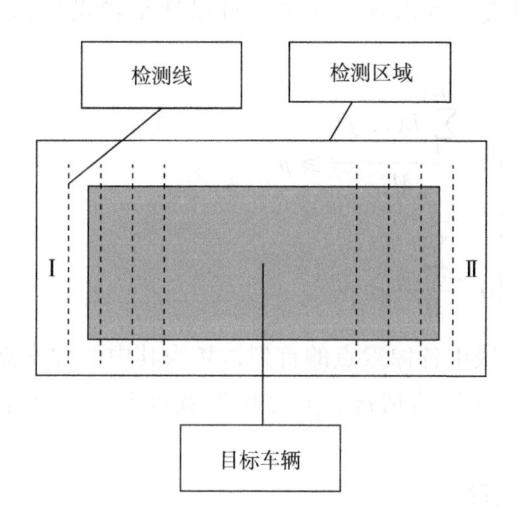

图 3-3　虚拟检测线的设置

在检查范围内设定几个虚拟检查线,虚拟线的数量能够按照真实需求来设定,虚拟线偏少,那么检查速率就快,不过会出现结果偏差;虚拟线偏多,就会使检查速率变慢,不过检查结果相对精确一些,通常来讲,单一虚拟线圈的长度应该小于车辆前后间距,宽度可以按照车道来选择,其内设置 6—8 条虚拟检测线,虚拟线的宽度设置为 1 个像素。两个虚拟线圈间的距离应满足在任一时刻只能有一辆车存在其中,一般情况下,同一车道两虚拟线圈的间距可以设置为普通车长。

通过该方法对车辆状态进行检测,考虑到运算的简便性,本次运算将选择检测线中的点和背景依次作差,接着和阈值进行对比。如果超过该阈值,那么此点遭到车辆的覆盖,触发状态标记为 1;不大于阈值认为无车通过,触发状态标记为 0,即:

$$L(i, j) = \begin{cases} 1 & |I_k(i, j) - B(i, j)| > T \\ 0 & |I_k(i, j) - B(i, j)| \leq T \end{cases} \quad (3-4)$$

其中,$L(i, j)$ 为检测线上点 (i, j) 的像素触发状态,$I_k(i, j)$ 为第 k 帧检测线上 (i, j) 点的像素灰度值。

计算触发宽度时,如果其宽度明显大于线宽,且达到相应范围时,能够判定检测线位置出现了车辆,将出现车辆设置成1;反之则为0,即:

$$State(i) = \begin{cases} 1 & \dfrac{\sum_{j=k}^{k+M-1} L(i,j)}{M} \geq p \\ 0 & \dfrac{\sum_{j=k}^{k+M-1} L(i,j)}{M} \leq p \end{cases} \quad (3-5)$$

其中,k 为线中各像素点的首列,M 为其中的像素点数,即线宽,代表着车辆被检测的情况,p 为触发宽度与线宽的比值,一般取 0.3—0.5。

五 阴影消除

阴影消除就是根据阴影与车辆的不同特征,判断被检测出来的目标是车辆还是阴影,而阴影一般包含如下特征:

(1)如果产生了运动阴影,那么附近车道必然存在行驶的车辆;

(2)检测范围内灰度值出现差异,没有阴影情况下超过了有阴影时的灰度值;

(3)阴影路面上的同一点灰度值是不变的;

(4)阴影的纹理比车辆纹理相对简单。

根据以上分析对检测区域已经被检测出来的运动目标做出相应的判定。判定附近车道中虚拟线圈有无变化,若是正常状态,那么此运动对象并非阴影;如果相邻车道的虚拟线圈有变化,则该运动物体有可能是阴影。若该对象局部位置与背景进行对比,灰度明显,那么此运动对象并非阴影;若属于阴影,那么相邻两帧的图像,阴影叠加位置的灰度值比较稳定,而属于车辆时,因为车身反射光的缘故,叠加位置的灰度将出现明显的波动。若属于阴影,我们能够借助边缘检测法进行更加细致的区分。

通过 Sobel 算子对边缘特点进行确认,其本身存在 2 个边缘卷积核,分别处于水平与垂直方位,具体情况可参照图 3-4 进行了解。

-1	-2	-1
0	0	0
1	2	1

-1	0	1
-2	0	2
-1	0	1

图 3-4 水平和垂直边缘卷积核

为了便于计算,取水平和垂直两个方向的最大响应作为边缘,即:

$$G(i, j) = \max(|S_x|, |S_y|) \tag{3-6}$$

$$\begin{cases} S_x = f(i+1, j-1) + 2 \times f(i+1, j) + f(i+1, j+1) - f(i-1, j-1) - \\ \quad 2 \times f(i-1, j) + f(i-1, j+1) \\ S_y = f(i-1, j-1) + 2 \times f(i, j-1) + f(i+1, j-1) - f(i-1, j+1) - \\ \quad 2 \times f(i, j+1) + f(i+1, j+1) \end{cases}$$

通过对阴影的确认,若确定我们选定的对象并非阴影带来的,那么表示这一范围有车经过,标记为 1;反之则为 0,而阴影消除的效果如图 3-5 所示。

(a)原始图像　　　(b)未去除阴影的二值图像　　　(c)去除阴影后的二值图像

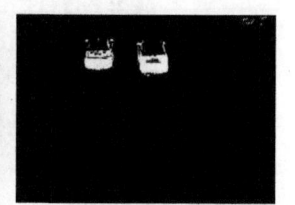

图 3-5 阴影消除的实验结果

六 背景更新

面对真实的交通环境,因为光照情况并不是稳定的,所以背景也会随之出现变化,因此在一段时间后,当前真实背景与初始背景误差累计会逐渐增大,此时如果仍采用初始背景进行车辆检测和跟踪,必然会影响其检测精度。所以要在背景建模的后续帧中加入背景更新算法,通过原始背景的处理与修整,也就是保证背景能够自主调节,才能确保接下来的检测结果不会失真。

考虑到光线会使背景出现变化，必须确定在没有车辆的情况下，才能完成背景调整；反之，不做任何改变，即：

$$B_k(i,j)=\begin{cases}\alpha I_k(i,j)+(1-\alpha)B_{k-1}(i,j), & L(i,j)=0\\ B_{k-1}(i,j), & L(i,j)=1\end{cases} \quad (3-7)$$

α 为权重因子，一般取 0.1 至 0.3 为宜。

为了降低光照的突然变化对背景更新的影响，可以选取图像中不太出现运动目标的区域，如图 3-6 所示。求解出局部范围内的亮度均值，按照两帧的平均亮度差值，当背景出现了明显变化时及时更新。

图 3-6 选择区域背景

$$AG_k=\frac{1}{h\times w}\sum_{i=0}^{h-1}\sum_{j=0}^{w-1}I_k(i,j) \quad (3-8)$$

$$\Delta AG=AG_k-AG_{k-1} \quad (3-9)$$

$$B_k(i,j)=B_{k-1}(i,j)+\Delta AG, \quad |\Delta AG|>T \quad (3-10)$$

其中，h、w 分别为所选区域的像素高度和宽度，如果 $|\Delta AG|>T$，那么表示图像平均灰度受到了影响，必须完成背景的更换，为背景中的所有像素增加 ΔAG，因此可以得到下面的动态更新背景公式，即：

$$B_k(i,j)=\begin{cases}B_{k-1}(i,j)+\Delta AG, & |\Delta AG|>T\\ \alpha I_k(i,j)+(1-\alpha)B_{k-1}(i,j), & |\Delta AG|\leq T, L(i,j)=0\\ B_{k-1}(i,j), & |\Delta AG|\leq T, L(i,j)=1\end{cases}$$

(3-11)

应用上述方法进行背景更新，得到新的实时背景如图 3-7 所示。

图 3-7　更新得到的实时背景

七　基于改进的背景差分算法的车辆检测

背景差分算法只是把此刻的帧与原始背景中的差值、阈值做出了综合对比，不可避免地会在检测到的运动目标中产生"孔洞"现象，因而可以建立一种基于改进的背景差分法完成检测工作，主要通过三帧图像实施差分，检测确定中间帧图像内选定对象的边缘轮廓情况，基本算法是：

假定此时的交通视频序列图像是 $I_k(i,j)$，那么前后两帧图像则为 $I_{k-1}(i,j)$ 和 $I_{k+1}(i,j)$，其中 (i,j) 表示图像中的像素点，根据式（3-12）对相邻两帧做差，即：

$$\begin{cases}d_{(k-1,k)}(i,j)=|I_{k-1}(i,j)-I_k(i,j)|\\ d_{(k-1,k)}(i,j)=|I_k(i,j)-I_{k+1}(i,j)|\end{cases}$$

(3-12)

先将 $d_{(k-1,k)}(i,j)$ 和 $d_{(k-1,k)}(i,j)$ 进行二值化得到新图像，然后根

据式（3-13）对两图像的相关像素点实施"或"计算，以此产生我们需要的结果。

$$D_k(i, j) = \begin{cases} 255, & b_{(k-1,k)}(i, j) \cup b_{(k,k+1)}(i, j) = 1 \\ 0, & \text{其他} \end{cases} \quad (3\text{-}13)$$

经过对此算法的改进完善，能够完成选定对象边缘参数的检测，同时和背景差分结果搭配，能够确定所有对象像素点建立的连通域。通过前面建立的背景模型，得到初始运动目标的二值化图像，后根据式（3-14）对结果进行"或"融合，并对结果做形态学处理得到最终的目标检测图像。

$$BD_k(i, j) = \begin{cases} 255, & D_k(i, j) \cup D'_k(i, j) = 1 \\ 0, & \text{其他} \end{cases} \quad (3\text{-}14)$$

应用改进背景差算法进行车辆检测，所得运动目标轮廓图像如图3-8所示。

（a）第705帧背景差分结果　　（b）第740帧背景差分结果　　（c）第779帧背景差分结果

图3-8　运动目标轮廓图像

第三节　车辆跟踪

在交通视频监控系统中，车辆跟踪是一个关键组成部分，它涉及对视频中的车辆进行检测和跟踪，以便分析车辆的运动状态和行为模式。跟踪过程的核心是确定目标车辆在连续帧中的位置，并在帧与帧之间建立一一对应的关系。这一过程对于后续的数据分析和决策支持至关重要。

为了有效地完成这一任务，可以借助 Kalman 滤波器这一强大的工具。Kalman 滤波器是一种递归的估计算法，它能够从一系列包含噪声的测量数据中估计动态系统的状态。在交通视频监控中，Kalman 滤波器可以用来预测车辆在下一帧中的位置，并通过实际观测数据来修正这一预测，从而实现对车辆运动轨迹的精确跟踪。

具体来说，Kalman 滤波器在车辆跟踪中的应用包括以下几个步骤：

（1）初始化：首先需要对 Kalman 滤波器的参数进行初始化，包括状态向量、协方差矩阵、状态转移矩阵、观测矩阵、过程噪声协方差矩阵和观测噪声协方差矩阵等。这些参数定义了车辆运动模型的基本特性和测量过程的不确定性。

（2）预测：在每一帧中，Kalman 滤波器会根据上一帧的状态估计和系统动态模型来预测车辆在当前帧的位置。这一步骤涉及状态转移矩阵的应用，它描述了车辆状态随时间的演变规律。

（3）更新：一旦获取了当前帧的实际观测数据，Kalman 滤波器会使用这些数据来更新车辆状态的估计。这一步骤涉及卡尔曼增益的计算，它权衡了预测值和观测值的可信度，从而在两者之间找到一个最佳的估计。

（4）迭代：Kalman 滤波器的预测和更新步骤会在每一帧中重复执行，从而实现对车辆运动轨迹的连续跟踪。

通过这种方法，Kalman 滤波器可以有效地减少由于测量噪声和系统不确定性带来的跟踪误差，提高车辆跟踪的准确性和鲁棒性。此外，Kalman 滤波器还可以与其他图像处理技术（如背景差分法、光流法等）结合使用，以进一步提高车辆检测和跟踪的性能。

在实际应用中，Kalman 滤波器的参数选择和调整对于跟踪效果至关重要。例如，过程噪声协方差矩阵 Q 和观测噪声协方差矩阵 R 的选择需要根据实际的监控环境和车辆运动特性来进行调整。这些参数的优化可以使 Kalman 滤波器更好地适应不同的跟踪场景，提高跟踪的准确性和可靠性。

Kalman 滤波器为交通视频监控中的车辆跟踪提供了一种有效的解决方案。通过精确地预测和估计车辆在连续帧中的位置，Kalman 滤波器有助于实现对车辆运动状态的实时监测和分析，从而为智能交通系统的发展提供重要的技术支持。

一 Kalman 滤波器算法的原理

Kalman 滤波器算法的原理主要涵盖两点，即状态、观测方程，具体说明如下：

状态方程：

$$x_{k+1} = Ax_k + w_k \tag{3-15}$$

观测方程：

$$y_k = Hx_k + v_k \tag{3-16}$$

其中，x_k 是 $k+1$ 时刻运动目标的状态，包括运动目标的位置、速度等信息，A 是状态转移矩阵，H 是观测矩阵，w_k 和 v_k 是两两互不相关的零均值的正态白噪声序列，它们的协方差分别是：

$$\begin{cases} Q_k = E[w_k w_k^T] \\ R_k = E[v_k v_k^T] \end{cases} \tag{3-17}$$

用 $\hat{x}_k^-$ 表示 x_k 的先验预测，也就是 x_k 出现前的预测 $\hat{x}(k|k-1)$；$\hat{x}_k^+$ 表示 x_k 的后验预测，也就是 x_k 出现后对 $\hat{x}(k|k-1)$ 修正后的预测 $\hat{x}(k|k)$，用它们的误差表示对应的协方差矩阵 P_k^- 和 P_k^+。

$\hat{x}_k^+$ 对 $\hat{x}_k^-$ 的修正过程也就是系统状态的更新方程，如式（3-18）所示：

$$\hat{x}_k^+ = \hat{x}_k^{\mp K(y_k - H\hat{x}_k^-)} \tag{3-18}$$

其中，K 为 Kalman 滤波器的增益矩阵。

二 运动车辆的跟踪与匹配

假设 Kalman 滤波器基本状态是 x_k，我们能够借助四维向量 (s_x, s_y, v_x, v_y) 进行说明。s_x 和 s_y 说明选定对象的矩形左上处的点位于 x 轴和 y 轴的坐标，即运动目标的位置；v_x 和 v_y 表示运动目标在 x、y 方向的速度（像素/秒）。但是图像中仅可以确定对象位置，所以状态向量 y_k 可以表示为 (Ss_x, Ss_y)，而 Ss_x 和 Ss_y 表示运动目标在图像上所观察到具体位置的横纵坐标。

应用 Kalrnan 滤波器对运动目标进行跟踪与匹配的算法流程如图 3-9 所示。其具体的实现步骤如下：

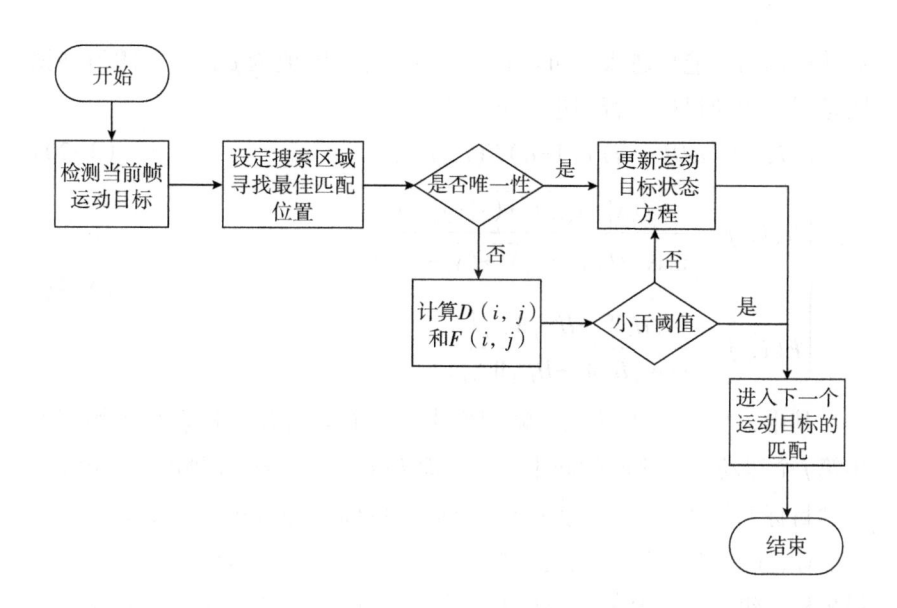

图 3-9 跟踪算法流程

Step1：Kalman 滤波器初始化，将 x_0 赋初值为运动目标的初始位置和速度，并记录当前图像时刻。

Step2：在新输入的匹配搜索之前，记录与上一帧图像的时间间隔，根据式（3-19）预测运动目标在 t_{k-1} 时刻运动状态 $\hat{x}_k$。

$$\hat{x}_k^- = A\,\hat{x}_{k-1}^+ \tag{3-19}$$

Step3：设定以 $\hat{x}_k$ 中 (s_x, s_y) 为中心的范围进行找寻，从中确定最理想的匹配点，记为 (Ss_x, Ss_y)，同时对此刻帧图像对应的时间进行记录。

Step4：在 t_k 时刻，将观测值 $y_k = (Ss_x, Ss_y)$ 代入式（3-18）中，得到修正后的状态向量，回到 Step2，重新进行运动目标的跟踪，如果该范围内确定存在车辆，同时仅有一辆，那么无须开展匹配工作，可以直接确认为我们选定的对象；如果该范围内确定存在车辆，且数量较多，那么必须实施有效匹配，以此确定我们找寻的对象。

Step5：由于选定对象于两帧的质心距离与外接矩形面积没有出现明显的变动，相对稳定，那么利用式（3-20）来对运动目标进行匹配，$V(i,j)$ 值越小，说明这两个运动目标存在对应关系，也就是说同一运动目标的可能性越大，可以设定 $V(i,j)$ 阈值为 μ，小于阈值则说明是同一运动目标，否则进行下一步。

$$V(i,j)=\alpha D(i,j)+(1-\alpha)F(i,j) \tag{3-20}$$

$$\begin{cases} D(i,j)=\dfrac{\sqrt{(x_k^i-x_{k+1}^j)^2+(y_k^i-y_{k+1}^j)^2}}{\max\limits_{n}\sqrt{(x_k^i-x_{k+1}^n)^2+(y_k^i-y_{k+1}^n)^2}} \\ F(i,j)=\dfrac{|H_k^i W_k^i-H_{k+1}^j W_{k+1}^j|}{\max\limits_{n}|H_k^i W_k^i-H_{k+1}^n W_{k+1}^n|} \end{cases} \tag{3-21}$$

其中，$D(i,j)$ 代表第 k 帧图像中第 i 个运动对象和第 $k+1$ 帧图像中第 j 个运动对象之间的间距大小，而 $F(i,j)$ 代表第 k 帧图像中第 i 个运动目标与第 $k+1$ 帧图像中第 j 个运动目标的外接矩形面积的形变程度。x_k^i、y_k^i、H_k^i、W_k^i 分别代表视频图像序列第 k 帧中第 i 个运动对象的横坐标、纵坐标、其外接矩形的高度以及宽度；n 表示第 $k+1$ 帧图像中运动目标的个数。

Step6：转到 Step2，继续对其他运动目标进行匹配跟踪。

根据上述步骤进行跟踪匹配，所得到的跟踪匹配效果如图 3-10 所示。

（a）第152帧跟踪结果　　（b）第162帧跟踪结果　　（c）第172帧跟踪结果

（a）第182帧跟踪结果　　（b）第192帧跟踪结果　　（c）第202帧跟踪结果

图 3-10　跟踪匹配效果

第四节 交通参数提取

前面章节讨论了运动对象的检测、识别以及跟踪情况,目的是要得到车辆的动态数据,实现车辆的交通参数动态提取,获得的交通信息是判断交通状态拥堵以及进行交通联控的重要依据。

在本节中主要是把车辆检查的数据和在视频监控中设定的虚拟线圈做出检查联合,利用上一节得到的式(3-11)继续应用于背景更新,而式(3-5)可直接用来判断虚拟线圈的变化,确定车辆的状态,采集当前数据,得到相应的交通参数。

一 流量检测

应用混合高斯背景模型对每一帧图像进行自适应更新时,检测到当前帧上的像素点与高斯分布模型不匹配时,依次统计每条虚拟线上的像素点的数量,当高于设定的临界值时,那么就表明这条虚拟线上是有车辆的。假设连续有 6 条虚拟线上都出现车辆,把这个计数器的形态设定成 1,否则设置为 0。

假设修正前连续 3 帧图像检测状态为 $flag(k)$、$flag(k+1)$、$flag(k+2)$,其中 k 代表了相应帧的序号,该虚拟线状态方程可以表示为:

$$ff(k)=\begin{cases} 0, & flag(k)=0 \cap flag(k+1)=1 \cap flag(k+2)=0 \\ 1, & flag(k)=1 \cap flag(k+1)=0 \cap flag(k+2)=1 \\ flag(k), & else \end{cases} \quad (3-22)$$

其中,$flag(k)$ 为修正前虚拟线的状态,$ff(k)$ 为修正后虚拟线的状态。

根据式(3-22),如果某一时刻在车道 j、虚拟线 i 上检测到有车辆出现,则后面的连续几帧图像上都会被检测到有车辆出现,随后一段时间会没有车辆出现,因而,可以把最先出现车辆的那一帧图像所对应的时刻记为 T_{START},然后记录这一车辆最开始没有出现的那一帧图像所对应的时刻为 T_{END},那么这一车辆在车道 j、虚拟线 i 上持续的时间为 $T=T_{END}-T_{START}$,而表 3-1 正好说明了车辆出现的运动状态。

根据以上分析,假设从起始时间 t_0,在车道 j 上,第 i 条虚拟线上车辆出现的次数为 N,则可用式(3-23)表示如下:

表 3-1　　　　　　　　　车辆运动状态说明

图像帧序列	1	…	k	$k+1$	…	y	$y+1$	…	u	$u+1$	…	m	$m+1$	…	n
车辆出现状态	0	…	0	1	…	1	0	…	0	1	…	1	0	…	0
状态连续情况				车辆出现			无车辆出现			车辆出现			无车辆出现		
起始终止时间				T_{START}			T_{END}			T_{START}			T_{END}		
车辆出现次数				1						2					

$$Sum(t_0, Lane(j), Line(i)) = N \qquad (3-23)$$

对任一时间段 $t_1 \to t_2$，由表 3-1 可确定在 t_1 时刻和 t_2 时刻车辆出现次数的起始终止时间，然后根据对应关系，找到对应车辆出现次数 N_1 和 N_2，则 $t_1 \to t_2$ 时间段的车辆计数如式（3-24）所示：

$$Count(t_1 \to t_2) = N_2 - N_1 \qquad (3-24)$$

采用该方法对整个视频序列的 450 帧图像进行检测，表 3-2 统计了车辆检测结果的相关数据。

表 3-2　　　　　　　　　实验结果数据说明

帧数	检测车辆总数	实际车辆总数	漏数	多数	准确率
第 1—150 帧	31	33	1	3	87.88%
第 151—300 帧	35	39	1	5	84.61%
第 301—450 帧	24	22	2	0	90.91%

由测试结果和数据分析，该方法对车辆检测的准确率在 84% 以上，因此，可以比较准确地处理两辆车互相遮挡的问题，这里出现误差的主要原因是上述消除遮挡算法的误差造成，或是由于摄像机抖动产生的噪声干扰。

根据上述公式，对车流量进行统计如附录 A 所示。

二　速度检测

车流量的统计由单个线圈就可以完成，而车速检测则需要两个线圈跟踪完成，一般思路如下：在车道上设置前后两个虚拟线圈Ⅰ和Ⅱ，如图 3-3 所示，当车辆刚到达线圈Ⅰ入口时，记录此时的帧号 *StartFrameNum* 1 和时间 T_1（Ⅰ），当车辆刚到达线圈Ⅱ出口时，记录此时的帧号

$StartFrameNum\ 2$ 和 T_2(Ⅱ)。假设两个线圈间的距离为 L(单位:米),视频的帧率为 R(单位:帧/秒),则车辆的平均速度 V(单位:千米/时)可表示为:

$$V=\frac{L\div 1000}{(StartFrameNum2-StartFrameNum1)\div R\div 3600} \quad (3-25)$$

对每一帧图像,车速检测具体过程如下:

(1)判断线圈Ⅰ上的车辆计数器值是否加1,若加1,则计算车辆进入线圈Ⅰ时的帧号;

(2)判断线圈Ⅱ上的车辆计数器值是否加1,若加1,则计算车辆进入线圈Ⅱ时的帧号;

(3)判断两线圈上的车辆计数器值是否相等;

(4)若相等,则按照式(3-26)计算车辆速度 V,并计算车辆从 T_1(Ⅰ)到 T_2(Ⅱ)这段时间内能否从线圈Ⅰ到达线圈Ⅱ,说明经过两个线圈的是同一辆车;若不能到达,则说明在这段时间内有另一辆车在线圈Ⅱ上经过,重新记录刚到达线圈Ⅱ出口时的时间 T_2^*(Ⅱ),则车辆速度为:

$$V=\frac{L\div 1000}{[T_2^*(Ⅱ)-T_1(Ⅰ)]\div 3600} \quad (3-26)$$

(5)若不相等,不计算车辆速度,使两线圈计数器数值相等。

对快速路上某车道视频流进行了实验,表3-3是对交通视频处理的结果,测试时,以环形线圈检测器获得车辆的速度值作为参考标准,平均车速误差不到1%,实际计数车辆为11,有效测试车辆为10,测速率高达90%以上,符合现实交通实时性需求。

表3-3　　　　　　　　实验结果数据说明

检测出的车辆顺序	1	2	3	4	5	6	7	8	9	10
环形线圈车速检测值	57.9	62.0	64.4	78.6	67.2	69.8	60.4	48.6	50.1	60.2
车速测量值	63.1	59.4	67.5	76.5	70.6	63.0	58.9	50.1	54.0	58.5

实际情况经过该车道的车辆数为11,而从表3-3中可以看出车速检测算法检测出的车辆为10,是因为车辆并未严格按车道行驶,使利

用检测算法求取车速时,车辆并未全部位于检测区域内,因此造成了该车速度的漏检。

根据上述车速检测过程,对车辆速度进行统计,如附录 A 所示。

三　时间占有率检测

根据前文的车辆计数分析,可以得到最先到达虚拟检测线的车辆图像起始帧数为 f_{start} 和这辆车离去前的最后一帧图像的终止帧数 f_{end},而开始统计图像的总帧数为 f,则时间占有率 O_{si} 就可以表示为:

$$O_{si} = \frac{\sum_{i}^{N}(f_{end} - f_{start})}{f} \qquad (3-27)$$

根据上述公式,对时间占有率进行统计,如附录 A 所示。

本章小结

本章主要分析了基于虚拟线圈的交通参数的提取,通过在交通视频图像上设置虚拟线圈,从车辆检测和跟踪识别两个角度对交通参数进行提取。根据交通的实时性需求,构建了改进的背景差分算法的车辆检测以及基于 Kalaman 滤波器的跟踪匹配模型,对交通参数的提取,实验结果表明其具备较好的准确性。

第四章

交通状态的快速识别与跃迁转变分析与建模

交通拥堵是由于交通需求与供给之间的不平衡引起的,当路段出现交通拥堵时,如何快速识别该状态,并对下一时段的拥堵程度进行预测评估,是本章要讨论的问题。

当前交通状况的迅速辨别方法大体上能够划分为间接以及直接两种方法,间接检测方法是使用前后段断面的车流量、占有率以及推迟时间等数据做出交通状况判别的一种方式。其中包含 California 算法、McMaster 算法以及 Bayesian 算法。直接检查方法是使用直接的交通状况检查方法来检查交通情况。例如,以视频图像为基础的交通状况检测方式,Shunsuke 等给出了一种时空马尔可夫随机场(MRF)的方式,得出的探究结果很多都是将路段上环形感应线圈测验车流速度的变慢、道路负荷的提升和拥堵车流的情况作为根据,按照真实道路的负载水平,设置流量以及占有率的上限值来判断交通当前所处的情况。不过这样的方式收集到的信息太过单调,针对车辆的详细数据一定要使用辅助设施才能够得到,而且都不能对交通情况的跃迁改变做出诠释,只是对交通堵塞状态的空间排布进行了非动态的描绘,但是实际上交通堵塞的产生和延伸是会因为时间以及空间的推移而逐渐出现改变的一个动态的过程。

因此,本章从交通流的时间空间变化特征入手,使用直接以及间接联合的双层检查形式来自行辨别交通情况。第一层使用安装在现场的视频侦测设施,按照检查到的范围中交通状态做出直接的判定;第二层使用视频检测技术获得的交通流数据，借助模糊理论创建交通状况的快速识别模型，实现了交通状态的识别，而且应用模糊认知图理论，诠释了交通情况的跃迁改变流程，达到了交通状态后一个时间点的状态追踪以及动态预警，为改善交通拥堵状态提供理论根据以及技术上的支持。

第一节　城市交通信号模糊控制理论

一　城市交通信号模糊控制理论概念背景和发展

城市交通信号模糊控制理论作为一种前沿的智能控制理论，在现代城市交通管理中发挥着至关重要的作用。它巧妙地将模糊数学的深奥原理引入到城市交通信号控制这一关键领域，为解决交通信号控制难题带来了全新的思路和方法。

传统的交通信号控制方法往往依赖于精确的数学模型，其中最为常见的是定时控制和感应控制。定时控制犹如一个刻板的时钟，按照预先设定的固定时间间隔来切换交通信号灯的状态，无论交通流量如何变化，它都机械地执行既定的程序。这种方式在交通流量相对稳定且可预测的情况下，或许能够维持一定的交通秩序，但在面对复杂多变的实际交通状况时，就显得力不从心了。感应控制虽然在一定程度上能够根据车辆的到达情况进行实时调整，但它仍然基于较为简单的检测和反馈机制，对于交通系统中深层次的复杂性和不确定性难以全面应对。

与之截然不同的是，模糊控制理论是专门针对交通系统所具有的复杂性、不确定性以及非线性等显著特点而设计的。交通系统犹如一个庞大而复杂的生态系统，其中涉及众多难以精确量化的因素。同时，车辆的行驶行为也并非完全遵循线性规律，车辆之间的相互作用、驾驶员的心理和行为习惯等都会使交通流表现出复杂的非线性特征。面对这些复杂情况，模糊控制理论借助模糊逻辑的强大功能，巧妙地处理交通信号控制问题。

在这一独特的理论体系中，交通信号的控制参数，诸如绿灯时长、相位差等关键指标，并非由传统的固定且精确的规则来硬性确定。传统方法可能会明确规定当交通流量精确达到某个具体数值时，就立即延长绿灯时间，这种过于简单和机械的方式往往无法适应实际交通的动态变化。而模糊控制理论则另辟蹊径，它基于更为灵活和智能的模糊规则以及模糊推理机制。例如，在考虑是否延长绿灯时间时，它不仅仅局限于单一的交通流量数值，而是综合考量交通流量处于"大""中""小"等模糊概念范畴的程度，同时兼顾车辆排队长度处于"长""短"等模糊状态的情况。通过这种全面而综合的分析方式，能够更加准确地捕捉到交通系统的实时状态，从而动态地调整交通信号，以实现更加高效、合理的交通流控制。这种方式就像是一位经验丰富的交通指挥官，能够根据瞬息万变的战场形势（交通状况），灵活地做出决策，确保交通的顺畅运行。

城市交通信号模糊控制理论可以追溯到20世纪70年代，当时交通流量的快速增长和城市化进程的加速导致了交通拥堵问题的日益严重。传统的交通信号控制系统只能实现固定的时序方案或简单的感应控制，在处理复杂的交通流和多变的交通需求时表现出了明显的局限性。为了解决这些问题，研究人员开始探索更为灵活和智能的控制策略，其中模糊控制理论因其处理不确定性和非线性问题的能力而受到了关注。

模糊控制理论的基础是模糊逻辑，是一种处理模糊性和不确定性的数学方法。它由洛特菲·扎德教授在1965年提出，具有模拟人类决策过程中模糊性和灵活性的优势。模糊逻辑的核心概念是模糊集合和模糊规则，其允许对模糊或不精确的信息进行量化和推理。在城市交通信号控制系统中，模糊控制理论可以处理由于交通流量的波动、道路状况的变化以及其他不可预测因素导致的不确定性。

随着计算机技术的发展和智能交通系统（ITS）的兴起，模糊控制理论在城市交通信号控制中的应用逐渐增多。智能交通系统通过集成先进的传感器、通信技术和计算机处理技术，能够实时收集和分析交通数据，为交通信号控制提供决策支持。模糊控制理论在智能交通系统中发挥着重要作用，它不仅能够处理不精确的数据，还能够适应交通环境的动态变化，实现交通信号的实时优化。

目前人工智能技术正在不断进步，模糊控制理论与其他智能算法的融合成为一个新的研究方向。例如，深度学习技术在图像识别和数据分析方面的强大能力，可以与模糊控制理论相结合，提高交通信号控制系统的准确性和鲁棒性。首先，通过训练深度神经网络来识别交通模式和预测交通趋势，然后利用模糊控制器进行实时决策，可以实现更加精确和自适应的交通信号控制。

此外，随着大数据和云计算技术的发展，城市交通信号模糊控制理论的应用范围和效率都有了显著提升。通过云平台，可以实现对大量交通数据的存储、处理和分析，为模糊控制器提供更加丰富和实时的信息。同时，基于云的控制系统可以实现跨区域的交通信号协调和优化，提高整个城市交通网络的效率。

二 城市交通信号模糊控制理论的理论基础

城市交通信号模糊控制理论的理论基础主要坚实建立在模糊逻辑这一强大的数学工具之上。模糊逻辑由杰出的学者洛特菲·扎德在1965年创新性地提出，它的出现是对传统二值逻辑的一种具有深远意义的扩展。在传统的逻辑观念中，事物的判断往往局限于绝对的"真"或"假"，非此即彼，界限清晰明确。然而，在现实世界的众多领域，尤其是城市交通信号控制这样复杂的场景中，情况远非如此简单。城市交通系统中充满了各种不确定性和模糊性因素，模糊逻辑的诞生恰好为应对这些挑战提供了全新的视角和方法。

模糊逻辑大胆地引入了"模糊"的概念，这意味着事物不再被简单地划分为绝对地属于或不属于某个集合，而是可以以不同程度存在于其中。这种独特的逻辑处理方式与城市交通信号控制中的实际问题高度契合。例如，城市交通中的车辆流量变化是一个极为复杂且不确定的因素。它受到众多因素的综合影响，包括时间因素，特殊事件如节假日、大型活动等都会导致车辆流量的突然波动。交通状况更是具有多样性，不同区域的道路状况、不同时间段的交通模式都各不相同，有的路段可能因周边商业活动频繁而在特定时段车流量大且行驶缓慢，有的路段则可能由于其功能定位（如住宅区附近的道路）在不同时间呈现出不同的交通特点。信号灯时序的调整也是一个棘手的问题，传统的固定时序设置难以适应这种复杂多变的交通状况，需要一种更加灵活智能的控制方式。

而模糊逻辑正是解决这些问题的一把钥匙，它允许通过定义模糊集合来量化这些不确定性。在实际研究中可以根据实际情况和经验，将车辆流量划分为"大流量""中流量""小流量"等模糊集合，每个具体的流量数值不再是简单地被判定为属于某一个绝对的类别，而是具有相应的隶属度，表示其在该模糊集合中的程度。同样，对于交通状况也可以定义类似的模糊集合，如"拥堵状况""顺畅状况"等。通过这种方式，能够更加准确地描述交通系统的实际状态。并且，利用模糊规则来表达交通参数之间的依赖关系，例如制定"如果交通流量大且车辆排队长度长，那么延长绿灯时间"这样的规则，从而实现对交通信号灯的智能化控制，使信号灯的调整能够更加贴合实际交通需求，提高交通系统的运行效率和安全性。

在模糊控制理论中，模糊推理机制起着核心关键作用。它是整个模糊控制过程的智慧核心，通过巧妙地应用模糊规则和模糊集合，对输入的模糊信息进行深入而细致的处理，进而得出模糊的输出结果。这一过程通常涉及多个至关重要的环节，每个环节都紧密相连，共同构成了模糊推理的完整链条。首先，模糊关系的建立，模糊关系如同一张精密的地图，清晰地定义了输入和输出之间的对应关系。它是基于对交通系统中各种因素之间内在联系的深刻理解而构建的。在城市交通中，输入参数可能包括交通流量、车辆速度、车辆排队长度等多个方面，而输出则通常是信号灯的控制策略，如绿灯时间的长短、信号灯相位的切换等。通过建立模糊关系，能够明确不同交通状况与信号灯控制之间的潜在联系。例如，当交通流量较大且车辆速度较慢时，可能对应着一种需要延长绿灯时间以缓解拥堵的关系。其次，模糊推理的执行，这一环节是模糊推理机制的核心操作部分。模糊推理依据已经建立好的模糊关系和输入的实际信息，通过模拟人类的决策过程，得出一个合理的输出。人类在面对复杂的交通状况时，会综合考虑各种因素，凭借经验和直觉做出判断。模糊推理也是如此，它会全面权衡输入的各种模糊信息，比如当前的交通流量隶属度、车辆排队长度的隶属度等，根据模糊规则进行推理计算。这种推理方式能够灵活地适应不同的交通场景，就像一个经验丰富的交通指挥官，根据实时的交通态势做出恰当的决策。最后，去模糊化的过程，它是将模糊推理得到的模糊输出转换为精确的控制信号的关键步骤，以便能够实际应用于交通信号灯的控制。因为交通信号灯最终需要明确的指令来执行操作，如绿灯需要亮多长时间是以秒为单位的精确数值。去模糊化过程就像是一个翻译器，将模糊的概念转化为具体的、可执行的指令。通过合适的去模糊化方法，如最大隶属度法、重心法等，将模糊的输出结果转化为精确的控制信号，从而实现对交通信号灯的准确控制。这种推理机制使得模糊控制在处理复杂多变的交通状况时具有极高的灵活性和适应性，能够根据实时的交通情况迅速做出合理的调整，有效地应对各种突发状况，保障交通的顺畅运行。

城市交通信号模糊控制理论还高度依赖于系统的实时监测和反馈调整。在现代城市交通系统中，科技的力量为研究过程提供了强大的支持。通过安装在路口的先进传感器和监控设备，系统能够实时、准确地收集交通流量、车辆速度、排队长度等关键数据。这些数据就如同交通系统的"脉搏"和"眼睛"，实时反映着交通状况的每一个细微变化。这些数据被迅速输入到模糊控制器中，成为模糊控制决策的重要依据。控制器根据预先设定的模糊规则和精密的推理机制，结合实时获取的数据，动态调整交通信号灯的时序和相位。例如，当传感器检测到某个路口的交通流量突然增大，且车辆排队长度也在不断增加时，模糊控制器会根据这些信息，按照模糊规则进行推理，及时调整绿灯时间，延长该方向的通行时间，以缓解交通压力。同时，系统还具备强大的自学习和自适应调整能力。它能够根据实时反馈的数据进行分析和学习，不断优化控制策略。随着时间的推移，系统可以逐渐适应不同时间段、不同天气条件下的交通规律，进一步提高交通信号控制的效率和准确性。这种基于实时数据和反馈的控制方法，使城市交通信号模糊控制理论在应对交通状况变化时表现得更加灵敏和有效。它能够实时感知交通态势的变化，并迅速做出相应调整，就像一个智能的交通管家，时刻保持着交通系统的高效运行，为城市的交通流畅和安全提供了有力的保障。

三 城市交通信号模糊控制理论的核心要素

(一) 模糊集合与隶属函数

1. 模糊集合的定义与意义

在城市交通信号模糊控制理论中，模糊集合是一个基础且关键的概念。与传统的清晰集合不同，模糊集合允许元素以一定程度隶属于该集合，而非绝对的属于或不属于。以交通流量为例，我们无法简单地将某一时刻的交通流量明确划分为"大流量"或"小流量"这两个绝对的类别。因为交通流量的大小是一个相对的概念，它会随着时间、地点以及其他诸多因素的变化而变化。所以，引入模糊集合来描述交通流量的状态，比如定义"交通流量大"这个模糊集合。在这个集合中，一个具体的交通流量值可能不完全属于"大流量"，但具有一定的隶属程度。这种方式更符合交通系统的实际情况，能够更细腻地反映交通状态的不确定性和模糊性。

2. 隶属函数的构建与作用

隶属函数是用于确定元素隶属于模糊集合程度的工具。它是一种从输入空间（通常是交通参数的实际数值范围）到隶属度取值范围（一般是0—1）的映射关系。在城市交通信号控制中，构建合适的隶属函数至关重要。例如，对于"交通流量大"这个模糊集合，可以根据历史交通数据和实际经验来定义其隶属函数。一种常见的方式是采用三角形隶属函数，假设将交通流量划分为低、中、高三个区间，当交通流量低于某个阈值时，其隶属于"交通流量大"的程度为0；当交通流量在中间某个范围内时，隶属度从0逐渐增加到1；当交通流量超过另一个较高阈值时，隶属度为1。通过这样的隶属函数，可以将精确的交通流量数值转化为反映其隶属于"交通流量大"这一模糊概念的程度值。不同的交通参数可能需要不同形状的隶属函数，如梯形隶属函数、高斯隶属函数等，以更好地适应其实际分布特点。隶属函数的选择和构建直接影响到模糊控制的准确性和有效性，它为后续的模糊推理提供了基础的量化依据。

（二）模糊规则

1. 规则的制定依据与方式

模糊规则是城市交通信号模糊控制的核心内容之一，它是基于交通专家的知识、经验以及对交通系统运行规律的深入理解而制定的。这些规则通常以"如果—那么"的形式表达。例如，"如果交通流量大且车辆排队长度长，那么延长绿灯时间"。规则的制定需要综合考虑多个交通参数及其相互关系。交通流量的大小直接影响道路的通行需求，车辆排队长度反映了路口的拥堵程度，此外，还可能需要考虑其他因素，如车道数量、相邻路口的交通状况等。在制定规则时，要充分分析不同交通参数组合下的合理控制策略。比如，当交通流量处于中等水平，但车辆排队长度较长且车道数量较少时，可能也需要适当延长绿灯时间，以缓解拥堵。因此，模糊规则的制定是一个复杂而细致的过程，需要全面考虑各种实际交通情况，以确保规则的合理性和有效性。

2. 规则库的组成与管理

众多的模糊规则构成了规则库，它就像是一个知识库，存储了用于交通信号控制的所有规则。规则库在模糊控制过程中起着关键作用。当实时采集到交通数据后，系统会将这些数据进行模糊化处理，然后根据模糊化后的信息在规则库中进行查询匹配，以获取相应的控制策略。例如，在一个路口，当前交通流量的模糊化结果为"交通流量较大"，车辆排队长度的模糊化结果为"排队长度中等"，系统通过在规则库中查找匹配的规则，可能会得到"适当延长绿灯时间"的控制策略。规则库的管理也非常重要，随着交通状况的变化和新的交通管理需求的出现，需要不断地对规则库进行更新和优化。这可以通过对交通数据的持续分析和实际交通效果的评估来实现，及时调整或添加新的规则，以保证模糊控制能够始终适应不断变化的交通环境。

（三）模糊推理与清晰化

1. 模糊推理的过程与方法

模糊推理是城市交通信号模糊控制中从输入的模糊信息到输出模糊决策的关键环节。它根据模糊规则和输入的模糊集合信息来推导出输出模糊集合。在交通信号控制中，当获得了交通流量、车辆排队长度等交通参数的模糊化信息后，就需要利用模糊规则库进行推理。以常用的 Mamdani 推理法为例，首先，对于每条规则，它会对规则前件（条件部分，如交通流量大且车辆排队时间长）中各个模糊集合的隶属度进行取最小值运算，得到该规则的激活强度。其次，根据这个激活强度对规则后件（结论部分，如延长绿灯时间）进行模糊化处理。最后，对所有规则的推理结果进行合成，得到总的输出模糊集合。例如，假设有两条规则：规则一是"如果交通流量大且车辆排队长度长，那么大幅度延长绿灯时间"，规则二是"如果交通流量中等且车辆排队长度短，那么保持绿灯时间不变"。当交通流量的隶属度为"大"的程度是 0.7、车辆排队长度的隶属度为"长"的程度是 0.8 时，对于规则一，其激活强度为 0.7（取交通流量隶属度 0.7 和排队长度隶属度 0.8 的较小值），那么规则一得出的延长绿灯时间的模糊集合会根据激活强度 0.7 进行相应的调整。对于规则二，由于交通流量和车辆排队长度的实际情况不满足其前提条件,所以其激活强度为 0。最后将规则一和规则二的推理结果合成,得到最终的输出模糊集合,这个集合反映了在当前交通状况下绿灯时间调整的模糊决策。

2. 清晰化的策略与实现

模糊推理得到的输出是一个模糊集合,但交通信号控制最终需要的是精确的控制参数,如具体的绿灯延长时间或相位差调整值等,这就需要进行清晰化处理。清晰化的策略有多种,其中常见的有最大隶属度法和重心法。最大隶属度法相对简单,它直接选择输出模糊集合中隶属度最大的元素作为清晰值。例如,如果延长绿灯时间这个模糊集合中,隶属度最大的值对应的延长时间是 10 秒,那么就选择 10 秒作为最终的绿灯延长时间。然而,这种方法可能会忽略输出模糊集合的其他信息,导致决策过于简单化。重心法则更为综合,它通过计算输出模糊集合的重心来确定清晰值。具体计算时,需要考虑输出模糊集合中每个元素的隶属度和其对应的取值,通过加权平均的方式计算出重心位置所对应的清晰值。这种方法充分考虑了输出模糊集合的整体形状和分布,能够得到更合理、精确的控制量。例如,对于一个延长绿灯时间的模糊集合,其取值范围 5—15 秒,不同取值的隶属度各不相同,通过重心法计算得到的清晰值可能是 8 秒,这个值综合考虑了整个模糊集合的信息,更符合实际交通控制的需要。在实际的城市交通信号模糊控制应用中,需要根据具体情况选择合适的清晰化方法,以确保控制决策的准确性和有效性。

城市交通信号模糊控制理论的这些核心要素相互关联、相互作用,共同构成了一个智能的交通信号控制体系。通过模糊集合和隶属函数对交通状态进行模糊化描述,基于模糊规则进行智能决策推理,再经过模糊推理和清晰化处理得到精确的控制指令,从而实现对城市交通信号的动态、灵活和自适应控制,以提高交通效率、缓解拥堵,为城市交通的顺畅运行提供有力支持。

第二节　交通参数的选择及动态变化分析

一　交通参数选择分析

交通状况特点通常能够使用一些交通数据来定量说明以及反馈。交通状况和交通数据间其实是一种映射关系，这样的关系将交通状况和交通数据当成两个集合 A 以及 B，两者之间使用一种对应规则 f 来进行关联，如图 4-1 所示。换句话说，交通情况发生变化时，交通参数都会有相应的变化，因此可以通过监测交通量、交通需求、交通密度、占有率、速率、行程时间等交通数据的变化来判断交通状态。

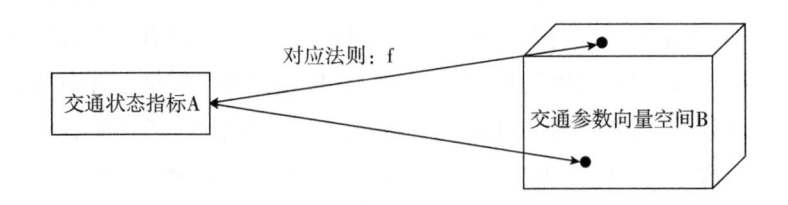

图 4-1 交通状态指标与交通参数关系

常用的交通参数一般有以下几种：

（一）交通量

交通量也叫作在单位时间中经过道路或者某条车道设定地方或断面的车辆数量。拥堵出现以前，流量会不断提升，如果流量超过阈值时，道路被阻滞，这时候车速开始降低，于是交通量又开始逐渐减小。该交通参数不能指出交通拥堵的位置，经常与其他参数相结合使用。

（二）交通需求

由于交通堵塞出现的时间要长于交通需求大于上限容量的时间，所以，此处所讲的衡量参数包含产生交通需求大于上限容量的位置、时间长短和交通拥堵时间的数据。

（三）交通密度

交通密度指的是在一定距离车道上，某个瞬间车道上的车辆数量，单位是辆/千米/车道。

（四）占有率

占有率包含空间占有率以及时间占有率两种，时间占有率指的是道路中某段路上车辆经过时间累计值和观察的时间总值相除得到的结果。在拥堵时，前段占有率提升，后段占有率下降。通常考虑前后段占有率的对比数据和相同地点前后时间点的占有率对比数据。

（五）速度

速度分为行程速度以及地点速度，前者指的是车辆前进路程和经过这段距离一共耗费的时间的比值；而后者指的是车辆经过该点时的瞬时速率，所以检测时间距的大小要尽量小一些，一般以 20—25 米为宜。

（六）行程时间

行程时间指的是一段时间中，汽车经过一段路程使用的时间的均值。

（七）排队长度

排队长度指的是交通相交口的地方排队汽车占据整个路段的距离。通常来说，拥堵严重的地方，出现的排队长度也就长一些，排队长度是判断交通拥堵程度的最直接的标准。

（八）延误

延误指的是车进到路口环节中的速率降低、停止、等候而产生的额外的行驶时间。

由于交通量、车流速率和时间占有率能够直接得到，所以交通情况辨别可以用这三个参数数据来进行判断。

二　交通参数的时空变化分析

针对交通状态快速识别来说，表现城市道路网络交通流变化的特点数据包含流量 Q、速率 v 和时间占有率 O 等数据。这样的特点数据会因为时间以及城市路网地点的不同而有很大区别。实际上，交通流的时间和空间变化特点在空间上时刻在改变着，体现出一个复杂的时间函数，如式（4-1）所示：

$$\begin{cases} Q = Q(x, y, t) \\ v = v(x, y, t) \\ O = O(x, y, t) \end{cases} \tag{4-1}$$

其中，(x, y) 为城市路网中某地方的横纵坐标；t 为时间；$Q(\cdot)$ 为流量变化情况；$v(\cdot)$ 为速度变化情况；$O(\cdot)$ 为时间占有率变化情况。

交通流具备时间和空间不断变化的特点，换句话说，交通流改变环节是交通形态伴随时间、空间改变的一个非静态环节。交通流的时间改变具备实时性，也就是城市路网中一个具体地点（路口或路段）交通流特点数据会因为时间的改变而出现变化，体现为城市路网交通数据的连续改变，比如在同一个路段，不同时刻交通流的形态有非常明显的不同。交通流的空间变化特点主要表现出在一定时间里，城市路网上交通状况位置的改变，如在相同的时间，在道路不同路段上交通流的状态可能相差很大。

所以，交通状态快速识别要在城市路网交通流时间和空间不断改变的实时追踪的前提下完成。

第三节 基于模糊理论的交通状态快速识别及跃迁转变

按照北京交通发展研究中心 2007 年《交通拥堵评价研究报告》中以各等级道路速度作为参考标准，如表 4-1 所示，指出了将交通情况分成四个级别，也就是畅通、轻度拥堵、拥堵和严重拥堵。但是，只依赖速率的提升或者降低对交通情况做出判别，这样通常是难以将拥堵环节的真实情况体现出来，而是要通过视频图像分析做出直观判断，然后再从流量、占有率以及速度综合考虑的基础上进行交通状态划分。

表 4-1 各等级路段状态判别速度参考标准

拥堵级别	畅通	轻度拥堵	拥堵	严重拥堵
快速路	>50	(35，50]	(20，35]	≤20
主干路	>35	(25，35]	(15，25]	≤15
支路	>25	(25，25]	(10，15]	≤10

一 基于模糊聚类的交通状态识别

模糊 C 均值聚类算法（Fuzzy C-Means Algorithm，FCMA），是一种具有代表性的模糊聚类方法，按照每组数据的所属度来判定这组数据包含在某个聚类的程度，按照这样的方式把多维数据空间的离散数据进行类别的划分。

（1）挑选包括 N 个样本的数据集 $X = \{x_1, x_2, \cdots, x_N\}$，其中，$N$

为整数)当作探究目标,把它分成 C 个不一样的类,最后的划分结果经过模糊隶属度矩阵表示 $U=[u_{ij}]$,u_{ij} 指的是 X 中任一样本 x_i 针对第 j ($j=1, 2, \cdots, C$) 类的隶属度,详细如下所示:

$$\begin{cases} u_{ij} = \dfrac{1}{\sum\limits_{k=1}^{C}\left(\dfrac{D_{ij}}{D_{ik}}\right)^2}, u_{ij} \in [0, 1] \\ \sum\limits_{j=1}^{C} u_{ij} = 1 \end{cases} \quad (4-2)$$

(2)计算误差的平方和来找到导致每个离散的数据点和类中心的间距最小的隶属度矩阵以及 C 个聚类中心,目标函数为:

$$J_m(U, V) = \sum_{i=1}^{N}\sum_{j=1}^{C} u_{ij}^m D_{ij}^2 \quad (4-3)$$

其中,J 代表每个离散的数据到各聚类中心 V_j ($j=1, 2, \cdots$) 的加权距离平方和;u_{ij} 代表样本 x_i 对第 j 类的隶属度;D_{ij} 代表样本 x_i 到第 j 类中心的欧氏间距;m 代表模糊指数,它的值通常在 1—5,m 取值越大,分类越模糊。

(3)如果 J 的该变量低于一个非常小的常量 ε 时,表明算法处于收敛状态,得到聚类结果;反之,迭代次数加 1,根据公式 $u_{ij} = \dfrac{1}{\sum\limits_{k=1}^{C}\left(\dfrac{D_{ij}}{D_{ik}}\right)^2}$ 重新计算新的隶属度矩阵,直到算法收敛。

二 基于模糊认知图的交通状态快速识别及跃迁转变

模糊聚类算法是一种无监督的分类算法,此方法中最开始聚类中心的挑选会对最终的结果带来非常明显的影响,主观性比较强,并且不能说明交通状态是如何演变的,因而聚类中心的选择可以按照《城市交通管理评价体系》中指出的交通情况四个级别的速率、流量以及占有率阈值进行设定,然后在模糊聚类的基础上构造一种模糊认知图分类器模型,其分类过程同时也是交通状态跃迁转变过程,并且能说明交通状态是如何演变的以及这三个交通参数是如何影响交通状态的变化,提出了模糊认知图分类模型以及使用这种分类器进行交通状态转变的推理机制。

(一) 模糊认知图理论

Bart Kosko 以古典认知图作为前提,给出了一种结合 Zade 模糊集观念以及 Alexrod 认知图的软计算方式当成模糊认知图(Fuzzy Cognitive Map,FCM),由于它具备非常好的诠释性、推导很容易、能够进行反馈等特征,所以使用得非常多。

一个基础的 FCM 的辐射架构包含两类基础对象,它们是组元和组元间的连接权值。组元表示需要考虑的内在特点,连接权值说明组元间的联系。在 FCM 架构中,组元以及连接权值使用节点(S)以及有向弧(W)表示,也就是 $FCM=\{S,W\}$,其中,$S=\{s_i|s_i\in[0,1];i=1,2,\cdots,n\}$代表组元的状态集,$s_i$ 代表模糊状态隶属度;$W=\{w_{ij}|w_{ij}\in R;i,j=1,2,\cdots,n\}$代表模糊关系权值隶属度集合。

假设 $w_{ij}>0$,那么后向节点 S_j 的状态值 s_j 会因为前向节点 S_i 的状态值 s_i 而同向改变;反过来,若 $w_{ij}<0$,则 s_j 随 s_i 值的改变而呈现反向改变。

定义1:在 FCM 中,节点集 $S=\{1,2,\cdots,n\}$ 为有限集,对于 S 中两个不同的节点 i、j,若两个节点相连并且 $w_{ij}\neq 0$,则称 i 对 j 有直接关联影响,记作 $i\rightarrow j$。

定义2:在 FCM 中,节点集 $S=\{1,2,\cdots,n\}$ 为有限集,对于 S 中两个不同的节点 i、j,若存在互不相同的节点 $k_1,k_2,\cdots,k_{(m-1)}\in S/(i,j)$,使 $i\rightarrow k_1,k_1\rightarrow k_2,\cdots,k_{(m-1)}\rightarrow j$ 成立,则 i 通过有向链 $e_1=<i,k_1>,e_2=<k_1,k_2>,\cdots,e_m=<k_{(m-1)},j>$ 对 j 有间接关联影响,记为 $i\rightarrow<e_1,e_2,\cdots,e_m>\rightarrow j$。

对于 i 对 j 的间接关联的权值,可由式(4-4)得到:

$$w'_{ij}|\langle e_1,e_2,\cdots,e_m\rangle=w_{e_1}w_{e_2}\cdots w_{e_m} \tag{4-4}$$

也就是说,两节点 i 与 j 的有向链 $<i,j>$ 相连,就存在 i 对 j 的直接关联影响;若通过其他节点与 j 相连,则 i 对 j 有间接关联影响。

(二) 基于模糊认知图的交通状态快速识别及状态跃迁转变模型

为了更加准确地识别交通状态以及各交通参数之间的关系,并能够解释交通状态的转变过程,下面给出一个基于模糊认知图的交通状态识别及跃迁转变模型,如图4-2所示。

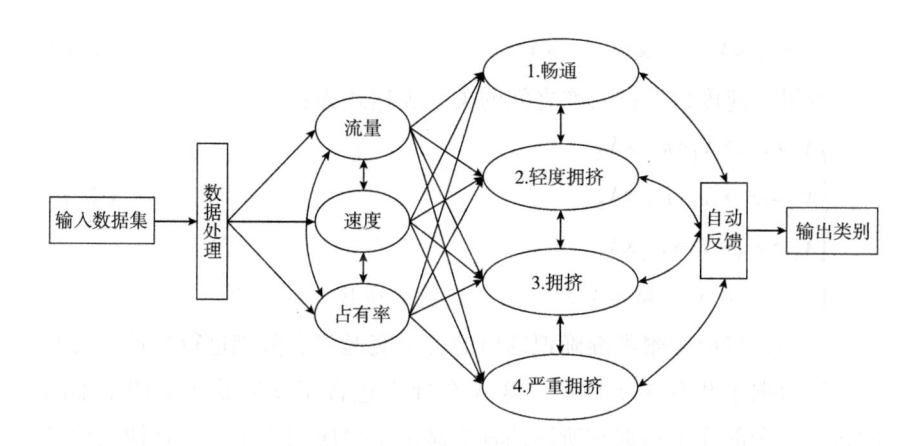

图 4-2　交通状态跃迁转变模型

第一步：构建模糊认知图分类器模型，来更加准确地识别交通状态，并阐述三个交通参数之间的关联关系，如图 4-3 所示，其数学表达式如下。

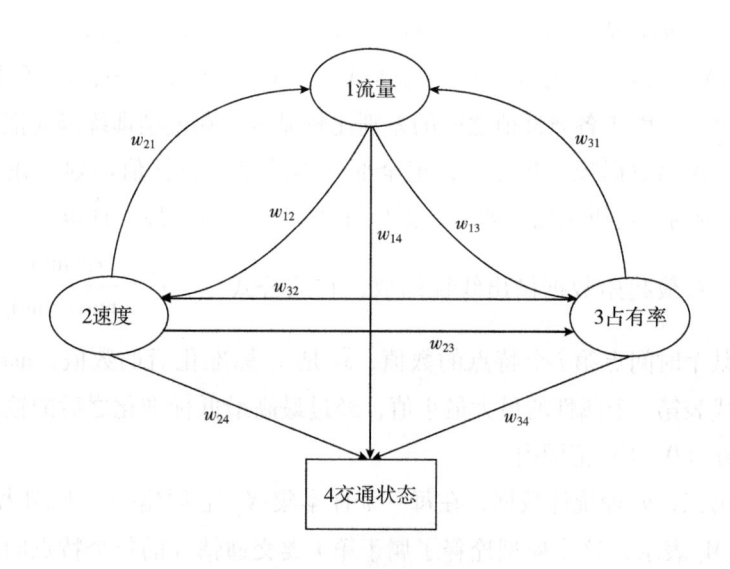

图 4-3　交通参数关联关系

$$X_j = \sum_{\substack{i=1 \\ j \neq i}}^{4} w_{ij} \times X_i \qquad (4-5)$$

交通状态识别函数表达为：

$$X_4 = w_{14} \times X_1 + w_{24} \times X_2 + w_{34} \times X_3 \tag{4-6}$$

流量、速度以及占有率之间的关系表达式为：

$$\begin{cases} X_3 = w_{13} \times X_1 + w_{23} \times X_2 \\ X_2 = w_{12} \times X_1 + w_{32} \times X_3 \\ X_1 = w_{21} \times X_2 + w_{31} \times X_3 \end{cases} \tag{4-7}$$

1. 应用模糊认知图分类器模型识别交通状态的步骤

第一，将模糊聚类准确识别出的各个交通状态分别进行统计，交通流参数数据集共有 N 个样本，这 N 个样本包含了交通状态的四个不同的状态。全部样本根据它所属的种类做出了次序的排布，而且使用编号当成样本的标志。前 n_1 个样本属于第一种交通状态畅通 d_1，第 n_1+1 至 n_2 样本属于第二类轻度拥堵 d_2，第 n_2+1 至 n_3 样本属于第三类拥堵 d_3，最后的 n_4 个样本属于严重拥堵 d_4。每个样本测得三个交通参数属性，分别为交通量，记为 f_1；速度，记为 f_2；时间占有率，记为 f_3。用符号表示该数据集为 $X = \{x_1, x_2, \cdots, x_N\} \subseteq R^{(N \times 3)}$，属性集 $F = \{f_1, f_2, f_3\}$，$D = \{d_1, d_2, d_3, d_4\}$，$\{x_1, x_2, \cdots, x_{n_1}\} \subseteq X_{d_1}$，$\{x_{n_1+1}, x_{n_1+2}, \cdots, x_{n_2}\} \subseteq X_{d_2}$，$\{x_{n_2+1}, x_{n_2+2}, \cdots, x_{n_3}\} \subseteq X_{d_3}$，$\{x_{n_3+1}, x_{n_3+2}, \cdots, x_N\} \subseteq X_{d_4}$。

第二，由于各属性值之间的差别比较显著，在模型训练以前把全部的样本做出数据规范化处置，把全部样本的全部特性值都划分在 [0，1] 范围内。这里采用一般的数据标准化的方式最小最大规范法，这种方式是对最起始数据做出线性缩放，它的公式是：$\bar{x}_i = \dfrac{x_i - \min_i}{\max_i - \min_i}$，表示在某个时间点第 i 个特点的数值，$\bar{x}_i$ 是 x_i 标准化后的数值，$\max_i$ 和 $\min_i$ 代表第 i 个属性的最大最小值，经过最高最低标准化之后的输出全部处在 [0，1] 范围内。

第三，处理统计数据，在每一个样本集 X_{d_i} 上创建一个 FCM 模型，用 FCM_i 表示，这个模型诠释了属于第 i 类交通情况的每个特点间的对应联系，$FCM = \{FCM_1, FCM_2, FCM_3, FCM_4\}$，其值域分别设为 [0，0.3)、[0.3，0.5)、[0.5，0.8)、[0.8，1]。

第四，判断当前交通状态的三个参数的属性值 $x_1 = (x_{01}, x_{02}, x_{03})$ 是否在各交通状态的统计数据的值域范围内，如果三个属性值有任一值不在统计范围内，则以聚类分析为基础进行状态识别，并将其数据储存到相应的交通状态中；否则，分别选择各交通状态与当前状态最相近的三个点，也就是选取各交通状态 $D_k^{d_i}$ 中的三个最小值来确定权值。

$$D_k^{d_i}=\sqrt{(x_{k1}-x_{01})^2+(x_{k2}-x_{02})^2+(x_{k3}-x_{03})^2} \quad (4-8)$$

第五，用 FCM_i 对测试样本 $x=(x_1, x_2, \cdots, x_s)$ 进行推理计算，计算出所属不同交通状态的值 $Y_j^{d_i}$，判断交通状态类别。计算出测试样本在 $FCM = \{FCM_1, FCM_2, FCM_3, FCM_4\}$ 中所有的推理结果，记为 $y'=(y'_{d_1}, y'_{d_2}, y'_{d_3}, y'_{d_4})$，如果 y' 在相应类别的值域中则认为所属 d_i 交通状态，如果超出阈值范围则舍去。

$$Y_j^{d_i}=w_{14} \times X_1+w_{24} \times X_2+w_{34} \times X_3 (j=1, 2, \cdots, s) \quad (4-9)$$

其中，$Y_j^{d_i}$ 是第 i 类的训练样本集组成的模型 FCM_i 经过运算得到的第 j 个检测样本的状态值。

2. 交通参数之间的影响权值对交通状态的影响分析

对于流量、速度和占有率三个交通参数之间的关联关系对交通状态的影响分析，可以从三个交通参数之间的影响权值变化方向来阐述分析，其中交通参数间影响权值为正号，表示两者的影响呈正方向变化，负号表示呈反方向变化，其绝对值大小表示影响的强度大小。

流量、速度和占有率任意两者之间的影响权值符号都有四种形式，分别为++、--、-+、+-。下面以流量和速度的影响权值 w_{12} 和 w_{21} 进行分析，其余两种情况类似。

如果 w_{12} 和 w_{21} 权值符号为++，表示流量与速度相互影响的变化方向相同，即流量↑↓，速度↑↓，其值大小表示相对影响的强弱；若符号为--，表示流量与速度相互影响的变化方向相反，即流量↑↓，速度↓↑；若符号为-+，表示流量对速度的影响变化呈反方向变化，而速度对流量的影响变化呈正方向变化，即流量↑↓，速度↓↑；而速度↑↓，流量↑↓。若符号为+-，表示流量对速度的影响变化呈正方向变化，而速度对流量的影响变化呈反方向变化，即流量↑↓，速度↑↓；而速度↑↓，流量↓↑。

对任意两者之间的影响权值变化方向以及大小进行比较分析，其值大小可以得到具体哪个参数的影响权值对交通状态的影响大，而权值变化方向影响着交通状态的转变。

第二步：构建交通状态跃迁转变模型，从内部影响和外部影响两方面来阐述第 m 节点交通状态的转变关系，如图 4-4 所示，其数学表达式如下。

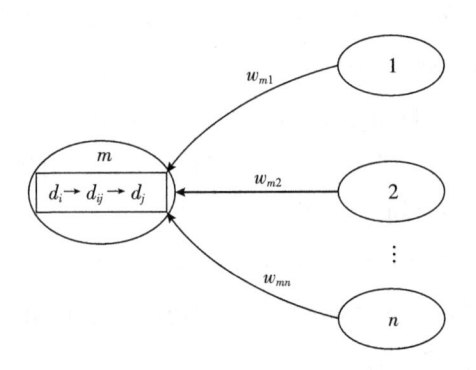

图 4-4　交通状态的转变关系

$D = d \times d_{ij} + S_n \times W_{mn}$（$i, j = 1, 2, 3, 4$；$n$ 为直接关联影响的节点数）

交通状态转变的内部影响的函数表达式为：

$$D_{内} = d \times d_{ij} = [d_1, d_2, d_3, d_4] \times \begin{bmatrix} d_{11} & d_{12} & d_{13} & d_{14} \\ d_{21} & d_{22} & d_{23} & d_{24} \\ d_{31} & d_{32} & d_{33} & d_{34} \\ d_{41} & d_{42} & d_{43} & d_{44} \end{bmatrix}^T \quad (4-10)$$

交通状态转变的外部影响的函数表达式为：

$$D_{外} = S_n \times W_{mn} = \sum_{\substack{n=1 \\ m \neq n}}^{n} s_n \times w_{mn} \quad (4-11)$$

3. 交通状态的跃迁转变过程

综观城市道路交通运作情况，交通情况不会骤然从畅通变成拥堵，它是交通流慢慢累积趋于一个临界值，这时，把这种情况叫作临界交通状态。交通状态具备双向性，临界交通状态或许会变成拥堵情况，又或许会转变为畅通情况，这是由交通调控方式的迅速性以及有效性来决定的。也就是说，交通状态的改变在时间链上体现的改变规律和目前交通情况是有联系的，后一个时间段的交通情况会因为前个时间段的交通情况而出现改变,也就是说后面时间中的交通堵塞会不会出现、出现时间长短和目前交通状态是休戚相关的。

(1) 确定内部影响转变过程。对于节点的里面情况跃迁 FCM 模型中,所有节点都有着四种交通情况 d_1、d_2、d_3、d_4,获得一个 1×4 的目前交通状态矩阵 d 和一个 4×4 的状态跃迁的动态关系权值矩阵 d_{ij}。针对一个状态跃迁 $d_i \to d_{ij} \to d_j$ 来讲,能够看作 d_i 是 d_{ij} 的前向节点,d_j 是 d_{ij} 的后向节点,节点和节点之间进行有向连接代表它们的跃迁改变联系。节点以及关系权值都具备它们之间的数据特点,分别表示节点的状态和节点间的跃迁作用大小。

内部影响的状态跃迁改变核心是怎样判定跃迁改变的动态联系权值,它不是限定在既定模糊集合中的不变值,而是可以由于前向节点的状态值做出动态调节,它的值的大小代表前向节点的状态对后向节点的状态的作用强度值的高低,而且和前向节点状态有函数映射的联系,如式(4-12)所示。

$$d_{ij} = d_{ij}(d_i),\ d_i\text{ 为前向节点的状态值} \tag{4-12}$$

因此,可以根据前向节点的状态值,应用马尔可夫理论,推出交通状态的转变概率矩阵来代替关系权值的变化调整,其概率值可以在几个周期内进行适当调整更新。

内部影响的交通状态的跃迁转变函数为:

$$D_{内} = E \times d_{ij}^t = [y_1,\ y_2,\ y_3,\ y_4],\ j=1,\ 2,\ 3,\ 4 \tag{4-13}$$

其中,E 是当前交通状态 d_i 下所对应的各状态模糊隶属度;d_{ij}^t 是在第 t 时刻交通状态跃迁转变的动态关系权值,它的值的大小代表状态改变的作用大小;y_j 是节点 i 跃迁改变后可能的交通状态。

(2) 确定外部影响转变过程。对于节点的外部状态跃迁 FCM 模型中,与节点 S_m 直接关联影响的有 n 个,s_m 为第 m 节点的状态值;$W = \{w_{mn} \mid w_{mn} \in [0,\ 1],\ m,\ n=1,\ 2,\ 3,\ \cdots,\ m \neq n\}$,$w_{mn}$ 是节点间的直接关联影响程度。

节点间的直接关联影响程度,可以根据相邻交叉口之间的关联性进行计算,采用 Whitson 改进模型:

$$w_{mn} = \frac{1}{n-1}\left(\frac{n \cdot Q_{max}}{\sum_{k=1}^{n} Q_k} - 1\right)\frac{1}{1+t} \tag{4-14}$$

其中，n 为来自上游交叉口车流驶入的分支数；Q_k 为来自上游路口的车流进入的第 k 分支流量；Q_{max} 为来自上游路口 n 个车流中驶入的最大流量，t 为两路口间的平均行程时间。

规定：指向节点 S_m 的关联影响权值为正值，背离节点方向的关联影响权值为负值，并且值的大小取两个方向中的最大值。

外部影响的交通状态的跃迁转变函数为：

$$D_{外}=S_n \times W_{mn} = \sum_{n=1}^{n} s_n \times w_{mn} = p^t \tag{4-15}$$

综合考虑当前节点的内外影响，可以得到交通状态的跃迁转变方程，则节点 S_m 的新状态，也就是决策值，可以根据 y_j 值（$j=1$，2，3，4），由决策输出函数 $f_m(x)$ 得到：

$$f_m(x) = \max\{y_1+p^t, y_2+p^t, y_3+p^t, y_4+p^t\} \tag{4-16}$$

所以，针对目前交通情况 d_i 向 d_j 的演变流程，获得新的交通状态可以判断为其决策值最大值所属的交通状态类别。

第四节　交通状态快速识别的判断流程

为了进一步讲述交通拥堵的变化过程，在这里把交通情况划分为非拥堵（畅通）和拥堵（轻度拥堵、拥堵和严重拥堵），将流量、速度以及时间占有率的临界值引进来，它们分别用 Q'、v'、O' 来表示。规定在连续三个时间段内，车流速度均降到阈值以下或时间占有率都超过阈值或者车流量皆大于阈值，则认为有交通拥堵存在；除此之外，在连续两个时间内，速度、车流量和占有率中任意两个超出阈值，也认为有拥堵存在。

交通拥堵检测算法的控制流程如图 4-5 所示，其中，$T(x, y, t)$ 是车流量检测累计计数值，$W(x, y, t)$ 是时间占有率的检测累计计数值，$P(x, y, t)$ 是速度的检测累计计数值。

它不但达到了交通状态的快速识别的目的，并且知道了交通拥堵的形成以及消除的流程，达到了交通拥堵的状态追踪和动态预警的目的，对交通控制策略的实施奠定了基础。但是，利用视频采集的交通参数做出交通状态辨别，只是达到了视频监测的目的，但是还未凸显出调控的作用。所以，能够使用视频对交通状态辨别的连续性检测当成突破点，使用视频互联网，创建三级预警体制，然后对路口、路段以及区域使用对应的调控方法。

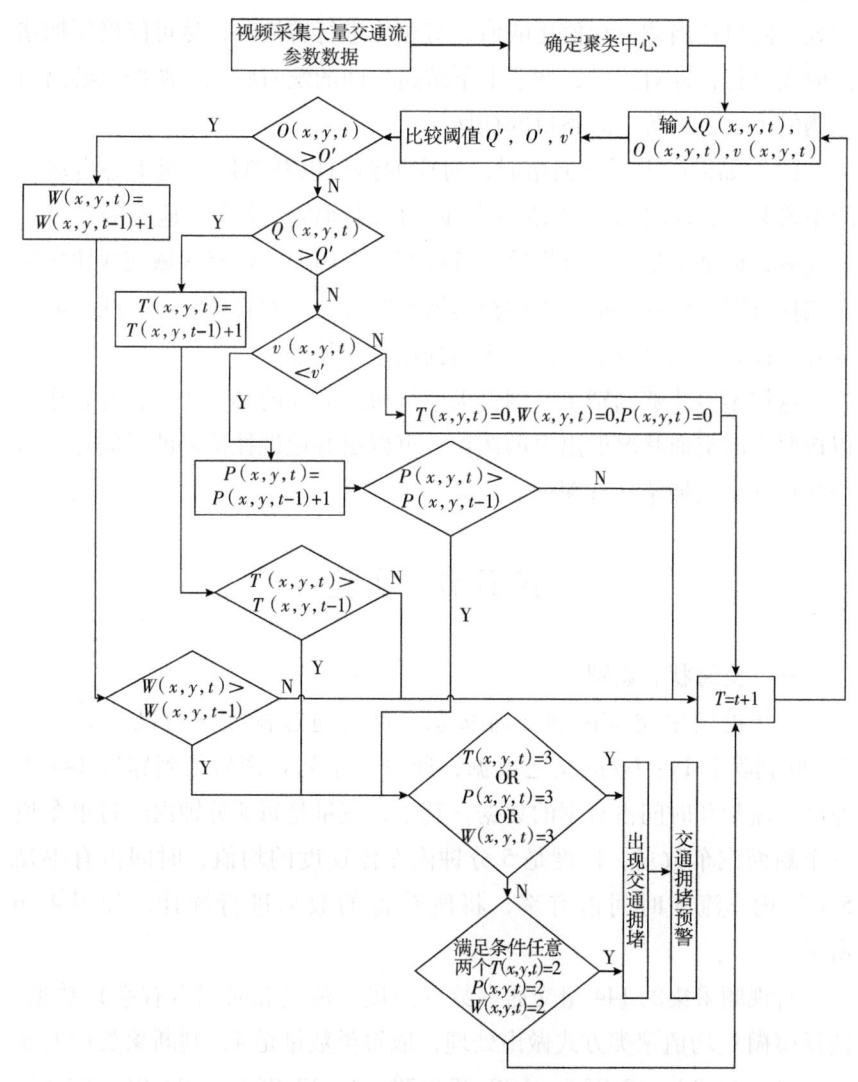

图 4-5　交通拥堵检测算法控制流程

详细调控方案如下：

（1）如果产生轻度拥堵时，对应的路口或者路段监测中心就会激发以及预警提醒，能够对相交口信号调控方式做出小的调节，调控上游路口车辆的进入。

（2）如果产生拥堵时，对应的路口或者路段监测中心激发二级预警提醒，这时有不止一个路段或者路口出现拥堵，一定要采用协助调控方式，路口适当调节绿信比的值，对相位进行转换时，尽可能确保拥堵方向先放行；针对路段，调节上下游路口间的配时状况，调控上游路口车辆的进入，缓解下游路口的拥堵。

（3）如果产生严重拥堵时，对应的路口以及路段监测中心启动三级报警装置，这时 m 千米范围内在一段时间内产生多个地方的二级报警提醒，或某个地方二级报警连续提醒 n 个周期。选择区域交通协作联合调控方案，也就是把交通调控与诱导联合起来并且执行点、线、面的联合调控，达到全范围的协调来对拥堵进行处理。

这样不但能够判别出路网要求信号协助调控的必需程度，并且还可以按照实时交通状况做出协助调控，可以更好地把控协助的时间点，对缓和路网交通拥堵具有深远的意义。

第五节 实验

一 交通状态识别

应用模糊聚类来识别交通状态，首先通过视频获得某一天早上 7：00 到晚上 19：00 的交通数据，通过一系列处理后得到路段 144 组速度、流量和时间占有率的数据，其中，流量是每 5 分钟内经过单车道一个断面汽车数量，速度是 5 分钟内车流速度的均值，时间占有率是 5 分钟内车流的时间占有率，将所获得的数据进行统计，如图 4-6 所示。

对视频采集的 144 组交通参数（速度、流量和时间占有率）数据，选择模糊 C 均值聚类方式做出处理，取聚类数量是 4，判断聚类中心是 (44.16, 45.90, 12.75)、(38.35, 38.40, 12.86)、(34.96, 53.87, 19.39)、(52.26, 34.22, 8.00)。

接着，经过计算隶属度矩阵 U 对交通状态快速识别，详细可参照附录 B，且 $U=[u_{ij}]$，如式 (4-19) 所示：

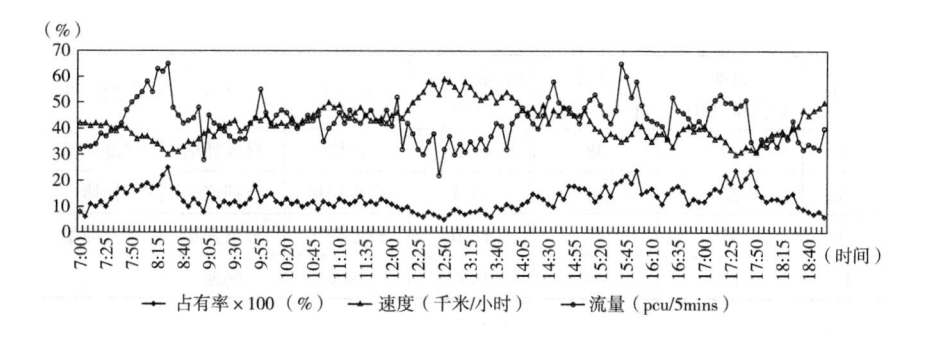

图 4-6　交通流参数的数据统计

$$u_{ij} = \frac{1}{\sum_{k=1}^{4}\left(\frac{D_{ij}}{D_{ik}}\right)^2} \tag{4-17}$$

其中，u_{ij} 代表样本 x_i 对第 j 类的隶属度；D_{ij} 代表样本 x_i 到第 j 类中心的欧式间距。

最后，经过对快速路上的 10 组样本交通数据做出交通状态辨别并且与参照标准进行校验，如表 4-2 所示，其精准度达到 80%，而模糊聚类法（FCMA）识别的准确率比较低，这是由于它只通过对速度单一指标进行聚类分析，忽略了其他交通参数变化的影响。本书应用模糊认知图（FCM）理论进行交通状态识别，综合考虑了流量、占有率以及速度这些交通参数，不但识别准确率高，而且能够及时发现出现交通拥堵的情况，更能反映出交通状态是如何转变的。

表 4-2　　　　　　　　　　交通状态识别

样本	速度（千米/小时）	流量（pcu/5mins）	时间占有率（%）	FCMA	FCM	参照标准
1	42	33	9.4	拥堵	轻度拥堵	轻度拥堵
2	30	65	26.1	严重拥堵	严重拥堵	拥堵
3	40	25	7.6	拥堵	轻度拥堵	轻度拥堵
4	56	24	5.2	畅通	畅通	畅通
5	52	32	7.3	畅通	畅通	畅通
6	35	65	21.8	严重拥堵	严重拥堵	拥堵

续表

样本	速度 （千米/小时）	流量 （pcu/5mins）	时间占有率 （%）	FCMA	FCM	参照标准
7	39	38	11.8	拥堵	轻度拥堵	轻度拥堵
8	32	54	20.3	严重拥堵	拥堵	拥堵
9	42	42	12.0	轻度拥堵	轻度拥堵	轻度拥堵
10	50	40	9.7	畅通	畅通	畅通

二 交通状态影响权值分析

对 FCM = $\{FCM_1, FCM_2, FCM_3, FCM_4\}$ 四个不同状态的影响权值进行分析，如图 4-7 所示。

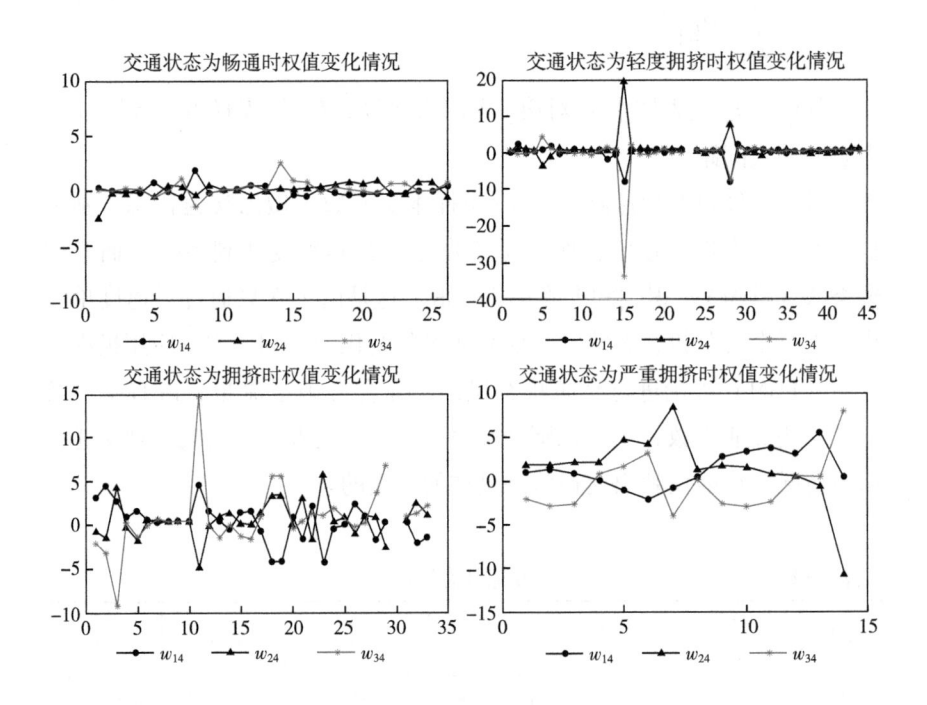

图 4-7 权值变化分析

可以发现，交通状态为畅通和轻度拥堵时，其影响权值的变化还是比较稳定的，而发生拥堵和严重拥堵时其影响权值波动范围较大，说明了畅通和轻度拥堵时三个交通参数会有略微的变化，但是一旦出现拥堵和严重拥堵时三个交通参数由于相互影响就会出现突变，致使影响权值都会发生明显的变化。

下面就以样本 1 为例进行说明：经计算影响权值 $w_{14} = -0.0459$，$w_{24} = -0.3946$，$w_{34} = 0.219$，其类别判断值为 0.0905（畅通），说明了速度对交通状态的影响最大，但是与占有率对交通状态的影响方向正好相反，也就是说，当前状态为畅通，速度对下一时段状态为畅通的影响程度值会越来越小，交通状态正在逐渐发生转变，而三个交通参数的相互影响权值分别为 $w_{13} = 0.7143$，$w_{23} = 1.2857$，$w_{12} = -0.5556$，$w_{32} = 0.7778$，$w_{21} = -1.8$，$w_{31} = 1.4$，同样说明了交通状态的影响主要由速度和占有率来决定，并且速度与占有率的变化方向相同，速度影响强度更大。当前状态为畅通，速度对其影响为负，说明速度正在减小，畅通的程度在变小，虽然此时占有率也在同步减小，但是它对畅通的影响强度小于速度，说明当前交通状态逐渐从畅通状态向其他状态进行转变。

三 交通状态跃迁转变

经过对视频收集的 144 组数据做出关系权值训练学习，能够看出交通状态的跃迁改变之前有个连续的过程，按照马尔可夫理论，能够得到交通状态的跃迁概率矩阵 d_{ij}^T，从中能够知道，假设最初情况时是畅通，后一时间点交通状态是畅通的概率最高，另外其他开始状态也会出现差不多的规律，这样就表明后一时间点交通状态与目前交通状态是息息相关的。

$$d_{ij}^T = \begin{bmatrix} \frac{28}{33} & \frac{4}{33} & \frac{1}{33} & 0 \\ \frac{3}{50} & \frac{38}{50} & \frac{7}{50} & \frac{2}{50} \\ \frac{1}{38} & \frac{7}{38} & \frac{28}{38} & \frac{2}{38} \\ 0 & \frac{2}{23} & \frac{2}{23} & \frac{19}{23} \end{bmatrix}$$

为了进一步诠释交通情况的跃迁改变，把视频收集的数据对时间段做出适当的合并使间隔大一些（以 25min 为例），接着只考虑内部影响与实际交通状态做出对比剖析，把畅通、轻度拥堵、拥堵和严重拥堵分别使用 1、2、3、4 这四个值表示，开始情况设定是畅通，那么能够知道交通状态跃迁改变的变化趋势图，如图 4-8 所示。

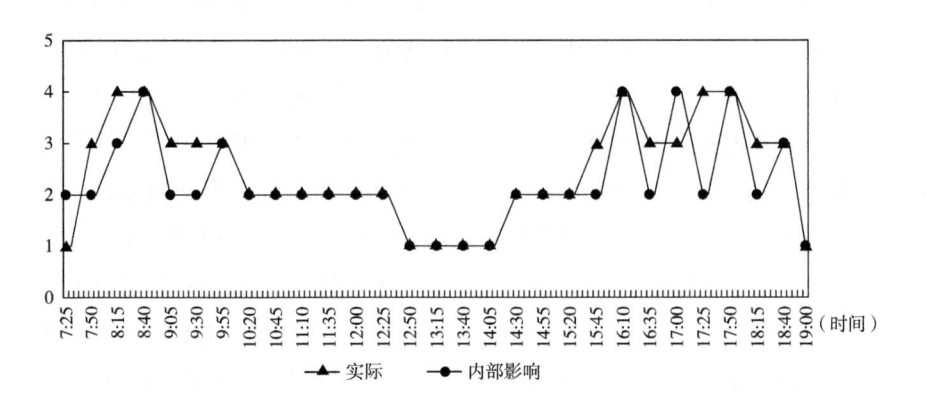

图 4-8 交通状态跃迁转变变化趋势

从图 4-8 中可以发现，从早上 7：30—9：30 和下午 16：30—18：30 这个时间段，交通状态跃迁转变与实际明显不一致，这是由于外部影响的结果，这个时间段是上班、下班高峰，相关联节点影响非常明显；而从 10：00—16：00 这个时间段属于平峰时段，考虑内部影响后的交通状态跃迁转变与实际情况基本一致，说明外部因素的影响不明显。这从侧面说明了要准确预测交通状态的跃迁，仅考虑当前状态（内部影响）明显不足，必须考虑相关联节点对当前节点的影响（外部影响）。

根据外部影响的公式可以求得外部影响值的大小，设为 a。

（1）如果交通状态实际转变情况是由畅通向严重拥堵方向转变，其权值大小为 c，由内部影响求得的交通状态为 b，则 $c=a+b$，若 $a>0$，说明外部影响为正值，其值越大，交通状态跃迁的等级越多，交通越拥堵。

（2）如果交通状态实际转变情况是由严重拥堵向畅通方向转变，其权值大小为 c，由内部影响求得的交通状态为 b，则 $c=a+b$，若 $a<0$，说明外部影响为负值，其绝对值越大，交通状态跃迁的等级越多，交通越畅通。

（3）如果交通状态实际转变情况是保持当前状态不变，其权值大

小为 c，由内部影响求得的交通状态为 b，则 $c=a+b$，说明外部影响并不明显，其值大小对当前交通状态的转变并无影响，但能说明畅通或拥堵的程度越来越大。

本章小结

本章从交通流的时间和空间变化的视角介入，结合视频检测技术，给出了交通状态的快速辨别方式和怎样实现交通状态的跃迁改变的目的。这种方式经过视频检测获得的交通数据来对目前交通情况做出辨别，并且通过模糊认知图理论分析了交通状态之间的跃迁转变规律，以及三个交通参数影响权值对交通状态的关系，从内部影响和外部影响两个方面考虑，建立了交通状态的跃迁改变模型，能够对后一个时间点路网交通情况做出预判，并通过数据进行了实验说明。

第五章

交通信号区域的动态划分分析与建模

城市交通网络是一个复杂的系统，它由相互关联的道路构成，交通流在这些道路上动态变化，具有随机性和多样性。这些交通流在时间和空间上的差异和联系都非常大，因此，如何根据交通流的时空变化特点，合理地将这些相似和相互关联的交通流划分到同一个区域范围内，是一个重要的研究课题。

由于交通流具有动态性，所以交通区域的划分也必须具备动态特征，以适应实时变化的交通流。在交通控制小区的动态划分方面，国际上已经开展了一些研究，包括耦合情况、引力、调节指数、分级体系分割技术等。近年来，国内的研究方向主要对流量、间距、周期等方面对调控小区的划分进行了研究，并在 SCATS 系统中使用周期来判断合并系数的改变情况，从而确定是否需要合并控制小区。

现有的研究中，信号控制子区的划分主要基于距离、车流特点以及信号周期，与子区内部协调控制的目标没有直接关系。目前使用的划分指标都基于这三个原则，如关联度或吸引强度，但判断阈值主观性较强，难以保证子区划分的合理性。

因此，本章首先从交通流的传播规律入手，定性和定量分析了拥堵的产生及传播原理。其次依照交通区域里相邻路口彼此间所具备的交通关联性以及交通相似性，将其划分成若干个内部关联性较为强劲、交通特征极为相似的交通控制小区。接着，依据交通流状态呈现出的不同变化形式，比如基本维持不变、拥堵状况的扩散以及拥堵情况的消退等，分别与交通控制小区的各类动态变化相对应，即交通流基本不变时对应交通控制小区的微调；拥堵扩散时对应其扩张组合；拥堵消退时对应其收缩分解，以此达成在控制区域内对节点进行合并与分离操作，同时实现区域之间自行开展组合与拆分的功能。

还有学者提出了基于交通指数聚类的路网区域动态划分方法，此方法将城市路网进行网格化划分，计算每个网格的交通指数，提取网格特征，通过 K-means++ 聚类算法对样本特征矩阵进行聚类后可以得到初始聚类标签，之后对其中奇异网格的聚类标签进行修正，最后得到划分后的路网区域。该方法可以达到提高路网区域划分的精度、稳定性的效果。

在交通控制子区划分的研究中，有研究提出了基于含权 Newman 算法的交通控制子区划分方法。这种方法首先通过设置道路网络中的路段为对偶网络的节点，将相邻路段的连接关系作为对偶网络的边，形成对偶网络拓扑结构图。其次基于用户均衡交通分配得到的路段交通流数据，计算得到路段的"拟交通密度"，并引入这一密度作为边权，扩展了 Newman 子区划分算法。通过这种方法，可以更好地实现交通流控制子区内的交通流同质性，提高路网容量。

由于城市交通网络具有动态性，因此要求交通区域划分也必须具备动态特征，以适应多变的交通流。通过分析交通流的传播规律和利用各种算法，可以更合理地划分交通控制小区，以提高交通管理的效率和效果。

第一节　交通区域动态划分的必要性

交通区域动态划分是一种根据城市路网辐射架构，依照交通流在时间和空间上的变化特征，将整个路网动态分割成若干个可以自行调节范围大小的交通控制小区的方法。这些小区由一系列相互连接的道路和节点构成，其调控区域的大小和形状会随着交通流的变化而动态调整。

交通区域动态划分的核心作用在于将城市道路网络划分为具有相似交通流变化特性的几个区域，确保这些区域能够快速反映出交通流的变化状态。这对于制定区域调控措施、提供可靠的数据支持具有重要意义。由于交通流会随时间发生显著变化，动态控制小区的调控范围需要相应调整，以适应当前的交通状况。因此，动态小区的一个关键特性是其范围会根据交通流的变化而变化。

处理交通区域中动态划分问题，首要任务是对交通拥堵的形成和传播规律进行定性定量分析。这包括对交通流的传播规律进行深入研究进而分析拥堵产生及传播的原理。因为交通区域内相邻的路口之间具有交通关联性和交通相似性，因此可以划分得到一定数目的内部关联性强、交通特征相似的交通控制小区。下一步就根据交通流状态的变化，如基本不变、拥堵扩散或者拥堵消退，分别对应交通控制小区的动态变化，如微调、扩张组合或者收缩分解，实现控制区域内节点的合并与分离以及区域间的组合与拆分。

近年来，有学者提出一种基于交通指数聚类的路网区域动态划分方式。根据该方法，把城市的路网依照网格化的形式展开划分，并对每一个网格的交通指数加以计算，同时对网格的特征进行提取。随后，运用K-means++聚类算法针对样本特征矩阵来实施聚类操作，进而获取到初始的聚类标签。在此基础上，还会对那些属于奇异网格的聚类标签予以修正处理，最终便能够得到完成划分之后的路网区域。这种方法能够提高路网区域划分的精度及稳定性。

此外，也有研究提出了协调控制子区快速动态划分方法，通过建立基于交叉口关联度的协调控制子区划分模型，设计最佳控制子区划分方案获取流程，实现了交通信号控制子区的动态划分。该方法针对最佳控制子区划分方案求解过程中可能面临的维数灾难问题，提出利用降维处理与遗传算法两种方法进行子区划分方案的快速寻优，并给出了一套协调控制子区快速动态划分流程。通过算例分析说明，在一定规模路网下，本章提出的控制子区快速动态划分方法将以一个较大概率搜索到次优子区划分方案，且因其计算时间可以被有效控制，因此完全能够满足控制子区划分的实时性要求。

一 定性分析

单条路线上的堵塞传播过程能够表述成起始时的低峰期，因为交通流不大，车辆会按照自由流的速率前行，交通不会出现拥堵，表现为车辆排队不多，在一个信号周期内都能够通过整个十字路口；随后进入平峰期，此时车辆在路上的排队增多，不过排队很规律，对应的等候距离也不大，车辆没有二次排队的情况出现；但是当交通高峰期的来临，路上车流的速率就会降低，非常多的车辆就要进行排队等待，而且会向上游的路段延伸，导致等候排队的距离向后扩大，所以会有非常多的车辆特别是在队列后面的车辆不能快速通过路口。此时因为这条路上的车辆总量不断增多，但是道路的上限容量是一定的，就导致上游道路的车辆要进入这条道路非常的困难。因此，在上游道路本身驶入量不变的前提下，它的驶出量降低就会使上游道路上排队等候的车辆不断增多，最后使上游道路也形成堵塞。这样的情况不能得到及时的解决，就会使全部交通区域网络中的很多道路产生堵塞，这也是城市道路交通网络中道路拥堵的传播原理。

为了给下面的定量分析奠定基础，可以将上述过程与控制策略相结合进行分析，如图5-1所示。开始时，低峰触发器被触发，这时交通正常运行，按照原先控制策略进行控制，持续时间为t_1，直到平峰触发器被触发，此时出现轻度拥堵的一些特征，必须调整控制策略，使交通恢复畅通状态，如果无视这些情况，控制策略没有进行调整，交通可能会继续恶化，出现拥堵甚至严重拥堵，这个阶段持续时间为t_2，一旦触发高峰触发器，这时必须立即采取协调控制措施，防止交通继续恶化，这个阶段持续时间为t_3，因此拥堵的持续时间为t_2与t_3时间之和。

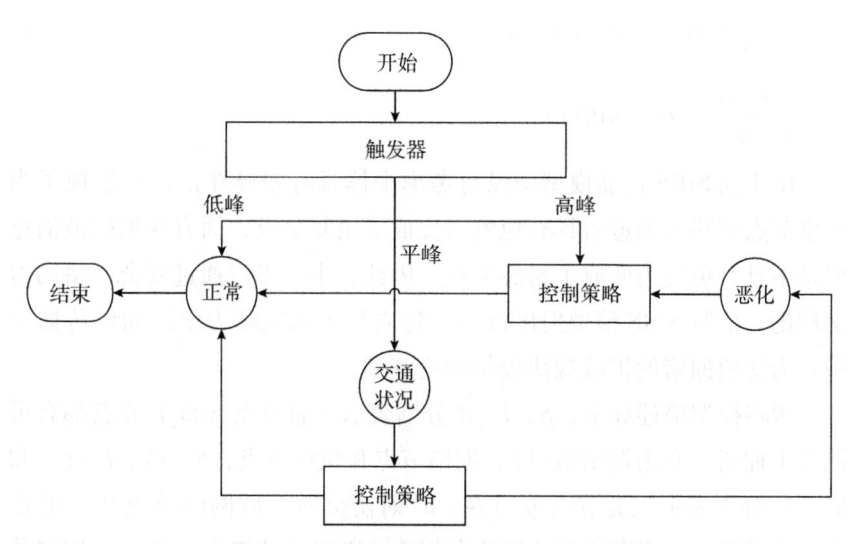

图 5-1 拥堵传播过程发展及控制活动流程

二 定量分析

根据拥堵的产生、发展及环境变化等情况，建立能够反映其动力学特性的数学模型，通过对模型动力学形态的研究来显示拥堵的扩散过程，揭示其扩散规律，预测其发展趋势，分析拥堵扩散的原因和关键因素，寻求对其进行控制的最优策略，为决策者提供理论基础和定量依据。

本章建立的基于系统动力学的拥堵传播模型主要借鉴生物学中的疾病传播模型（SIRS），SIRS 模型是把网络的节点分为三类：易感者类 S（susceptible）、感染者类 I（infective）、康复者类 R（recovery），t 时刻三类节点的密度分别记为 $s(t)$、$i(t)$、$r(t)$，$s(t)+i(t)+r(t)=1$。其疾病在节点间的传播规则是：假设容易出现感染的节点和已经感染的节点有相关联的边连接，那么按照 β 的概率变为感染节点；感染节点按照 γ 的概率自行恢复；恢复节点按照 δ 的概率自行解除免疫功能再次成为容易感染的节点，其中 β、γ、$\delta>0$。

因此，SIRS 模型在节点之间的状态转移过程为 $S \xrightarrow{\beta} I \xrightarrow{\gamma} R \xrightarrow{\delta} S$，其动态演化方程为：

$$\begin{cases} \dfrac{dS(t)}{dt} = -\beta k S(t) I(t) + \delta R(t) \\ \dfrac{dI(t)}{dt} = \beta k S(t) I(t) - \gamma I(t) \\ \dfrac{dR(t)}{dt} = \gamma I(t) - \delta R(t) \end{cases} \quad (5-1)$$

由于在 SIRS 传播模型中没有考虑个体具有差异性，并且忽视了当感染节点有些被治愈后具有免疫力变成了康复节点，而有些虽然被治愈但是不具有免疫力变成了易感节点。因此，本章可以通过复杂网络动力学理论，借鉴 SIRS 模型提出改进，建立基于系统动力学的拥堵传播模型，为交通拥堵的扩散规律提供理论基础。

现将模型描述如下：S、I、R 分别表示畅通节点（该类节点都有可能发生拥堵，变为拥堵节点）、拥堵节点和免疫节点，$S(t)$、$I(t)$ 和 $R(t)$ 分别表示三类节点数目在 t 时刻在交通区域网络节点数中的比例。在模型中 S 类节点与 I 类节点相连，则以 β 的概率被扩散为拥堵节点，但是 S 类节点由于自身的控制调节能力会以 a 的概率直接获得免疫力而变为 R 类节点，考虑到不同的拥堵程度其传播强度明显不同，其中轻度拥堵、拥堵和严重拥堵在拥堵节点中所占的比例为 b_i（i=1，2，3），传播强度为 β_i（i=1，2，3）。I 类节点通过控制调节后，以 δ_2 的概率转变为 S 类节点，以 γ 的概率获得免疫力而转变为 R 类节点；R 类节点通过时间作用会以 δ_1 的概率丧失免疫力而变为 S 类节点。各类节点之间遵循 $S \rightarrow I \rightarrow R \rightarrow S$ 这个循环过程，它们之间的关系如图 5-2 所示。

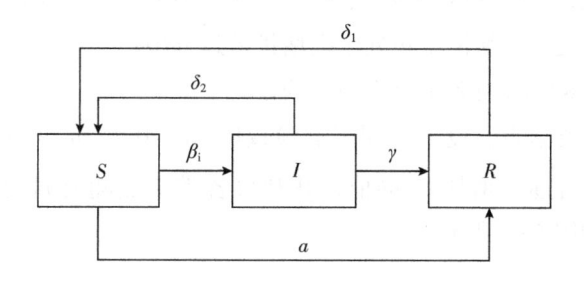

图 5-2 模型的传播过程

假设交通区域网络中每个节点都有四个节点与之相连，并且传播强度与拥堵节点的密度成比例，则基于系统动力学的拥堵传播模型可表示为：

$$\begin{cases} \dfrac{dS(t)}{dt} = -4\sum_{i=1}^{3}\beta_i b_i S(t)I(t) - aS(t) + \delta_1 R(t) + \delta_2 I(t) \\ \dfrac{dI(t)}{dt} = 4\sum_{i=1}^{3}\beta_i b_i S(t)I(t) - \gamma I(t) - \delta_2 I(t) \\ \dfrac{dR(t)}{dt} = aS(t) + \gamma I(t) - \delta_1 R(t) \end{cases} \quad (5-2)$$

为了分析拥堵节点的比例随时间的变化情况，现在考虑方程是否有稳态解，分别令式（5-2）中的各个方程值为零，并由 $S(t)+I(t)+R(t)=1$ 可以求得式（5-2）的两个平衡解，即：

$$(S(t), I(t), R(t)) = \left(\dfrac{\delta_1}{a+\delta_1}, 0, \dfrac{a}{a+\delta_1}\right) \text{和}(S(t),$$

$$I(t), R(t)) = \left(\frac{\gamma+\delta_2}{4\sum_{i=1}^{3}b_i\beta_i}, \frac{4\delta_1\sum_{i=1}^{3}b_i\beta_i-(a+\delta_1)(\gamma+\delta_2)}{4\sum_{i=1}^{3}b_i\beta_i(\gamma+\delta_1)},\right.$$

$$\left.\frac{4\gamma\sum_{i=1}^{3}b_i\beta_i+(a-\gamma)(\gamma+\delta_2)}{4\sum_{i=1}^{3}b_i\beta_i(\gamma+\delta_1)}\right)$$

其中，$(S(t), I(t), R(t)) = \left(\frac{\delta_1}{a+\delta_1}, 0, \frac{a}{a+\delta_1}\right)$可以发现拥堵节点为零，说明了拥堵并没有发生传播或是最后所有节点都变成畅通节点或者免疫节点，交通区域网络处于畅通状态；而另一个解各类节点值都不为零，表示交通区域网络正处于拥堵扩散过程中。

（一）参数 δ_2 对各类节点的影响分析

针对各类节点，设定了固定的参数值，$\beta=0.1$，$a=0.1$，$\delta_1=0.2$，$\gamma=0.3$。随后逐步增加 δ_2 的值，并观察各类节点随时间的变化趋势，仿真结果如图 5-3 所示。

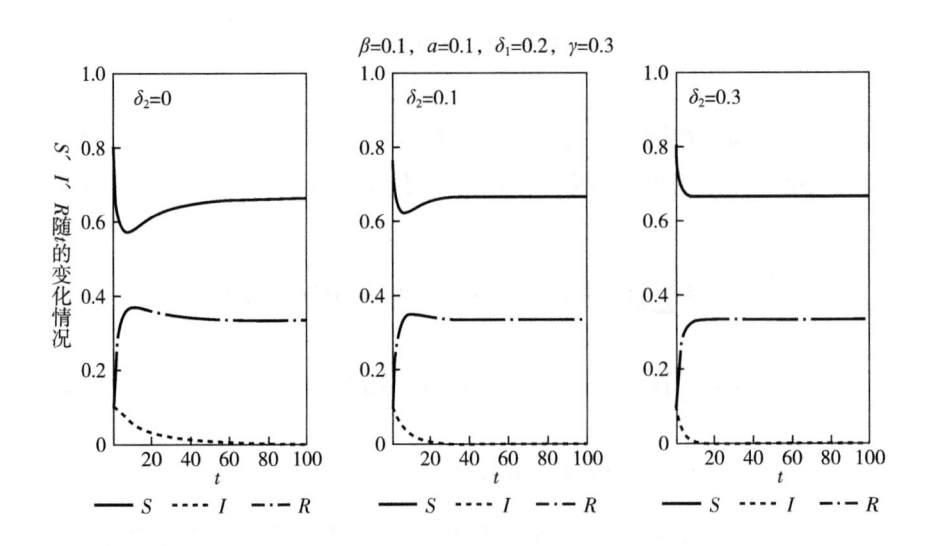

图 5-3 各类节点随参数 δ_2 的变化

从图 5-3 可以发现，拥堵节点的比例随着 δ_2 增大下降的速度越来越快，而畅通节点的比例上升得越多，这说明 δ_2 越大，拥堵节点被控制策略转变为畅通节点越多。

（二）参数 γ 对各类节点的影响分析

针对各类节点，设定了固定的参数值，$\beta=0.1$，$a=0.1$，$\delta_1=0.2$，$\delta_2=0.1$。随后逐步增加 γ 的值，并观察各类节点随时间的变化趋势，仿真结果如图5-4所示。

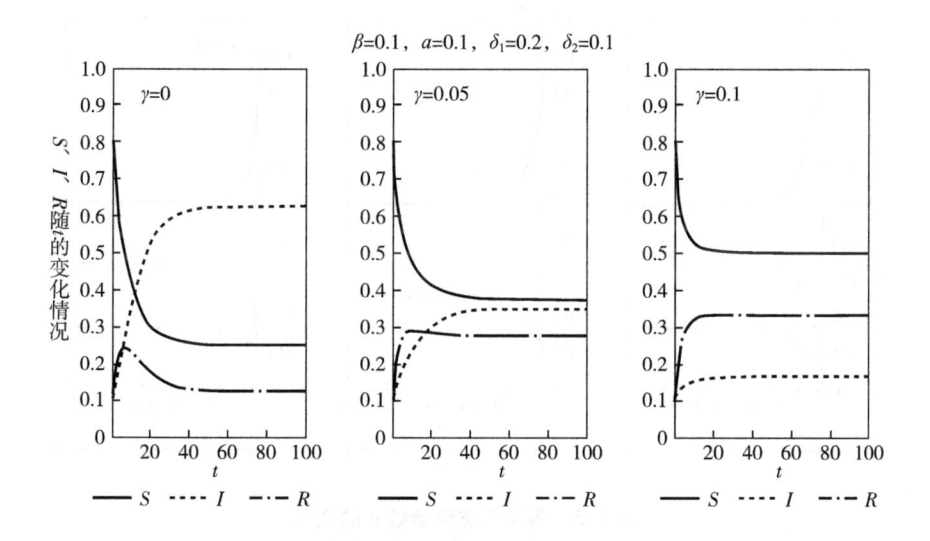

图5-4 各类节点随参数 γ 的变化

观察图5-4可以看出，随着 γ 的增大，拥堵节点比例上升的速度降低，这说明由于免疫节点对交通状态具有记忆功能，遇到类似情况具有免疫力，因此 γ 值增大会使 I 的稳态值变小。

（三）参数 a 对各类节点的影响分析

针对各类节点，设定了固定的参数值，$\beta=0.1$，$\gamma=0.1$，$\delta_1=0.2$，$\delta_2=0.1$。随后逐步增加 a 的值，并观察各类节点随时间的变化趋势，仿真结果如图5-5所示。

从图5-5可知，随着 a 的增大，拥堵节点比例开始下降，而免疫节点比例上升，但是对畅通节点的比例基本无影响，这说明了各节点的控制能力可以减缓拥堵节点扩散的速度。

（四）参数 β 对各类节点的影响分析

各类节点取定参数 $\gamma=0.1$，$\delta_1=0.2$，$\delta_2=0.1$，$a=0.1$，β_i 分别为

0.05、0.1 和 0.15；若 b_i 分别为 0.5、0.25 和 0.25，则 $\beta=0.09$；若 b_i 分别为 0.25、0.5 和 0.25，则 $\beta=0.1$；若 b_i 分别为 0.25、0.25 和 0.5，则 $\beta=0.11$，使 β 的值依次增大，观察各类节点随时间的变化情况，如图 5-6 所示。

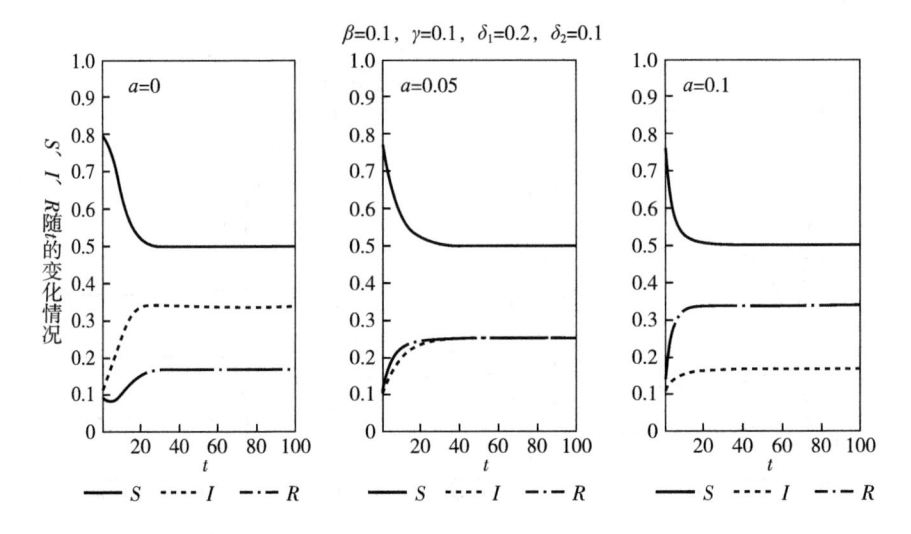

图 5-5 各类节点随参数 a 的变化

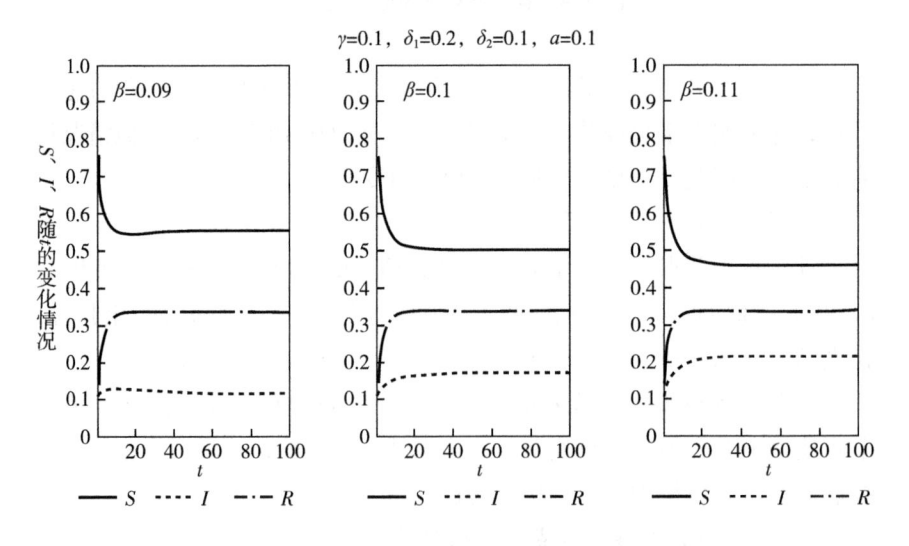

图 5-6 各类节点随参数 β 的变化

从图 5-6 可以看出，参数 β 不仅与拥堵的程度相关，并且与其所占比重相关，也就是说，随着严重拥堵所占比例增大，即 β 值增大，拥堵节点越多，畅通节点逐渐减少，而免疫节点并没有变化，说明拥堵扩散越快。

综上所述，控制拥堵的传播最为有效的途径是找出拥堵节点，确定传播范围，了解传播路径，将该区域进行分离，并在区域内加强所有节点的控制调节能力及其协调能力。这也正说明了交通区域进行动态划分的重要性，而具体的控制策略将在下一章进行介绍。

第二节 交通区域的动态划分

控制小区是分析整个城市复杂交通网络的一个有力工具，它可以按照城市路网交通流时间和空间变化的特点，适当地把这些变化特点差不多的交通流划分在相同的区域中，为城市交通流的合理调控提供判定依据。因此，可以将所有节点（线）之间具有交通相关联或者交通相性的特征，合并到一起进行协调调控，而面对调控的交通区域划分是对同一个控制小区内的有联系的路口（路段）进行协调控制，便于在局部区域实施灵活的协调控制方案，以提高城市道路网络的整体效益。

针对日益严峻的交通拥挤和堵塞问题，传统的单点信号控制已无法满足城市日常交通管理的需求，而区域交通信号协调控制已被证明可以更加有效地提高城市路网运行效率。笔者从研究相邻交叉口间的车队散布现象入手，分析了交叉口间实施协调控制的必要性并建立相应的交通信号控制子区动态划分模型。基于节点收缩法的控制小区内关键节点确定，关键节点是指在交通区域范围内，那些拥有较大交通产生量、容易出现堵塞，而且对堵塞的疏通有着决定性作用的节点，本章将路口当成节点，借用节点收缩法对关键节点进行确定。

节点收缩法指的是交通网络中的一个节点 v_i 收缩后形成的一个新的交通网络图。把节点 v_i 收缩指的是与节点 v_i 相关联的 k_i 个节点都和 v_i 聚合，也就是使用一个新的节点取代这 k_i+1 个节点，以前和其有联系的点，当前都和新的节点有关联。能够这样对其做出直接的解释：把和节点 v_i 相关联的 k_i 个节点使用收缩方式都和节点 v_i 聚合，类似于节点 v_i

把它附近的 k_i 个节点聚集变为一个节点。假设节点 v_i 是一个非常关键的节点,这样对其收缩以后交通网络就会更好地聚集成为一个整体。

所以,从复杂网路剖析的视角来讲,城市交通网络能够看成复杂加权网络,也就是说,交叉口和节点对应,道路和边对应,车辆在边上前行碰到的阻抗就和边上的权重对应,这样便可以根据路网道路上的权重即路段阻抗,利用节点收缩法,计算交通区域路网中各个节点的重要度,从而确定控制小区内的关键节点。

(一)路段阻抗函数

当前运用较多的并且受欢迎的路段阻抗函数是美国公路局经过对非常多的路段做出调研,回归分析后的 BPR 函数模型,路段的阻抗只是和这个路段的流量有关系,不考虑其他路段对该路段流量的作用。该模型的基本形式为:

$$t = t_0 [1 + \alpha(q/c)^\beta] \tag{5-3}$$

其中,t 表示路段阻抗;q 表示路段交通量;t_0 表示自由流行程时间;c 表示路段通行能力;α、β 表示回归系数,推荐值为 $\alpha = 0.15$,$\beta = 4$。

(二)平均路径长度

复杂的城市交通加权网络中两个路口节点 v_i 和 v_j 之间的最小路径长度 d_{ij} 界定成连接这两个路口之间路段阻抗最小的路径长度。平均路径长度 L 是所有路口间的最小路径长度的平均值。

$$L = \sum_{i,j \in V} d_{ij} \times \frac{2}{N(N-1)} \tag{5-4}$$

其中,N 为节点的个数,V 为节点的集合。

(三)网络节点重要度

定义 1:复杂网络的节点重要度是网络节点个数和平均最小路径相乘之后的倒数。

从这个定义看出:

$$\partial = \frac{1}{N \times L} = \frac{N-1}{2 \sum_{i,j \in V} d_{ij}} \tag{5-5}$$

其中,∂ 为网络节点重要度,其他参数含义同上。

显然,$0 < \partial \leq 1$,当复杂网络中只有一个节点时,取最大值 1。

一 控制小区的区划大小确定

控制小区是由关键节点影响范围形成的路网区域。在确定了关键节点之后,根据交通拥堵扩散规律确定控制小区的范围,国外通常规定控制小区范围以驾驶时间在3—5分钟为界,本章规定从关键节点起拥堵传播的最小影响范围为最短路径阻抗为4分钟。

利用节点收缩法判定关键节点,会出现一个关键节点的重要程度的序列。本章按照交通区域路网中关键节点的重要程度,按照次序得到几个最为重要的节点作为关键节点,而且按照关键节点在网络中的所处的方位,合理地调节关键节点,并以关键节点为控制小区中心,以最短路径阻抗(4分钟)作为约束条件,确定最终的若干个控制小区。

二 控制小区内节点的具体划分

根据控制小区的定义,控制小区内节点的具体划分应当综合考虑路段的"交通关联度"和"交通相似度"两个因素。"交通关联度"反映交通网络的连通程度,与关联路径相关,通过路段关联性确定其关键路径,进而将控制小区内关联性强的节点划分在一起;而"交通相似度"反映相邻交叉口之间的交通特性的相似程度,它与其交通参数密切相关,应当将其交通参数相似性大的节点进行归并。

(一) 交通关联度

交通关联度体现了节点间的物理联系特点以及交通联系特点。物理联系特点使用 I_P 表示,通常体现出节点间是不是相邻,值为0时表明节点不相邻,值为1时表明节点相邻,交通联系特点使用 I_T 表示,通常体现出节点间交通参数的关联度大小,值越大表明关联程度就高,计算相邻交叉口之间路段关联性,采用Whitson改进模型:

$$I_T = \frac{1}{n-1} \left(\frac{n \cdot Q_{max}}{\sum_{i=1}^{n} Q_i} - 1 \right) \frac{1}{1+t} \quad (5-6)$$

其中,n 为来自上游路口车流进入的分支数;Q_i 为来自上游路口的车流进入的第 i 分支流量;Q_{max} 为来自上游路口 n 个车流中驶入的最大流量;t 为两路口之间的路段阻抗,单位:min。

为了确定节点间的直接关联和间接关联的影响程度,根据第三章提到的模糊认知图理论对直接关联影响和间接关联影响的定义,可将直接关联归入间接关联一并考虑，即将控制小区内各节点加入自身关联的链路，且设定 $w_{ii}=1$，因此，$i \rightarrow j$ 等价于经过链路 $i \rightarrow <e_1,\ e_2> \rightarrow j$，其中，$e_1=<i,\ i>$，$e_2=<i,\ j>$，经过链路 $<e_1,\ e_2>$，i 对 j 的关联权值为：

$$w'_{ij} \mid \langle e_1,\ e_2 \rangle = w_{ii}w_{ij} = w_{ij}$$

如果控制小区的路网中存在 m 条链路使节点 i 关联到 j（$i \neq j$），链路的关联权值分别为：

$$w'^{(1)}_{ij},\ w'^{(2)}_{ij},\ \cdots,\ w'^{(m)}_{ij}$$

则节点 i 对 j 的路径关联影响取值为：

$$A(i,\ j) = \{w'^{(m)}_{ij} > \lambda\}$$

参考相关的研究结论以及美国《交通控制系统手册》的合理互联指数判别标准，本章规定关联路径的影响阈值为 0.3，即 $\lambda=0.3$。因此，控制小区内节点间的路径关联度大于阈值 0.3，则应该划分在一起。

（二）交通相似度

交通相似度反映节点之间的交通相似性。一般表现为各节点的交通参数之间的相似程度，用 I_C 表示，取值越大，相似度越大。计算相邻路口间的交通相似度，采用相邻路口状态向量间夹角的余弦来表示。

其中，节点的状态向量可利用饱和度 X、周期 T、流量 Q 等参数来表示，则节点 v_i 的状态向量为 $x=(X_i,\ T_i,\ Q_i)$，节点 v_j 的状态向量为 $y=(X_j,\ T_j,\ Q_j)$，所以交通相似度 I_C 为：

$$I_C = \cos\theta = \frac{x \cdot y}{|x| \times |y|}$$

通过对控制小区内各相邻交叉口之间求夹角余弦，得到控制小区内各交叉口交通流运行特征的相似矩阵：

$$[I_C]_{ij} = [\cos\theta]_{ij}$$

规定：节点间的交通相似度 I_C 阈值为 0.985，其夹角最大值为 10°。因此，控制小区内节点间的交通相似度超过阈值，则应该进行归并。

三 控制小区的动态调整与优化方法

由于路网中的交通流是时刻变化的，并且交通控制也会改变原来的拥堵状态，因此，控制小区不可能是固定不变的，其控制范围也是在不断变化的，需要根据交通流的变化进行适当的调整。也就是说，交通网络上交通流状态的变化的三种形式（基本保持不变、拥堵的扩散和拥堵的消退），要与控制交通小区变化的三种形式（保持不变、扩张和收缩）相对应。这样可以主要针对交通流状态变化的两种形式，控制小区的动态调整分别应用扩张规则和收缩规则，来分别满足由于拥堵的扩散和消退引起的交通需求变化，从而实现控制小区内节点的合并与分离以及控制小区间的自行组合与拆分。

（一）控制小区内节点的合并与分离

通过设定 i 对 j 的路径关联影响阈值 λ 和交通相似度阈值，不仅可以描述出节点 i 对 j 的关联影响强度和交通相似度，而且能确定所有关联路径的变化情况，以及所有节点间交通相似情况，进而实现控制小区内节点的合并与分离。

借鉴 SCATS 系统中"合并指数"的概念，在每个信号周期内都要进行一次合并指数计算。由于各控制小区内的关键节点一般不会发生变化，可以计算其关键节点与其他节点的关联影响强度，如果关联影响强度大于阈值，则"合并指数"（+1）；反之为（-1），若合并指数累积到 3，则认为这几个交叉口应该合并一起协调控制；若合并指数为 0，则认为这几个交叉口没有必要合并一起控制，可以拆分开，单独控制或与其他节点进行合并协调控制。这个过程运行几个周期后要重新进行计算，来确定关键节点是否发生变化。这是控制小区内由于路径关联影响，使控制小区发生变化的，其调整流程如图 5-7 所示，其中考虑交通相似度来进行调整的过程与其类似。

（二）控制小区间的自行组合与拆分

控制小区间的自行组合与拆分是在原有交通小区划分基础上的微调与优化，根据拥堵的扩散和消退情况，针对控制小区间的边界交叉口和路段，通过计算与边界交叉口相邻路口的交通相似性和关联度，依据合并指数判断是否进行组合与拆分。

交通网络上的拥堵往往是从某条路段或交叉口开始的，随着流量的增大，拥堵将逐渐向外扩散，原来关联影响强度并不大的路口可能会由于交通量迅速增加而变大，甚至超过临界阈值，这时，当临界路口的"合并指数"达到 3 时，就说明这两个交叉口应该被合并到同一个控制小区内。

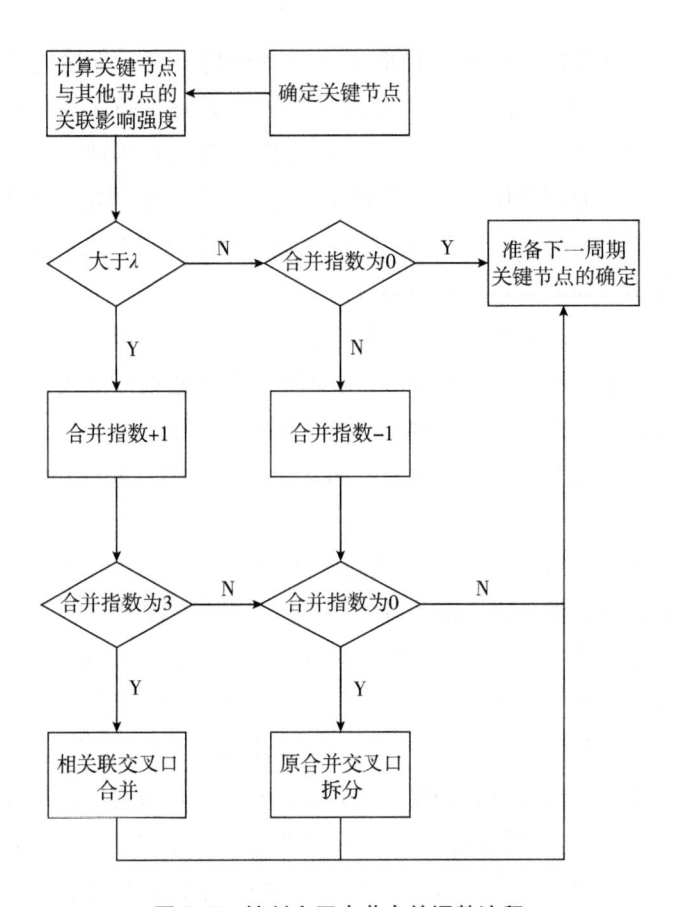

图 5-7 控制小区内节点的调整流程

可是当拥堵逐渐开始消散，路网上交通流量逐渐减小，控制小区边界路口的关联影响强度可能会普遍小于临界阈值，拥堵扩散状态下的小区调整方案不再适应新的交通流状态下的需求，此时需要再对控制小区重新做出调整，制定一个拆分调整规则，将某些交叉口分离出控制小区。

针对控制小区的边界类型，如图 5-8（a）所示，规定：

当两个控制交通小区的两个边界交叉口需要合并交叉口 B 时，分别计算其与交叉口 B 的交通相似度进行比较，如果控制小区 A 的边界交叉口与 B 的交通相似度大，则 B 合并到控制小区 A 中；反之，则 B 合并到控制小区 C 中；如果计算 A、B 和 C 三个交叉口的交通相似度基本一致，则这三点应成为独立的控制小区。

（a）

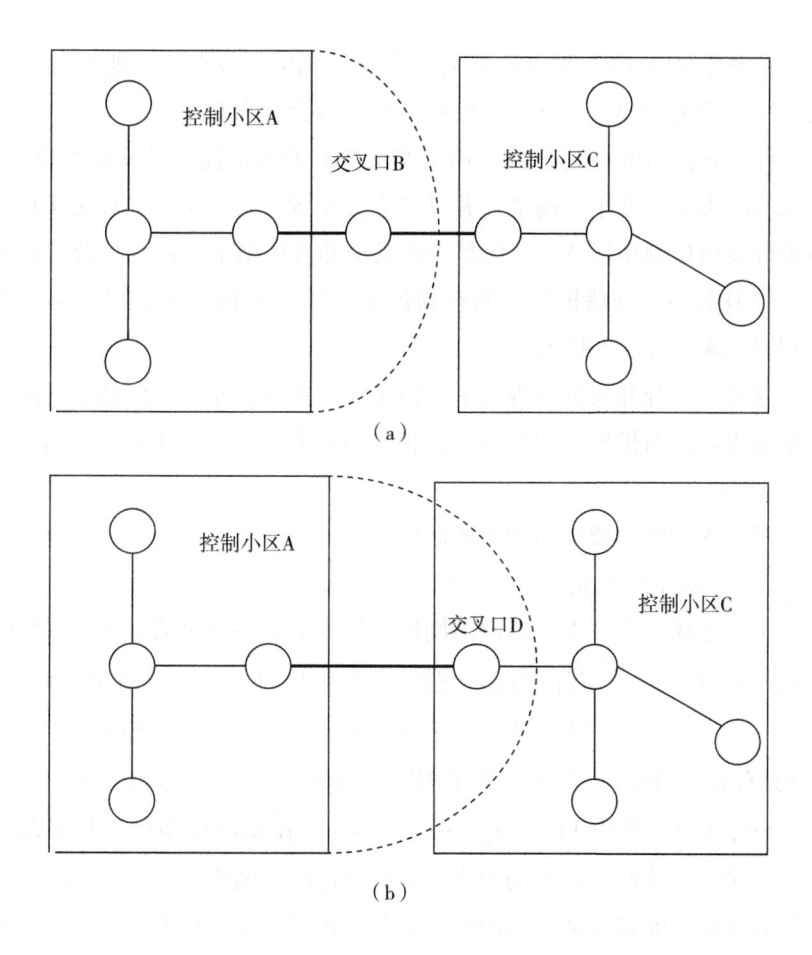

（b）

图 5-8　控制小区的边界类型

计算合并后的控制小区 A 内与交叉口 B 相连的路口的交通相似度，如果关联影响程度小于阈值，并且"合并指数"等于 0，这时交叉口 B 将被分离出控制小区 A，考虑是否与其他邻近控制小区自行组合。如果与交叉口 B 相邻的控制小区 C 区内路口的"合并指数"也等于 0，这时交叉口 B 将成为独立的控制小区，实行单点控制。

针对控制小区的边界类型，如图 5-8（b）所示，规定：

当两个控制交通小区的两个边界交叉口需要合并时，首先计算两边界交叉口的交通关联度和交通相似度，判断是否超过阈值，其次通过对控制小区 A 和 C 内相邻交叉口交通流运行特征的相似矩阵进行比较，如果控制小区 A 内与两边界交叉口 D 交通相似的节点多，则 C 的边界交叉口 D 合并到 A；反之，A 的边界交叉口合并到 C。

计算合并后的控制小区 A 内与交叉口 D 相连的路口的交通关联度，如果关联影响程度小于阈值，并且"合并指数"等于 0，这时交叉口 D 将被分离出控制小区 A，考虑是否与其他邻近控制小区自行组合。如果交叉口 D 是由于拥堵扩散被调整到控制小区 A 内的，那么该交叉口将被划回原来的控制小区 C。

这样，在合并与拆分规则下，由于拥堵扩散，原来的控制小区能自行扩展组合，而扩展过的控制小区将在拥堵消散过程中逐渐收缩到原来的控制小区。

四 基于超图模型的动态子区划分

（一）基于超图表示的路网模型

基于上述讨论，本章构建路网模型特采取超图理论的形式，以期更准确地表现路网的实际状况。超图模型为 $H=(V, E)$。其中 $v=(v_1, v_2, \cdots, v_n)$ 是超图的顶点集，$E=(e_1, e_2, \cdots, e_m)$ 是超图的超边集合（设共有 m 条超边）。超边是超图中一组顶点的集合，即超边 $e_i=(V_{i1}, V_{i2}, \cdots, V_{ij})$，其中 $V_{i1}, V_{i2}, \cdots, V_{ij} \in V$。在超图模型中，每条超边能够连接两个或两个以上的顶点。超图理论的路网模型在交通系统建模中具有优势，能精确捕捉路网复杂关联并提升模型表现力。在超图模型中，超图顶点映射为交叉口，超边代表关联交叉口集合，超边权重量化交叉口协调控制紧迫性。超边分为二元和多元，二元超边权重反映交叉口可协调程度，支持交通信号优化与协调控制。

$$W(E_{AB}) = PF_{AB} \quad (1)$$

在交通路网模型中，多点超边是关键元素，它反映了路网的复杂性和特殊因素。多点超边的形成基于特定条件，如交叉口间距小于 100 米，或在绿波干道上，或交叉口间交通流高度相关。识别相关交叉口是关键，需要使用数据挖掘技术，如频繁集搜索和关联规则挖掘，来精确识别交叉口间的关联。本章定义了交叉口综合状态（CSI），考虑了交通流量、速度、拥堵程度等因素，并提出了计算方法，为交叉口识别和多点超边构建提供了数据支持，如式（5-7）所示。

$$CSI(t) = \frac{1}{N} \sum_{j=1}^{N} \left[\alpha \times flow_j(t) + \beta \times occ_j(t) \right] \tag{5-7}$$

其中，N 为该交叉口的车道数；$flow_j(t)$ 为 t 时刻第 j 条车道的归一化流量；$occ_j(t)$ 为 t 时刻第 j 条车道的归一化占有率；α 和 β 为参数因子，满足 $\alpha+\beta=1$，可根据实际情况调整流量和占有率的权重。进一步将交叉口综合状态离散化为 6 个等级 A、B、C、D、E、F。其中，等级 A 表示自由交通流，而等级 F 表示严重的拥堵，依次类推。用一个三元组 $\tau=[n, csi, k]$ 来描述交叉口的状态，其中 n 为路网中交叉口的编号，csi 代表离散化以后的交叉口综合状态，k 为当前所处的时刻。令 $P=\{\tau/i=1, 2, \cdots, n\}$ 为所有可能的三元组的集合，将 $\tau=[n, csi, k]$ 视为数据项，则 P 的每一个子集可以被视为一个交易（transaction）。设 T 为所有交易的集合，那么对于任意一个交易 C 定义其支持数如下：

$\sigma(C) = |\{t \mid t \in T/C \subseteq t\}|$

而关联规则可以利用以下的形式表示：

$$X \stackrel{s,\alpha}{\Rightarrow} Y(4) \tag{5-8}$$

其中，$X \subseteq P$，$Y \subseteq P$，s 为支持度，其定义如下：

$S = \sigma(X \cup Y)/|T|$

α 为置信度，其定义如下：

$\alpha = \sigma(XUY)/\sigma(X)$

关联规则可用来表示相邻交叉口之间的状态相关性。例如，令 $p=\{(n, F, k)\}$ 和 $p=\{(n+1, F, k+1)\}$ 为两个三元组，则 $X \stackrel{s,\alpha}{\Rightarrow} Y$ 表示若交叉口 n 在 k 时刻处于状态 F，则交叉口 $n+1$ 在 $k+1$ 时刻以 α 的置信度也处于状态 F。在识别路网中的相关交叉口的过程中，Apriori 算法因其高效性和广泛的应用背景而被选用。该算法能够从大量的交通流历史数据中挖掘出有价值的关联规则，帮助我们理解交叉口之间的相互关系。以下是 Apriori 算法在本场景下的具体应用流程：

（1）数据预处理。首先，利用交通流历史数据，包括交通流量和占有率等关键信息，计算各交叉口不同时间点的综合交通状态，并将其转化为分析价值更高的格式。其次，对这些状态进行离散化处理，构建包含时间、交叉口标识和离散化交通状态的三元组数据项，为后续分析打下基础。

(2) 关联规则挖掘。应用 Apriori 算法从历史数据中提取有价值信息。关键在于设定合适的支持度和置信度阈值，由专家根据路网特性和需求确定。支持度筛选频繁项集，置信度评估规则强度，保证规则的可靠性。通过迭代计算，提取满足阈值的频繁项集，推导出强关联规则，为理解交通流特性和优化路网管理提供洞察。

(3) 关联规则分析。对 Apriori 算法挖掘得到的关联规则进行逐一分析。根据三元组在空间（地理位置）和时间上是否相邻，判断这些规则所包含的交叉口是否相关。通过这种方式，可以识别出在特定时间和地理位置上相互影响的交叉口集合，即相关交叉口。

(4) 构建多点超边。在完成相关交叉口的识别后，针对特殊情况下的交叉口点构建多点超边。这些特殊情况可能包括高流量交叉口、关键节点交叉口以及事故多发交叉口等。采用式（5-9）计算多点超边的权重，以量化交叉口间的协调程度。

$$W_{(E)} = \sum_{\forall i,j \in E, i \neq j} PF_{ij} \tag{5-9}$$

其中，i、j 为该超边包含的任意两交叉口点；PF_{ij} 为两交叉口点间的可协调度。

超图表示的路网建模技术结合了 GIS 数据和数据挖掘算法。首先，通过 GIS 数据识别并整合路网中的交叉口，简化结构。其次，对于主干道上的交叉口，构建权重为 1 的超边以强调其重要性。再次，使用 Apriori 算法挖掘交叉口间的潜在关联，形成新的超边并计算权重，揭示复杂关系。最后，对其他交叉口进行配对，形成二元超边，并计算权重。这种方法不仅利用了超图的灵活性，还通过算法和权重计算精确描绘了交叉口间的关联，支持路网优化和管理。

(二) 超图划分模型

在构建基于超图的路网模型后，目前面临的关键任务是将超图划分为若干个子图，从而将路网划分为多个控制子区。这一过程对于实现有效的交通管理至关重要。为了实现这一目标，本章使用 HMETIS 算法，这是一种高效的超图划分算法。它通过递归二分策略，最小化打断超边权重之和，确保子图内部元素协调。HMETIS 在处理大规模超图时表现出色，尤其在复杂交通路网划分任务中，能迅速准确完成。算法中确定停止二分操作的条件是关键。为适应交通路网动态子区划分需求，本章设定了两个终止条件。

终止条件1：最小权重阈值（Ws）。当划分得到的子区中的超边的最小权重大于预先给定的阈值Ws时，则停止对该子区的进一步划分。

终止条件2：适合度阈值。当划分得到的子区的适合度（fitness）超出预先给定的阈值时，则停止对该子区的进一步划分。子区的适合度定义如式（5-10）所示。

$$fit(C) = \frac{\Sigma_{E \subseteq C^w}(E)}{\Sigma_{|E \cap d|>0} w(E)} \quad (5-10)$$

其中，C 为划分得到的某一子区；E 为路网中的任意一条超边。

第三节 实验

一 交通区域网络的拓扑结构

交通区域网络的拓扑结构是区域划分的基础，首先要将道路交通网络抽象具体化，从拓扑结构上看，交通网络是由交叉口（节点）和有方向的路段（线）所构成的，因此，可以通过有向图来描述道路交通网络，主要描述节点之间的相互位置关系以及关联程度，即构筑一种带权重的有向图网络，如图5-9所示，图中节点表示交叉口，箭头表示交通流向，线上数字表示该交通流向的关联度。

二 交通区域的划分过程

（一）确定关键节点

首先根据式（5-3）计算交通区域路网所有路段的路段阻抗，其次利用节点收缩法计算区域路网收缩后的网络节点重要度，以 G 点为例，其收缩后如图5-10所示，其线上数字表示路段阻抗，计算其重要度为0.205，经计算该区域的前四个重要节点排序为 G、C、F 和 K。

$$\partial_G = \frac{9-1}{2\times(1+1.5+1.5+1.5+2.5+2.5+3+1.5+2.5+2)} = 0.205$$

$$\partial_C = \frac{10-1}{2\times(1+1.5+1.5+1.5+2+1+2.5+2.5+3+1.5+2.5+2)} = 0.2$$

$$\partial_F = \frac{10-1}{2\times(1+1.5+2.5+2.5+1.5+2.5+2.5+3+1.5+2.5+2)} = 0.191$$

$$\partial_K = \frac{10-1}{2\times(1+1.5+2.5+2.5+1.5+2.5+1.5+2+1+3+1+2+2)} = 0.187$$

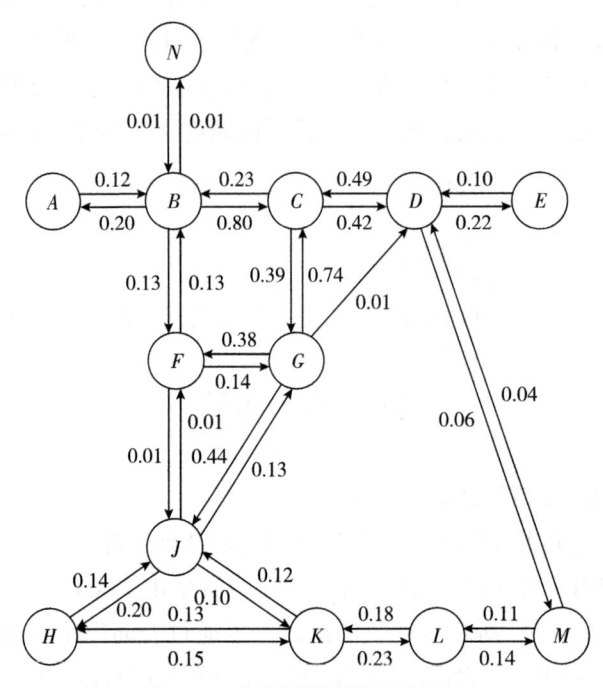

图 5-9 交通区域路网拓扑结构

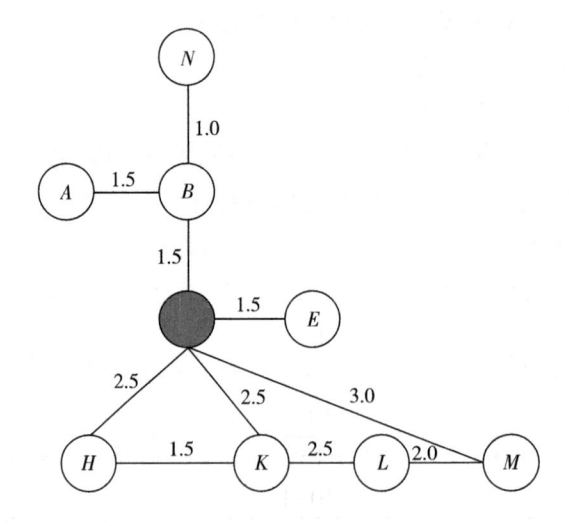

图 5-10 节点 G 的收缩后

（二）区划大小

根据前面规定的从关键节点起拥堵传播的最小影响范围为最短路径的阻抗为 4min，从而可以确定各个控制小区的大小，如图 5-11 所示。

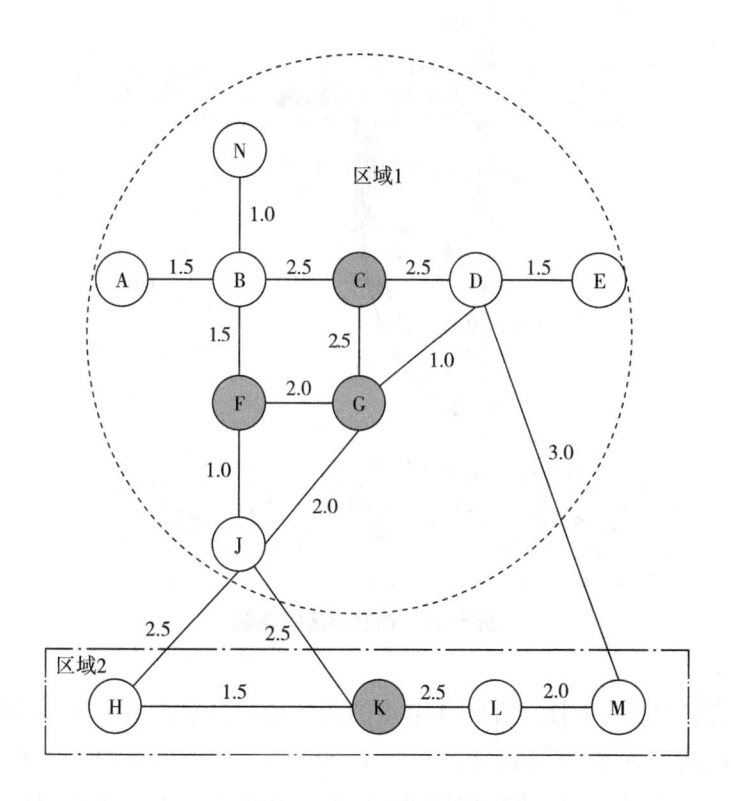

图 5-11　区域划分

（三）控制区域的具体划分

根据交通关联度以及相似度确定这两个区域中所有的关键路径以及交通相似的节点，进行细化分析。

首先计算这两个区域内所有节点的关联度，其次根据路径关联影响阈值 $\lambda=0.3$ 确定关键路径，如图 5-12 所示，其中虚线表示直接关联的，实线表示间接关联的，有 4 条关键路径，分别为 B→C→D、B→C→G、G→C→D、J→G→C，其大小分别为 0.336、0.312、0.311、0.326。在关键路径以及直接关联路径的基础上，可以确定三条关联路径分别为 B→C→D、B→C→G→F 和 J→G→C→D。

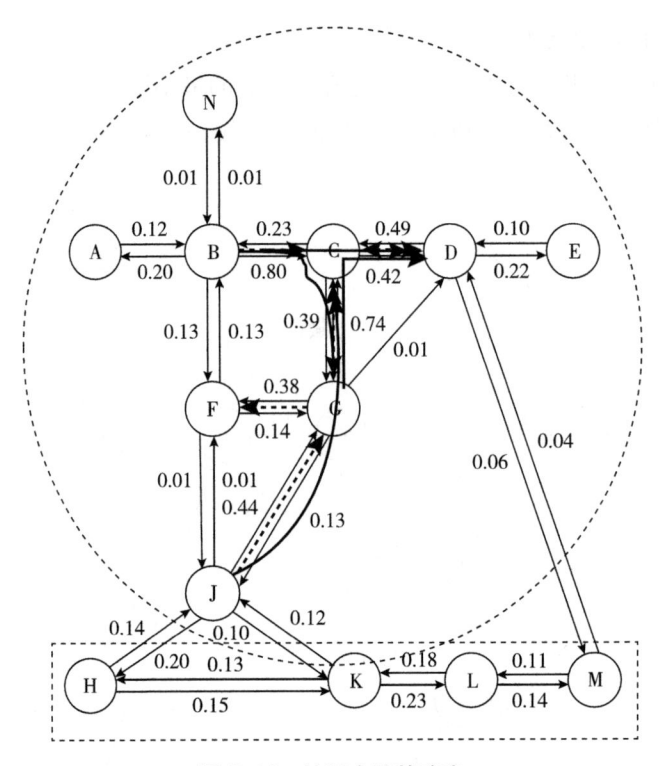

图 5-12 控制小区的确定

依据交通相似性计算相邻节点的相似度,以节点 B 和 C 为例,交通参数选取流量与饱和度,$b = [0.59 0.94]$,$c = [0.71 1]$,根据式 (5-7) 计算 B 和 C 的相似度 $\theta = 3.26°$。经计算,BC、CD、FG、FJ、JG、JK、KL 和 LM 的相似度都在 10° 以内,从拓扑结构上看,节点 B、C 和 D;F、G、J、K、L 和 M 具有相似性。

综合考虑路径关联性以及节点的交通相似性,在圆形区域内,节点 G 和 C 的交通相似性并不是很强,因此,可以考虑将 ABCDEN 归并在一起,FGJ 归并在一起,由于 G 和 C 的关联性,这两个控制小区的关键是动态协调路段 GC,可以依据前文提到的控制区域内的节点合并与拆分原则进行动态调整。而在矩形区域内,主要考虑了交通的相似性。在圆形区域与矩形区域间的边界节点 J 是这两个区域进行调整的关键,这是由于节点 J 的交通特性,除圆形区域内的关联路径之外,还与矩形区域内相邻节点具有相似性。

本章小结

本章首先对交通拥堵的形成及传播原理进行了定性定量的剖析。其次，讲解了交通区域的动态划分方法以及如何实现控制区域内节点的合并与分离以及区域间的自行组合与拆分。该方法利用节点收缩法确定关键节点，以路段阻抗约束确定控制小区区划大小。再次，通过交通关联度以及交通相似度对控制小区内进行细化，使控制小区能实时更新调整优化，能够适应交通流的变化，可以有效地缓解交通拥堵。最后，通过数据进行了实验说明。

第六章

交通信号区域的联动控制分析与建模

处于路网中的交叉口不是孤立的,而是相互影响、相互制约的。协调控制通过建立交叉口之间的实时通信联系,优化交叉口之间的互动,从而弥补单点控制的不足。协调控制并非仅仅着眼于自身的运行成效,同时也需充分顾及排放车流给下游交叉口所带来的影响。基于此,必须对车流的排放数量以及排放时机予以精准把控,从而为下游交叉口营造出更为理想的交通到达模式。

如何建立区域内多交叉口协调控制的关联模型是研究的核心问题。由于交通流会因为时间而出现较大的改变,而且交通调控方案也将随之变化,所以动态控制小区的调控范围的大小也会随之变化,动态小区的一个关键是它会因为交通流改变而改变。

要处理交通区域中动态划分问题,就是要对交通堵塞的形成和传播规律进行定性定量的分析。这包括分析城市路网交通拥堵控制技术的国内外研究现状,指出路网交通拥堵控制技术研究存在的问题和进一步研究方向。分析结果表明,由于网络化动态调控下交通信息资源存在传输时延、数据丢包与数据异常等缺陷,当前路网交通拥堵控制技术存在整体协调能力不强、多维动态模式研究欠缺以及出行者与交通系统之间的协调控制能力偏弱等缺陷。

当前,国内外在探究城市信号联动控制协调运行方面,主要聚焦于神经网络、模糊控制、多智能体与强化学习相结合等方向。然而,这些研究尚未充分考量相邻路口间的相互作用,进而在构建动态协调控制模型时，未能有效实现联动控制的预期效果，致使动态调控的功能未能得到充分发挥。因此，需要进一步研究和完善这方面的研究，以实现更有效的交通管理和控制。

因此，本章鉴于城市交通信号调控系统是经典的分布式调控系统，能够把一个路口看作一个 Agent，采用多 Agent 间的交互协调实现城市交通信号控制系统的协调优化。对于路网中交叉口联动控制问题，主要的解决思路是：首先，以延误最小和通行能力最大为目标优化每一个交叉口的信号配时；其次，交叉口根据交通任务的简易度和紧急度，确定协调控制的可信度以及判断是否选择协调控制；最后，根据第五章的区域划分结果和关联路径建立控制区域多交叉口的联动控制模型，其主要控制过程如图 6-1 所示。

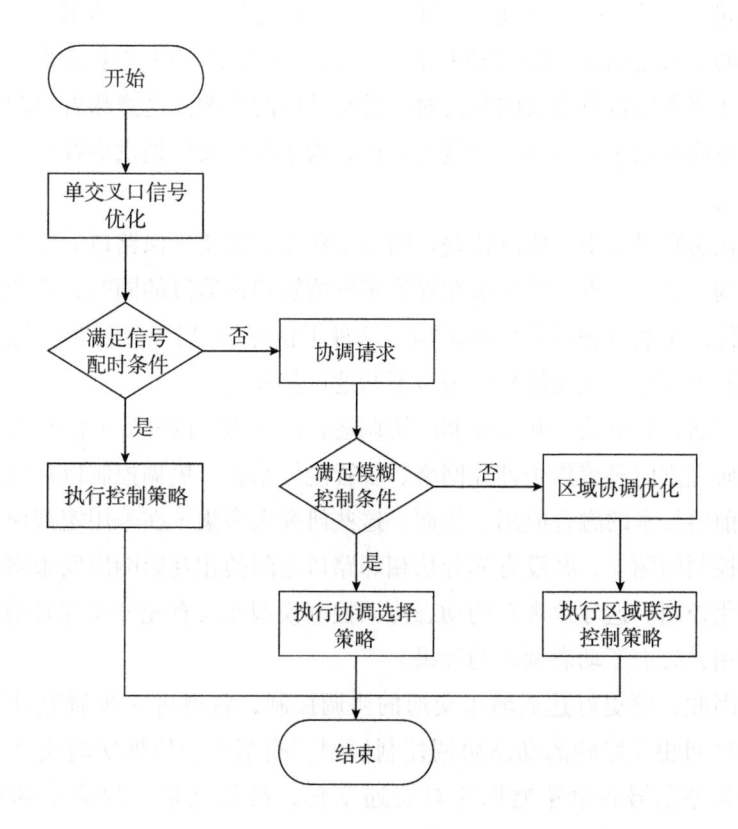

图 6-1　控制过程

第一节　基于遗传算法的单路口信号优化控制

在城市交通实施控制过程中，交通拥堵所产生的"连锁反应"是一个需着重关注的现象。城市里的每一个路口并非孤立存在，彼此之间是相互影响且相互制约的关系。针对一个路口而言，倘若其某一个相位出现了交通阻塞的情况，那么这不仅会对相邻相位的交通流畅程度造成影响，甚至极有可能由此引发邻近路口，乃至更大范围区域内的交通拥堵状况。

为有效应对这一现象，协调控制策略应运而生，并得以付诸实施。该策略具备建立起各交叉口之间实时通信联系的能力，从而实现对交叉口之间互动关系的优化处理。这种优化能够弥补单点控制的不足，提高整体的交通流动性。协调控制的核心在于不仅要考虑本路口的运行效果，还要考虑自身排放的车流对下游交叉口的影响。这意味着协调控制需要精确控制车流的排放数量和时机，为下游交叉口提供更好的交通到达模式。

在实际操作中，要维持路口的稳定状态，需要确保路口的所有相位都达到一个平衡点。这要求在保证车辆能够快速通过的同时，不能给其他相位的车辆行驶带来负面影响。这种平衡点的寻找和维持是动态的，需要根据实时的交通流数据进行不断地调整和优化。

当前，城市信号联动控制的协调运行已成为国内外研究的热点，其主要研究方向多聚焦于神经网络、多智能体系统、模糊控制以及强化学习等前沿技术的融合应用。然而，这些研究大多集中在采用宏观模型的交通控制问题上，并没有充分从相邻路口之间的相互影响出发来研究协调优化控制。这导致现有的动态协调控制模型并没有充分发挥联动控制的作用，失去了动态调控的效果。

因此，要更好达成城市交通的协调控制，就得进一步研究开发顾及路口间相互影响的动态协调控制模型。模型要能依据实时交通数据动态调整信号控制策略以应对交通变化，缓解拥堵，提高交通系统整体效能与可靠性。同时，重视传统交通工程技术应用，其是发挥城市路网基本通行能力的基础。此外，注重实时交通流信息采集及调整对交通智能管控本质认知，应更着眼于服务出行而非仅车辆与设施。

一　优化控制模型建立的依据

通常来讲，信号路口的调控效果评价标准包含通行水平、延迟、饱和度、排队长度以及停车的次数等参数进行衡量，所列的参数不但体现车辆经过路口时的动态特点，并且也作为路口信号时间调配的优化依据，便于更好地创建优化模型以及目标函数。信号路口的调控目的是找出最高的通行水平、最小的饱和度，确保路口车辆的延误时间、排队长度和停车次数最低，真实调控时想要很好地达到目的，通常按照详细的时间、地点以及客观条件，先将里面的一个或者几个作为核心调控对象，另外的可以暂时忽略。

如果周期时间大小不超过限制，这个时间越长，表明通行水平越高，不过车辆耽误时间也会增加。所以，信号调控路口的信号时间配比时，要给出合适的周期长度，确保通行水平比交通需求高一点，并且保证延误、停车以及耗油量等值处于最低值，保证这个地方的交通流顺畅以及高效，减少运行成本。平均延误可以作为在路口入口道每辆车的平均延误所界定的参数，能作为成评估饱和度的一个条件，也能作为调控条件和大量运用在测量路口以及道路网效率的一个标准，和交通量、等候排队长度以及信号调控参数之间的关系密切。

综上所述，本章主要以平均延误时间以及通行水平作为优化对象，优化条件是信号周期时间长度以及每个相位的绿灯长度。为了使目标函数在平峰时侧重减少延误，在高峰时侧重提高通行能力，可以通过配以不同的加权系数来适应不同的交通状况。

二　优化控制模型的建立

根据以上分析，本章建立了以通行能力最大和平均延误最小的两目标优化模型，以交叉口流率比作为加权系数，而且把两个目标函数划归到相同的单位里，创建单目标函数，优化模型是：

$$\min f = k_1 \sum_{i=1}^{n} D_i + k_2 \sum_{i=1}^{n} \frac{1}{Q_i} \tag{6-1}$$

$$\text{s. t.} \begin{cases} g_{i\min} \leq g_i \leq g_{i\max} \\ \sum_{i=1}^{n} g_i + 12 = C \\ C_{\min} \leq C \leq C_{\max} \\ 0 \leq \dfrac{q_i C}{S_i g_i} \leq 1 \\ 1 \leq i \leq n \end{cases}$$

其中，D_i 为第 i 相位车辆平均延误（s）；Q_i 为第 i 相位交叉口通行能力（pcu/h）；k_1 和 k_2 分别为延误时间和通行能力的加权系数；g_i 为第 i 相位的有效绿灯时间（s）；q_i 为第 i 相位流量（pcu/h）；S_i 为第 i 相位饱和流量（pcu/h）；C 为信号周期（s）。

其中，车辆的平均延误时间可考虑修正公式为：

$$D_i = \frac{(C-g_i)^2}{2C(1-q_i/S_i)} + \frac{C-g_i}{2Cq_i} \tag{6-2}$$

第 i 相位绿灯时间内的通行能力为：

$$Q_i = \frac{S_i g_i}{C} \tag{6-3}$$

平均延误时间和通行能力的加权系数 k_1 和 k_2 为：

$$k_1 = 1-Y; \quad k_2 = Y; \quad Y = \sum_{i=1}^{n} \max y_i \tag{6-4}$$

其中，y_i 为流量比。

三　实验与分析

（一）路口现状描述

假设路口东、西、南、北四个方向的进口道均分为三个车道，分别为一条左转专用车道、一条直行车道和一条右转专用车道，各车道流量及饱和流量如表 6-1 所示。当前该路口采用四相位信号控制组织交通，按照 Webster 进行配时，周期时长为 101 秒，信号总损失时间为 12 秒。在四相位控制方式中，第一相位和第三相位的绿灯时间分别为 25 秒和 36 秒，第二相位和第四相位的绿灯时间为 15 秒和 13 秒，其中第一相位为东、西直行（右转）；第二相位则是东、西左转；第三相位为南、北直行（右转），第四相位则是南、北左转。

（二）算法比较

采用遗传算法在 Matlab7.0 中进行求解，如图 6-2 所示，经过 51 次迭代计算得到：$g_1=23s$，$g_2=14s$，$g_3=31s$，$g_4=10s$，目标函数取得最优解为 50.54s，信号周期为 90s。

表 6-1　　　　　　　　　交通流调查数据

进口方向	交通流（pcu/h）		
	左转（2000pcu/h）	直行（2500pcu/h）	右转（2000pcu/h）
东	320	425	159
西	230	428	143
南	215	655	132
北	182	630	126

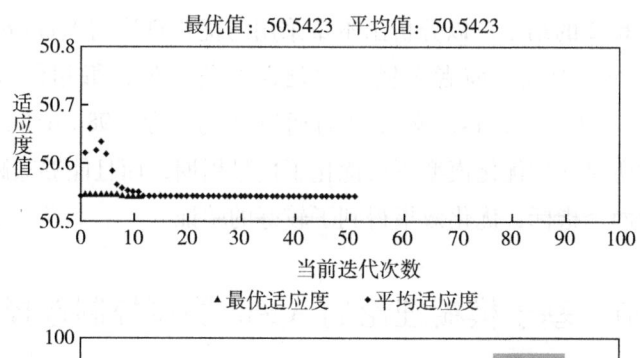

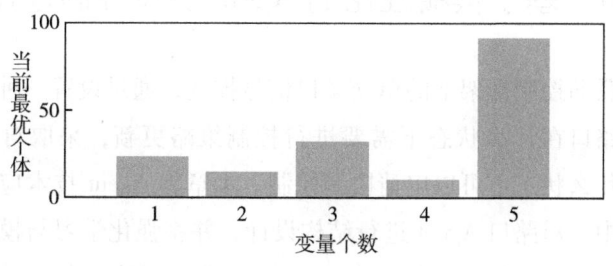

图 6-2　算法迭代过程

由式（6-2）可计算各相位的平均延误时间，分别为：
$D_1=30s$，$D_2=38.2s$，$D_3=26.1s$，$D_4=39.5s$
由式（6-3）可计算各相位的通行能力，分别为：

$$Q_1 = \frac{2300pcu}{h}, \quad Q_2 = \frac{622pcu}{h}, \quad Q_3 = \frac{3100pcu}{h}, \quad Q_4 = \frac{444pcu}{h}$$

将现有的 Webster 配时算法与优化算法计算的结果进行比较,如表 6-2 所示。

表 6-2　　　　　　　　　　　结果对比

方法	有效绿灯时间（s）				平均延误时间（s）				相位通行能力（pcu/h）				周期时长	交叉口通行能力
	第一相位	第二相位	第三相位	第四相位	第一相位	第二相位	第三相位	第四相位	第一相位	第二相位	第三相位	第四相位		
现有控制方式	22	20	33	14	37.2	38.7	30.9	41.6	1960	792	2940	554	101	6248
优化算法	23	14	31	10	30	38.2	26.1	39.5	2300	622	3100	444	90	6466

从表 6-2 的结果可以分析出本章采用的优化算法与 Webster 方法所得的信号配时对比,前者车辆平均延误有所降低,每相位分别减少 7.2s、0.5s、4.8s、2.1s,交叉口的通行能力增加 398pcu/h。由此可见,本章所建立的优化模型不仅优化了信号周期,而且能够兼顾延误和通行能力两个指标,优化效果得到了较好的验证。

第二节　基于模糊理论的 Agent 协调控制选择模型

区域联动控制框架下的单交叉口信号控制,通过设置一种协调控制机制,即路口在什么状态下需要进行控制策略更新,采取自主控制策略,而在什么状态下可以申请协调控制。本章将 Agent 技术应用到区域交通控制中,对路口 Agent 进行结构设计,并将强化学习与模糊控制结合起来用于交叉口信号控制,路口 Agent 根据当前交通任务的简易度和紧急度,来判断是否选择协调控制。

一　Agent 原理及技术

（一）Agent 简介

探究 Agent 的知识与技术根源可回溯至人工智能领域,其中,Minsky 于 1986 年首次引入了 Agent 的概念。自 20 世纪 80 年代末起,Agent

的相关知识与技术逐渐从人工智能的母体中分离，与其他多个学科领域相互交融，极大地拓宽了其应用范围。一般而言，Agent 被视为一个在动态环境中运作、拥有高度自治性的实体，其核心使命是接受其他实体的委托，提供协助或服务。在目标驱动下，Agent 能够灵活运用学习、通信、社交等多种手段，感知并适应外部环境的动态变化，并作出相应的反馈。此外，Agent 与其服务对象之间保持着一种松散的、相对独立的分布式关联。

学者通常将 Agent 解释为以达成一个或多个目标为目的的一种计算实体、计算机程序或系统。FIPA（智能物理 Agent 基金会）对 Agent 的定义是：在特定领域内具备完成一项或多项任务的能力，能够与外部软件实体或通信设施进行交互，并为实现其目标而展现出一致且完整的行为。

Agent 技术，作为人工智能与计算机理论交叉融合的产物，其诞生旨在为解决复杂分布式环境下的各种难题提供强有力的技术支持。该技术不仅广泛应用于各个领域，还显著提升了系统处理复杂任务和环境的效率与灵活性。Agent 技术的核心特征在于其智能性、自主性和反应性，能够依据丰富的知识库进行智能推理，主动感知环境变化并作出灵活调整与决策。此外，Agent 还具备出色的交互与执行能力，通过特定的通信语言与其他 Agent 或外部实体实现高效交互，形成紧密的协作关系，共同实现目标；同时，作为移动性强的软件实体，Agent 能够轻松跨平台收集信息，并在分布式环境中灵活执行任务，进一步拓宽了其应用范围。

（二）Agent 的特征

通常来讲，具有自己意识的 Agent 要包含以下基础作用：

（1）感应能力：一个 Agent 一定要拥有感应外界条件改变的能力，只有这样，当外界条件改变时才能够维持精确的决定和适应能力。

（2）通信能力：Agent 要具备和其他 Agent 通信的能力。经过信息交流和其他 Agent 相互协调，一起完成工作。

（3）行动和调控控制能力：Agent 对条件要具备反馈能力以及调控能力。

（4）推理能力：Agent 按照本身得到的数据对本身的行为和其他

Agent 的行为实施判定以及推导，从而决定行为是否有作用并且快速编订后面的行为计划。

（三）Agent 的架构

Agent 的运行过程是和外界环境进行交互，获取信息，对信息根据一些技术来处置，接着反馈给外界环境。如图 6-3 示的是 Agent 的基础架构。Agent 能够当作是一个黑箱，利用感应器获知条件，利用效应器反馈条件。多半的 Agent 不但要和环境交互作用，更为关键的是处置和诠释获得的数据，实现自身的目标。Agent 获取的信息先是按照合适的形式做出融合，而且可以被 Agent 知识库认可。一旦 Agent 获取外面的数据，数据处理环节就变成 Agent 的中心，可以体现 Agent 的真实作用，信息处置的作用是诠释能够使用的信息，构成详细的计划。在这个过程中，Agent 可以对知识进行限定，包含对新情况反映的详细处置流程。

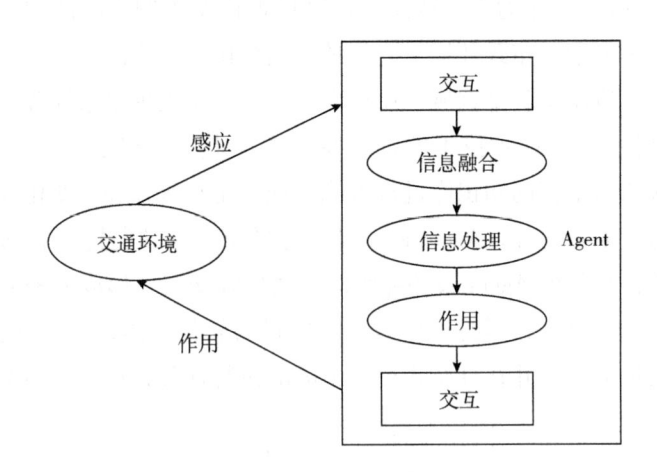

图 6-3 Agent 的基本结构

（四）Agent 的 BDI 模型理论

BDI（Belief, Desire, Intention）理论，其根源可追溯至 1987 年 Bratman 等对智能 Agent 的深度探索，这一理论框架为理解和构建 Agent 的内部处理机制提供了坚实的理论基础。其核心在于通过信念（Belief）、愿望（Desire）和意图（Intention）这三个内部表征，来指导 Agent 作出理性的行为选择。这三大关键要素共同构成了 BDI 理论的核心，使得 Agent 能够基于其内部状态和外部环境的交互，进行智能决策和行为调整。

（1）信念（Belief）是智能 Agent 认知体系的核心，对世界、自我和环境的认知至关重要。它为 Agent 的思维活动提供素材和支撑，内容包括环境特征、协作 Agent 信息、内部状态等。这些信息支撑 Agent 的决策、问题解决和行为调整，使其能进行逻辑推理、目标设定和策略规划，适应环境和高效互动。

（2）愿望（Desire）是智能 Agent 行动的驱动力，代表其内心追求的特定状态。这些愿望指导 Agent 的行动方向和目标，激发规划和行动的热情。在愿望的推动下，Agent 主动探索环境、设定目标、规划策略并执行行动，以实现其内心的期盼，满足深层次需求。

（3）意图（Intention）作为思维状态的意向性表现，指引着 Agent 朝向目标前进。在特定情境下，Agent 需选定目标并规划实现路径，这一过程促成了意图的形成。

在实际应用中，Agent 的智能推理流程涵盖以下三大核心环节：

（1）目标的选择与确定；

（2）实现目标的策略制定；

（3）根据环境变化灵活调整目标与行为规划。

BDI 模型的一般架构正是围绕上述三个环节构建的，为 BDI Agent 的实际推理过程提供了框架性指导，具体推理流程如图 6-4 所示。

二 基于 Agent 的模糊控制模型

每个路口设置一个控制 Agent，负责该路口所有相位的控制。即所有要调控的路口都相当于一个 Agent，它们可以借助它自己的智能性以及自治水平对这个路口做出调控，或者经过和邻近路口 Agent 的协作，依赖相互间的协调做出调控，实现路口 Agent 相互之间的协调以达到全局最优。

路口 Agent 能够根据实时的交通状态信息，运用动态的调控手段对路口的交通流量进行恰当的调控。同时，通过与邻近路口的信息交流，实现调控方案的更新与优化筛选。依据其承担的交通任务，构建了一种针对复杂交通系统的基于 Agent 的模糊控制模型。

路口 Agent 根据规定的所有路段的道路因子（一般不随时间变化），

以及对各方向各车道的车辆排队长度和交通负荷度等指标进行统计，判断当前交通任务的简易度和紧迫性，然后路口 Agent 根据所获得的实时数据和历史的数据对每个相位的绿灯时长的分配进行调节，并与相邻或所属区域 Agent 进行通信，传送给其他 Agent 有关本路口的重要信息，判断是否采取协调控制。

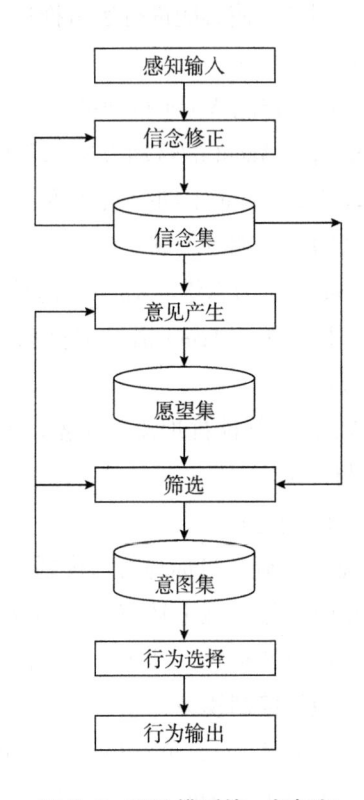

图 6-4　BDI 模型的一般框架

（一）参数描述

（1）道路因子矩阵 $\vec{\xi_i}$

$$\vec{\xi_i} = \begin{bmatrix} 0 & \xi_{i,es} & \xi_{i,ew} & \xi_{i,en} \\ \xi_{i,se} & 0 & \xi_{i,sw} & \xi_{i,sn} \\ \xi_{i,we} & \xi_{i,ws} & 0 & \xi_{i,wn} \\ \xi_{i,ne} & \xi_{i,ns} & \xi_{i,nw} & 0 \end{bmatrix}$$

$\vec{\xi_i}$ 和道路的级别、车道数目、长度、饱和交通流量有联系,是把和道路有联系的所有因素人为地标准化为一个值。

(2) 路口排队车辆数矩阵 $\overrightarrow{NC_i(t)}$

$$\overrightarrow{NC_i(t)} = \begin{bmatrix} 0 & C_{i,es}(t) & C_{i,ew}(t) & C_{i,en}(t) \\ C_{i,se}(t) & 0 & C_{i,sw}(t) & C_{i,sn}(t) \\ C_{i,we}(t) & C_{i,ws}(t) & 0 & C_{i,wn}(t) \\ C_{i,ne}(t) & C_{i,ns}(t) & C_{i,nw}(t) & 0 \end{bmatrix}$$

$\overrightarrow{NC_i(t)}$ 代表 t 时间第 i 个路口车辆数量的矩阵,每个向量因子代表把从路口的一个方向车道驶进另一个方向车道的车辆数目。比如 $C_{i,es}(t)$ 代表把从路口 i 从东面车道左转弯向南方向驶进的车辆数目,下标 e、s、w、n 分别代表了东、南、西、北的四个方向。

(3) 交通负荷度矩阵 $\overrightarrow{LD_i(t)}$

$$\overrightarrow{LD_i(t)} = \overrightarrow{PW_i(t)} + \overrightarrow{NC_i(t)} \cdot \vec{\xi_i}^T = \begin{bmatrix} 0 & LD_{i,es}(t) & LD_{i,ew}(t) & LD_{i,en}(t) \\ LD_{i,se}(t) & 0 & LD_{i,sw}(t) & LD_{i,sn}(t) \\ LD_{i,we}(t) & LD_{i,ws}(t) & 0 & LD_{i,wn}(t) \\ LD_{i,ne}(t) & LD_{i,ns}(t) & LD_{i,nw}(t) & 0 \end{bmatrix}$$

$\overrightarrow{LD_i(t)}$ 中的向量因子越高,表明越靠近交通流饱和。如果其中一个因子是 0 时,说明相应车队长度为 0。$\overrightarrow{PW_i(t)}$ 是在第 t 时刻第 i 个路口的等待时间矩阵,考虑的是司机的等待心理,等待的时间越长,司机的心理负荷越重。

(4) 绿信调节矩阵 $\overrightarrow{G_i(t)}$

$$\overrightarrow{G_i(t)} = \begin{bmatrix} 0 & G_{i,es}(t) & G_{i,ew}(t) & G_{i,en}(t) \\ G_{i,se}(t) & 0 & G_{i,sw}(t) & G_{i,sn}(t) \\ G_{i,we}(t) & G_{i,ws}(t) & 0 & G_{i,wn}(t) \\ G_{i,ne}(t) & G_{i,ns}(t) & G_{i,nw}(t) & 0 \end{bmatrix}$$

$\overrightarrow{G_i(t)}$ 表示申请路口 i 在 t 时间对一个相位或若干个相位的绿信分配调整,矩阵中每个向量因子代表申请的绿灯时间,不用调整的向量就用 0 表示。

(二) 简易度和紧急度的形式化表述

简易度的描述：在任意给定的路口，若将智能体标记为 A，任务标记为 T，智能体 A 对任务 T 的简易度评估则记为 $S_A(T)$，并以 S 表示。当 $S_A(T)$ 的数值较高时，表明智能体 A 判定任务 T 的简易程度较高；反之，则判定其简易程度较低。

界定 $S_A(T) \in [0, 1]$，它的公式如式(6-5)所示。

$$S_A(T) = 1 - \frac{\|T-T'\|}{T + Conf_A(T)} \qquad (6-5)$$

其中，T 代表目前任务，T' 代表知识库中能和目前任务相匹配的任务，$\|T-T'\|$ 代表它们之间的差异度，可以用 D 表示，$D(T) \in [0, T]$，D 越大，表示智能体 A 处理该类任务的知识越贫乏，也就是简易度越低。$Conf_A(T)$ 代表智能体 A 对目前任务自信的程度，与该智能体的信念、能力有关，$Conf_A(T) \in [0, \infty]$，0 表示这个智能体 A 对实现这种任务没有信心，∞ 表示这个智能体 A 对实现这样的任务有十足的信心。$Conf_A(T)$ 越高，那么智能体 A 判定这个任务的简易度越高，反之越小。

紧急度的描述：在任意给定的路口，若将智能体标记为 A，任务标记为 T，智能体 A 对任务 T 的紧急度评估则记为 $U_A(T)$，并以 U 表示。$U_A(T)$ 的数值越高，即表明智能体 A 判定任务 T 的紧急程度越高；反之，则判定其紧急程度越低。

界定 $U_A(T) \in [0, 1]$，其公式如式（6-6）所示。

$$U_A(T) = 1 - \frac{t}{t + I_A(T)} \qquad (6-6)$$

其中，t 代表目前任务完成所需要最长时间，t 越低，表明需要完成这个任务的时间越少，紧急度就越大，表明就越紧急，反之不紧急。$I_A(T)$ 代表智能体 A 判定目前任务重要的程度，$I_A(T) \in [0, \infty]$，0 说明这个智能体 A 认为这种任务是次要的，∞ 说明这个智能体 A 认为这种任务是非常关键的。$I_A(T)$ 越高，那么智能体 A 认为这个任务越紧迫，反之亦然。

(三) 模糊化处理

为了便于分析，将任务的紧急度 U 划分为五个模糊子集{一点不急，不急，适中，急，很急}，任务的简易度 S 划分为五个模糊子集

{很容易，容易，适中，难，很难}，绿信比的调整量 λ 也划分为五个模糊子集{很小，小，适中，大，很大}，都分别记为{VS(很小)，S(小)，M(中)，L(大)，VL(很大)}。它们的隶属函数分别见表6-3、表6-4和表6-5，而对任务采取的控制方案有两个，分别为{T_1：自主控制，T_2：协调控制}。

表6-3　　　　　　　任务紧急度 U 的隶属函数

U 的论域 \ U 的模糊集	U_1 (VS)	U_2 (S)	U_3 (M)	U_4 (L)	U_5 (VL)
(0, 0.15]	0.7	0.3			
(0.15, 0.35]	0.2	0.7	0.1		
(0.35, 0.65]		0.15	0.7	0.15	
(0.65, 0.85]			0.1	0.7	0.2
(0.85, 1]				0.3	0.7

表6-4　　　　　　　任务简易度 S 的隶属函数

S 的论域 \ S 的模糊集	S_1 (VS)	S_2 (S)	S_3 (M)	S_4 (L)	S_5 (VL)
(0, 0.15]	0.7	0.3			
(0.15, 0.35]	0.2	0.7	0.1		
(0.35, 0.65]		0.15	0.7	0.15	
(0.65, 0.85]			0.1	0.7	0.2
(0.85, 1]				0.3	0.7

表6-5　　　　　　　绿信比调整量 λ 的隶属函数

λ 的论域 \ λ 的模糊集	$λ_1$ (VS)	$λ_2$ (S)	$λ_3$ (M)	$λ_4$ (L)	$λ_5$ (VL)
(0, 0.10]	1				
(0.10, 0.25]	0.3	0.7			
(0.25, 0.45]		0.3	0.7		
(0.45, 0.65]			0.7	0.3	
(0.65, 0.85]				0.7	0.3
(0.85, 1.0]				0.3	0.7

根据对任务的评价分析，可以得出控制方案选择的模糊规则表以及绿信比调整的模糊规则表，分别为如表 6-6 和表 6-7 所示，其中 T_1 和 T_2 表示控制方案，即单独调控和协调控制，而 CF 表示所选规则的置信度。

表 6-6　　　　　　　　控制方案的模糊判断规则

	S_1 (VS)	S_2 (S)	S_3 (M)	S_4 (L)	S_5 (VL)
U_1 (VS)	T_1 ($CF=1$)	T_1 ($CF=0.9$)	T_1 ($CF=0.7$)	T_2 ($CF=0.6$)	T_2 ($CF=0.65$)
U_2 (S)	T_1 ($CF=1$)	T_1 ($CF=0.8$)	T_1 ($CF=0.6$)	T_2 ($CF=0.7$)	T_2 ($CF=0.75$)
U_3 (M)	T_1 ($CF=0.85$)	T_1 ($CF=0.7$)	T_2 ($CF=0.5$)	T_2 ($CF=0.8$)	T_2 ($CF=0.85$)
U_4 (L)	T_1 ($CF=0.75$)	T_1 ($CF=0.6$)	T_2 ($CF=0.8$)	T_2 ($CF=1$)	T_2 ($CF=1$)
U_5 (VL)	T_1 ($CF=0.55$)	T_1 ($CF=0.5$)	T_2 ($CF=0.9$)	T_2 ($CF=1$)	T_2 ($CF=1$)

表 6-7　　　　　　　　绿信比的模糊判断规则

	S_1 (VS)	S_2 (S)	S_3 (M)	S_4 (L)	S_5 (VL)
U_1 (VS)	λ_1 (VS)	λ_1 (VS)	λ_2 (S)	λ_3 (M)	λ_3 (M)
U_2 (S)	λ_1 (VS)	λ_2 (S)	λ_3 (M)	λ_3 (M)	λ_3 (M)
U_3 (M)	λ_2 (S)	λ_3 (M)	λ_3 (M)	λ_4 (L)	λ_4 (L)
U_4 (L)	λ_2 (S)	λ_3 (M)	λ_4 (L)	λ_5 (VL)	λ_5 (VL)
U_5 (VL)	λ_3 (M)	λ_3 (M)	λ_4 (L)	λ_5 (VL)	λ_5 (VL)

（四）模糊逻辑推理

首先，根据模糊规则进行模糊条件推理，确定模糊关系，即：

$$R_i = \overline{(S_i^T \cdot U_j)_i^T \cdot \lambda_k}$$

然后，通过模糊关系的合成计算出模糊变换矩阵 R，即：

$$R = \bigcup_{i=1}^{n} R_i$$

最后，根据最大隶属度方法取隶属函数最大的值作为输出。

三　实验与分析

假设路口 Agent 的交通流量处在即将出现拥堵状况，这个时候，交通载荷量较高，路口 Agent 采取原先控制策略已无法获取好的控制效果，首先需要对控制策略进行更新，其次可以使用通信模块和邻近Agent发出申请，做出协商，实现联合调控。

（一）算法的实现过程

假设路口Agent1由西向东方向路口车辆排队数多，并且该方向的交通负荷度也比较大，下面以路口Agent1进行描述，如图6-5所示。

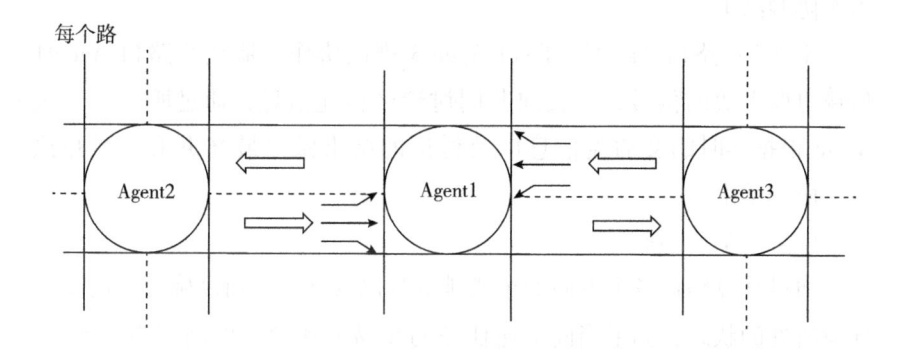

每个路

图6-5　路口车辆流向描述

步骤1：路口Agnet1在t时刻对当前任务T的简易度及紧迫性进行判断，如果采取自主控制，则需要对路口Agnet1更新绿信调节矩阵，观察采用新的控制策略能否缓解交通负荷$\overrightarrow{LD_i(t)}$，否则采取协调控制，则向路口Agent2、路口Agent3发出请求，并将此时的路口Agent1的等待车辆数矩阵$\overrightarrow{NC_i(t)}$和交通负荷度矩阵$\overrightarrow{LD_i(t)}$发送给路口Agent2、路口Agent3。

步骤2：路口Agent2、路口Agent3按照之前保存在知识库中的道路因子矩阵$\overrightarrow{\xi_i}$，得出本身的交通载荷量$\overrightarrow{LD_i(t)}$，并与路口Agent1进行比较，判断路口Agent1在t时刻的拥堵严重性。

步骤3：如果路口Agent2、路口Agent3可以通过调节相位配时来调整$C_{2,we}$、$C_{2,se}$或$C_{2,ne}$和$C_{3,we}$、$C_{3,ws}$或$C_{3,wn}$，则发送接收申请的信息到路口Agent1；假设路口Agent3和路口Agent5不能调整对应的相位时，那么就转到步骤7。

步骤4：路口Agnet1获取从路口Agent2、路口Agent3传递的接收信息后，把绿信调整矩阵 $\overrightarrow{G_i(t)}$ 传递给路口 Agent2、路口 Agent3。

步骤 5：路口 Agent2、路口 Agent3 对其进行权衡，能够全部接收路口 Agent1 的申请，还能够给出本身的绿信调整矩阵，而且把最终的措施通告路口 Agent1。

步骤 6：路口 Agent1 接收路口 Agent2、路口 Agent3 的确认信息，本次协调结束。

步骤 7：路口 Agent2、路口 Agent3 难以协作，那么给路口 Agent1 传输协调失败的信号，并且向共同讨论区传递信息，通过所处的区域 Agent 根据实时的交通流信息以及讨论的结果做出最终决策方案并执行，协调结束。

（二）结果分析

通过计算路口各个方向的车辆排队数以及交通负荷度确定当前交通环境所处的状态，如果当前交通任务的简易度和紧急度确定为 $S_0 = S_2$，$U_0 = U_3$，按照模糊推理规则，经过模糊变换后输出为：

$$\lambda_0 = \overline{(S_0^T \cdot U_0)_i} \cdot R = [0.15, 0.3, 0.7, 0.7, 0.15, 0.15]$$

采用最大隶属度原则在 λ_0 中选取最大元素作为输出控制量，在此取 0.7 所对应的调整量 [0.65, 0.85] 作为最终的控制量。

此时的规则的可信度值为 0.7，如果认为可信度值并不低，即采取 T_1 自主控制方案，减少该路口的当前相位的绿信比时间 65%—85%，并将这部分绿信比时间给予拥堵方向的相位。

相反，则采取 T_2 协调控制方案，根据相邻路口间的关联影响，如果该路口与上游路口间的关联影响强度远大于与下游路口间的关联影响强度，则减少上游路口与拥堵方向相同的相位绿信比时间，如果该路口与上下游的关联影响强度都很大，则减少上游路口与拥堵方向相同的相位绿信比时间，同时，增加下游路口与拥堵方向相同的相位绿信比时间。

第三节 基于多 Agent 的联动控制协调模型

为了建立一种适合于复杂交通系统的多 Agent 的动态协调模型，能够支持不同交通环境下的多 Agent 交互与协调，并且在不同的约束条件下选择不同的协调策略,其中 Agent 以免疫学习作为在线学习机制参与协调过程,就必须要了解多 Agent 交互与协调的特点和需求。

一 多 Agent 交互与协调的特点

在这个复杂的交通系统控制网络中,存在着以下三种协调关系:

(1) 路口 Agent 与相邻路口 Agent 之间的协调,为了个体最优,应该采用较多的协作;

(2) 路口 Agent 与控制小区 Agent 之间的协调,为了给自己所在区域带来更大的交通效用,将会采用较多的竞争策略;

(3) 区域 Agent 之间的协调,一般针对大型活动或者交通事故,缓解所在区域交通压力,争取所在区域交通效用最大化,往往采取完全合作的联合行动。

根据上面的分析可以看出,多 Agent 联动控制协调模型必须具有以下的特点:

(1) Agent 可以自由地转变协调态度,并且这种态度的转变相当容易,而这种选择的依据是交通控制系统的目标、当前的交通环境状态、Agent 的协调对象以及协调任务重要性等。

(2) 多 Agent 的协调不存在用于协调 Agent 行为的集中控制 Agent,每一个 Agent 都可以根据不同的目标和自身的交通状态自由地选择相应的协调策略。

(3) 在多 Agent 交通控制过程中,由于交通环境和其他 Agent 的交通状态瞬息万变,因此,多 Agent 的协调机制应该具有快速反应能力和适应能力。主要体现在以下两个方面:

①多 Agent 协调模型应该支持成功范例的选择,这样可以加快协调进程,并且能提高协调成功率;

②多 Agent 协调模型应该支持 Agent 在线学习。

基于以上的分析,并对现有协调机制进行研究归纳综合的基础上,建立了一种能够在复杂交通体系创建模型和调控的多 Agent 联合调控协作模型。这个模型包含一个协调态度选择函数和一个通用协调策略集合,通用协调策略集合具有在不同约束条件下选择不同的协调策略等功能,且 Agent 具有在线学习机制参与协调过程。

二 协调系数

首先根据各节点的当前交通状态，计算相邻节点的关联影响强度，交通信号控制通过对当前交通状态进行评估做出信号调整，然后根据节点的协调系数，对下一时刻交通状态进行评估，判断选择协调控制的可能性大小。

(一) 相邻节点间的关联影响强度

计算相邻交叉口之间的关联影响强度，采用 Whitson 改进模型：

$$w_{ij} = \frac{1}{n-1}\left(\frac{nQ_{max}}{\sum_{k=1}^{n} Q_k} - 1\right)\frac{1}{1+t} \tag{6-7}$$

相邻交叉口之间的关联影响强度定义为路口双向关联影响强度中的最大值，即：

$$w_{ij} = w_{(i \leftrightarrow j)} = \max\{w_{(i \to j)}, w_{(j \to i)}\}$$

规定：$i \to j$ 为两节点的正方向，其关联影响强度 $w_{ij} > 0$；$j \to i$ 为两节点的反方向，其关联影响强度 $w_{ij} < 0$。

其中，w_{ij} 与 $w_{(i \leftrightarrow j)}$ 均表示交叉口 i 和交叉口 j 的关联影响强度；$w_{(i \to j)}$ 和 $w_{(j \to i)}$ 分别为 $i \to j$ 方向和 $j \to i$ 方向的关联影响强度；n 为来自上游交叉口车流驶入的分支数；Q_k 为来自上游路口 n 个车流中驶进的第 k 分支流量；Q_{max} 为来自上游路口车流驶入的最大流量；t 为两路口间的平均行驶时间。

(二) 节点的协调系数

交通状态是随时间变化的，任一时刻的状态与其以前的状态相关，多数学者根据系统当前状态计算下一时刻系统变化时所采用模型为：

$$A_j^t = f\left(\sum_{i=1, i \neq j}^{N} A_i^{t-1} w_{ij} + A_j^{t-1}\right) \tag{6-8}$$

其中，假设 $C = (c_1, c_2, \cdots, c_N)$ 为节点的集合，N 是节点的个数，$A_j^t \in [0, 1]$ 是节点 c_j 在 t 时刻的状态值，$A_j^{t-1} \in [0, 1]$ 是节点 c_j 在 $t-1$ 时刻的状态值，$A_i^{t-1} \in [0, 1]$ 是节点 c_i 在 $t-1$ 时刻的状态值，w_{ij} 表示节点 c_i 和 c_j 的关联影响强度，也就是节点 c_i 的变化对 c_j 影响的权重。

由式（6-8）可见节点 c_j 在 t 时刻的状态是由所有与它具有关联关系的节点，在 t 时刻之前的状态共同确定的。但是，并没有考虑节点在

t 时刻采取协调控制对交通状态的影响。

因此,通过引入协调系数 w_{0j} 对模型进行了改进:

$$A_j^t = f\left(\sum_{i=1, i\neq j}^N A_i^{t-1} w_{ij}^{t-1} + w_{0j}^t + A_j^{t-1}\right), f = \frac{1}{1+e^{-cx}}$$

$$\Rightarrow A_j^t = \frac{1}{1+e^{-c\sum_{i=1, i\neq j}^N A_i^{t-1} w_{ij}^{t-1} + w_{0j}^t + A_j^{t-1}}} \tag{6-9}$$

w_{0j} 是节点 c_j 的协调系数。

A_j^t 记为 $y_j(t)$,A_j^{t-1} 记为 $y_j(t-1)$,A_i^{t-1} 记为 $x_i(t-1)$。

$$y_j(t) = \frac{1}{1+e^{-c\sum_{i=1, i\neq j}^N x_i(t-1) w_{ij}(t-1) + w_{0j}(t) + y_j(t-1)}}$$

$$\Rightarrow y_j^{-1}(t) = 1 + e^{-c\sum_{i=1, i\neq j}^N x_i(t-1) w_{ij}(t-1) + w_{0j}(t) + y_j(t-1)}$$

$$\Rightarrow \ln(y_j^{-1}(t) - 1) = -c\sum_{i=1, i\neq j}^N x_i(t-1) w_{ij}(t-1) + w_{0j}(t) + y_j(t-1)$$

$$\Rightarrow -c^{-1}\ln(y_j^{-1}(t) - 1) - y_j(t-1) = \sum_{i=1, i\neq j}^N x_i(t-1) w_{ij}(t-1) + w_{0j}(t)$$

$$\tag{6-10}$$

定义 $-c^{-1}\ln(y_j^{-1}(t) - 1) - y_j(t-1) \triangleq \Delta_t$

$$\Delta_t = \sum_{i=1, i\neq j}^N x_i(t-1) w_{ij}(t-1) + w_{0j}(t)$$

$$\Rightarrow w_{0j}(t) = \Delta_t - \sum_{i=1, i\neq j}^N x_i(t-1) w_{ij}(t-1) \tag{6-11}$$

节点 j 的协调系数越大,表明节点 j 的交通状态波动起伏越大;反之,则交通状态比较稳定,因而协调系数就是起一个调节交通流的作用。

(三)协调系数的模糊推理方法

为了更精确地计算协调系数(Coordinatability Factor, CF),可以采用模糊推理方法,该方法能够更灵活地适应复杂的交通环境。CF 的值越大,表示越需要进行协调控制。本章的计算只考虑单向交通的协调系数。

在确定协调系数的模糊推理过程中,共包含距离影响系数、交通流离散性影响系数、主干道交通流量影响系数、主干道交通流构成影响系数以及周期影响系数共5个输入量,以及1个输出量,即协调系数。

1. 输入量

(1) 距离影响系数。路口间距决定协调控制的必要性:间距近时车流相关性高,需协调控制;间距大时车流离散,协调控制需求降低。

行驶时间用于评估协调必要性,超过100秒几乎无须协调,少于10秒则协调必要性最大。距离影响系数用TCF(Time CF)表示。

$$TCF = \begin{cases} 100 & t<10 \\ 100\left(1-\dfrac{t-10}{90}\right) & 10 \leq t \leq 100 \\ 0 & t>100 \end{cases} \tag{6-12}$$

其中,t为2个路口之间的行驶时间。将TCF作为模糊变量$\tilde{TCF}$,则$\tilde{TCF}$的基本论域为$\{0, 1, 2, \cdots, 100\}$;$\tilde{TCF}$的模糊集为$\{\tilde{TCF}_1$(小),$\tilde{TCF}_2$(小),$\tilde{TCF}_3$(中),$\tilde{TCF}_4$(大),$\tilde{TCF}_5$(很大)$\}$。

(2) 交通流离散性影响系数PCF(Platoon CF)是一个量化交通流离散性的综合指标,涉及多个因素。计算关键环节是脉冲系数PF,它基于车辆到达量的前30%和前70%时间段内到达的车辆数量,通过公式$PF=(V30+V70)/2×AQ$得出。PF值显示车辆到达的脉冲程度,影响协调控制的必要性:PF值接近1时,车辆到达脉冲明显,需协调控制优化交通流;PF值接近0.5时,车辆到达均匀,无须额外协调控制。取

$$PCF = 200(PF-0.5) \tag{6-13}$$

将其作为模糊变量$\tilde{PCF}$,则$\tilde{PCF}$的基本论域为$\{0, 1, 2, \cdots, 100\}$;$\tilde{PCF}$的模糊集为$\{\tilde{TCF}_1$(小),$\tilde{TCF}_2$(小),$\tilde{TCF}_3$(中),$\tilde{TCF}_4$(大),$\tilde{TCF}_5$(很大)$\}$。

(3) 主干道交通流量影响系数VCF(Volume CF)是评估交通流量对路口协调控制效果的关键指标。在交通流量小的情况下,协调控制可能效益不明显;而在流量大时,协调控制变得至关重要。VCF用于量化这种影响。在实际中,单向小时交通量决定是否需要协调控制:低于300辆标准车(pcu)通常无须协调;超过1500辆标准车(pcu)则需协调控制,以优化交通流和提升道路通行能力。

$$VCF = \begin{cases} 0 & V < 300 \\ 100 \times \left(1 - \dfrac{300}{V}\right) & V \geqslant 300 \end{cases} \tag{6-14}$$

其中，V 为主干道交通流量。将 VCF 作为模糊变量 $V\tilde{C}F$，则 $V\tilde{C}F$ 的基本论域为 $\{0, 1, 2, \cdots, 100\}$；$V\tilde{C}F$ 的模糊集为 $\{V\tilde{C}F_1(小), V\tilde{C}F_2(小), V\tilde{C}F_3(中), V\tilde{C}F_4(大), V\tilde{C}F_5(很大)\}$。

（4）主干道交通流构成影响系数 OCF（Composition CF）是评估路口间协调控制需求的关键指标。它关注下游路口直行车辆中来自上游路口的比例。这个比例决定了协调控制的必要性及车队离散程度。OCF 的引入有助于量化这种影响。实践中，若下游路口直行车辆中来自上游的比例小于 0.3，则通常不需协调控制；若比例达到或超过 0.8，则应考虑实施协调控制策略以提高道路效率。

$$OCF = 100 \times O \tag{6-15}$$

其中，O 为上游直行通过路口的车辆在下游路口继续直行的比例，取值范围为 $[0, 1]$。将 OCF 作为模糊变量 $O\tilde{C}F$，则 $O\tilde{C}F$ 的基本论域为 $\{0, 1, 2, \cdots, 100\}$；$O\tilde{C}F$ 的模糊集为 $\{O\tilde{C}F_1(小), O\tilde{C}F_2(小), O\tilde{C}F_3(中), O\tilde{C}F_4(大), O\tilde{C}F_5(很大)\}$。

（5）当单点定时计算得出路口周期长度差异大且无法形成整数比例时，路口协调控制的必要性降低，因为协调可能导致车辆延误和排队长度增加。为此，引入周期影响系数 CCF（Cycle CF）来量化信号周期相互关系对协调系数的影响。

$$CCF = \begin{cases} \left(1.5 - \dfrac{T_1}{T_2}\right) \times 200 & T_1 \leqslant 1.5 T_2 \\ \left(\dfrac{T_1}{T_2} - 1.5\right) \times 200 & 1.5 T_2 \leqslant T_1 \leqslant 2 T_2 \end{cases} \tag{6-16}$$

其中，T_1 为 2 个路口信号周期中的较大值；T_2 为 2 个路口信号周期中的较小值，本书仅考虑周期比例的范围（T_1/T_2）在 1—2，对于超过 2 的，实际情况中并不多见，遇到时可以进行同样考虑。这样 CCF 的取值在 $[0, 100]$ 之间，CCF 数值越大，则进行协调控制的可能性就越大。将 CCF 作为模糊变量 $C\tilde{C}F$，则 $C\tilde{C}F$ 的基本论域为 $\{0, 1, 2, \cdots, 100\}$；$C\tilde{C}F$ 的模糊集为 $\{C\tilde{C}F_1(小), C\tilde{C}F_2(小), C\tilde{C}F_3(中), C\tilde{C}F_4$

（大），$C\tilde{C}F_5$（很大）}。

2. 输出量

输出量为协调系数 CF。将 CF 作为模糊变量 $\tilde{C}F$，则 $\tilde{C}F$ 的基本论域为{0，1，2，…，100}；$\tilde{C}F$ 的模糊集为{$\tilde{C}F_1$（小），$\tilde{C}F_2$（小），$\tilde{C}F_3$（中），$\tilde{C}F_4$（大），$\tilde{C}F_5$（很大）}。

3. 推理与结论

模糊综合推理结合模糊逻辑和综合评估技术，使用最大—最小方法确定规则优先级，重心法将模糊输出转换为明确决策值。通过模糊评价整合多个影响因素，并依据规则体系进行推理。协调系数小于1时，通常不进行协调控制；大于1时，根据实际情况决定是否协调；超过2时，建议协调控制；超过3时，系统自动协调。

三 协调模型

针对以上的分析，建立一种能够适合复杂交通网络的多 Agent 联合调控协作模型，这个模型中的多 Agent 的协作联合调控过程能够使用一个五元组进行表示：<M，{A_i}，G，S，C>，其动态协调模型的结构如图 6-6 所示。

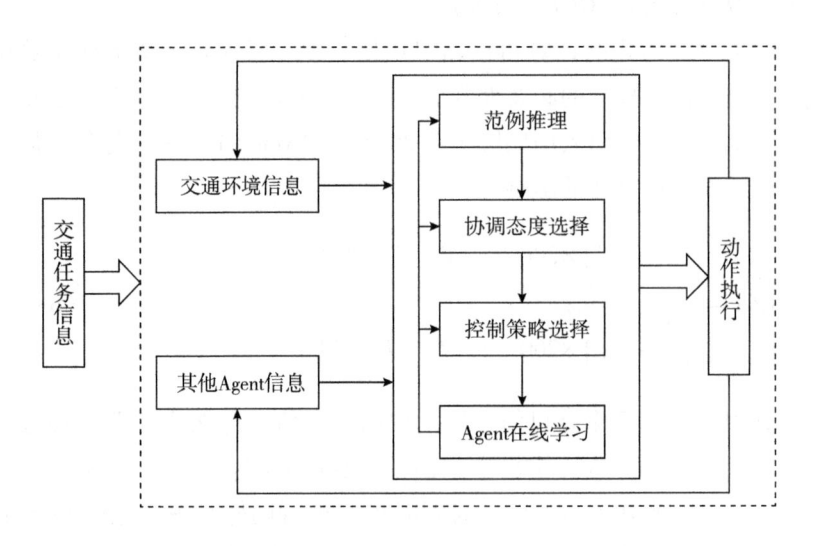

图 6-6 多 Agent 的联动控制协调模型

（1）M：参加交互和协作的 Agent 的集合；

(2) {Ai}：是单个 Agent 的行为集合，对于协调工作，单个的 Agent 的有用行为的任意联合组成的行为空间，表示目前多 Agent 体系的实施状况；

(3) G：系统协调工作，包含协调工作的形式、实现的最后时间和其他的要求等；

(4) S：交通状态，包含系统目前的交通信息数据和全部的 Agent 对外可见的对应数据；

(5) C：协调控制的集合，它也可以用一个四元组来表示：<E, R, A, S>。其中 E 指过去成功的交互和协调范例，R 是用来指导 Agent 交互和协调的行为规则，A 是协调态度选择函数，S 是协调策略的集合，$S=B(m)×D(n)$，则 S 中一共有 $m×n$ 种协调策略组合。$B(m)$ 表示调节方案，m 表示 B 中方案的数目，如取 $B(m)=${红灯时间加 4 秒，红灯时间加 8 秒，红灯时间减 4 秒，红灯时间减 8 秒，维持不变}；$D(n)$ 表示实施方案，它的值是通过路口相位来判定的，n 表示 D 中方案的数量，将四相位路口作为例子，能够取 $D(n)=${东西直行和右转，南北直行和右转，东西左转，南北左转}。

该模型能针对不同交通任务类型进行 Agent 交互与协调，并可以自主选择协调态度和协调策略，而且可以利用已有的成功范例提高协调成功率，具有在线学习功能，使 Agent 对交通环境的变化以及其他 Agent 的变化做出快速的反应。

四 协调过程

根据上述的 Agent 的联动控制协调模型，可以看出多 Agent 之间的协调过程如下：

(1) 在多 Agent 模型中，由于缺乏集中控制的协调 Agent，交通任务信息的发布可以由参与协调任务的任一 Agent 执行。一个或多个 Agent 可以发布不同的交通任务。

(2) 动态协调 Agent 团队，根据任务需求，多 Agent 联动控制模型中每个 Agent 决定是否参与协调，形成虚拟团队，控制小区自动组合，直至任务完成。具体过程如下：

①当交通任务到达一个 Agent 时，它首先判断自己是否能独立完成该交通任务，如果不能完成，开始查询周围附近的 Agent，判断是否和

它们共同完成该交通任务，如果能完成，则开始进行交互和协调过程，否则，该 Agent 放弃完成该交通任务的努力。

②如果决定共同完成该交通任务，则该 Agent 成为虚拟的主导者，进行交通任务的发布，其他 Agent 根据主导者发布的协调信息，决定是否参与到该团队中，并在限定时间内返回信息表明是否意愿，最后由主导者决定是否接受该 Agent 参与到团队中去，最终，形成一个交互与协调的 Agent 团队。

③团队中的每一个 Agent 相互联系，获取团队中其他 Agent 的相关信息，进行交互和协调，共同完成该交通任务，此时团队自动解散。

（3）在团队协作中，各 Agent 须依据交通任务的具体要求，结合当前的交通环境数据及其他 Agent 的信息，来形成对自身职责的深刻理解。随后，双方会运用案例推理机制，寻找最为接近的历史案例作为参考，据此更新协调的背景信息，并直接依据案例指导采取行动。若未能找到适用的历史案例，则进入下一阶段，即依据 Agent 对各项交通任务的初始认知及任务相关信息，来选择协调的态度与策略。

（4）协调态度的选择，这里采用函数的形式进行度量来实现。

直接信任协调定义：若 AgentA 与 AgentB 协调 n 次（$n \geq 1$），成功 s 次（$s \geq 1$），且 AgentA 获得的交通效用为 u_1—u_s，则 AgentA 对 AgentB 有直接信任关系，记为 $T_{A \to B}$。

在交通网络中，若 AgentA 与 AgentB 协调 n 次（$n>1$），成功 s 次（$s>1$），失败 $n-s$ 次，则第 $n+1$ 次协调成功的后验概率 P 遵循 Beta 分布。且有：

$$P = E(Beta(p \mid s+1, n-s+1)) = \frac{s+1}{n+2} \tag{6-17}$$

假设在 s 次成功协调中 AgentA 获得的交通效用分别为 u_1，u_2，$\cdots$，u_s，最满意交通效用分别为 u_1^*，u_2^*，$\cdots$，u_s^*，则 AgentA 对 AgentB 的直接信任协调可以表示为：

$$T_{A \to B}(u_1, u_2, \cdots, u_s, u_1^*, u_2^*, \cdots, u_s^*) = \frac{s+1}{n+2} \left(\sum_{i=1}^{s} u_i \Big/ \sum_{i=1}^{s} u_i^* \right) \tag{6-18}$$

根据式（6-17）和式（6-18），可以直接计算出 AgentA 和 AgentB

之间直接信任协调的程度，一般 AgentA 可以根据自身的状态设置信任度的临界值 T_{min}，假设 $T_{A \to B} > T_{min}$，那么说明 AgentA 对 AgentB 有着直接信任协调的关系，值为 $T_{A \to B}$。

间接信任协调定义：若 AgentA 与 AgentB 未曾协调或信任度未达阈值，AgentA 需在协调前向 AgentB 承诺保证，提供一定数量的交通效用作为保证，迫使 Agent 提供真实的交通服务能力，以达到与 AgentA 的间接信任协调关系，记为 $C_{B \to A}$。

在交通网络中，设 AgentA 与 AgentB 为两个节点 Agent，当 AgentB 向 AgentA 发起协调请求时，鉴于双方尚未建立直接信任基础，AgentA 会预先要求 AgentB 报告其交通服务能力，以此作为合作的承诺保障。

考虑 AgentA 选择是否与 AgentB 协调合作的情况，合作的概率为 P_1，不合作的概率则为 $1-P_1$。在合作的前提下，若 AgentB 如实申报其交通服务能力，将获得标准的交通效用 R_d；若虚报，则可额外获得交通效用 H，但双方若选择不合作，则效用均为零。特别地，当 AgentB 选择虚报交通服务能力时，AgentA 有 P_2 的概率能够检测到这种不实申报，并要求 AgentB 提供 C_d 的赔偿，该赔偿 C_d 即代表了 AgentA 要求 AgentB 在申报服务能力时所做出的承诺保证。

这样可以得到，AgentB 申报真实的交通服务能力时其平均交通效用为：

$$E_t = P_1(R_d) \tag{6-19}$$

AgentB 申报不真实的交通服务能力时其平均交通效用为：

$$E_f = P_1((R_d + H) - P_2(C_d) + (1 - P_1) \times (-P_2(C_d))) \tag{6-20}$$

因此，作为 AgentA，它的目标就应当是 $E_f \leq E_t$，这样就可以确定相应的 C_d，即有：

$$C_d \geq \frac{P_1}{P_2} \times H \tag{6-21}$$

式（6-21）就是 AgentA 要求 AgentB 做出的承诺保证的条件，若 C_d 的值越高，它的承诺保证就越高，则 AgentA 对 AgentB 的信任度就越高。

在多 Agent 系统的动态协调中，直接信任是选择协调伙伴的关键依据。节点 Agent 在接收到协调申请时，会优先向直接信任的 Agent 发送请求。若同时收到多个请求，节点 Agent 将根据直接信任度选择协调对象，有时还需考虑间接信任的承诺值。

这种关系可用赋权有向图表示，节点 Agent 通过实线或虚线连接，实线代表直接信任，虚线代表间接信任，权值表示信任度，如图 6-6 所示。

图 6-7 表示的是一个多 Agent 的三层协调关系网，其中 S_1、S_2、S_3、S_4 表示交通网络中的节点 Agent，D_1、D_2、D_3、D_4 代表区域 Agent，A 代表要求协调的节点 Agent，实线箭头上的 T_1、T_2、T_3、T_4、T_5 代表直接信任度值，C_1、C_2 表示间接信任的承诺值大小。

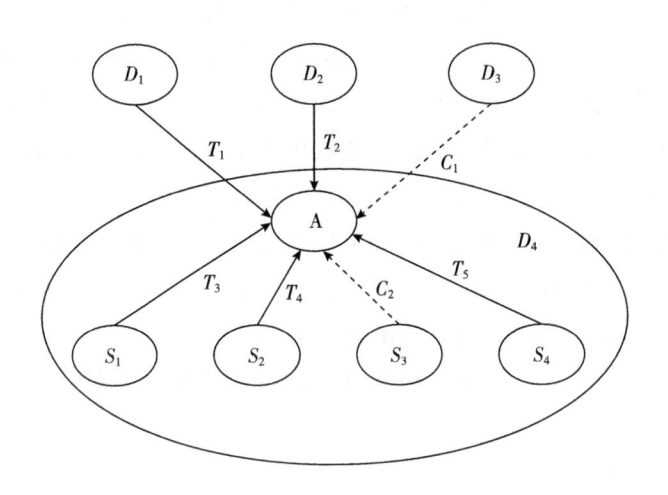

图 6-7　多 Agent 的协调关系

这样在协调过程中，AgentA 会按照以往的协调历史数据对其他的 Agent 做出信任度计算，进而使得权值以及连接会因为协调过程的改变而出现调整以及更新，Agent 间的连接架构也会出现重新组建，通过一定时间之后会产生一个较为稳定的控制小区或协调团队。

协调方案的选用，也就是按照不同的协调态度，选择合适的协调方案，节点 Agent 之间或者区域之间的协调，一般采用合作型策略，应用部分全局规划 PGP 协调策略；而节点 Agent 与控制小区之间的协调，则采用竞争型策略，应用对策论的协调策略。

五 实验与分析

根据直接信任协调与间接信任协调的定义,在仿真模拟实验中选取 8 个直接信任协调节点(ABCDEFJN),其大小分别为 0.86、0.82、0.91、0.86、0.80、0.92、0.86、0.81;4 个间接信任协调节点(HKLM),其承诺值分别为 0.85、0.89、0.87、0.82。在 JADE 运行的仿真平台中定义一个 Container 容器,设置时间影响因子为 0.8,提议最大交互次数为 100,协调僵局阈值为 0.1,对节点 G 与其他 12 个节点进行协调,其仿真结果如图 6-8 所示。

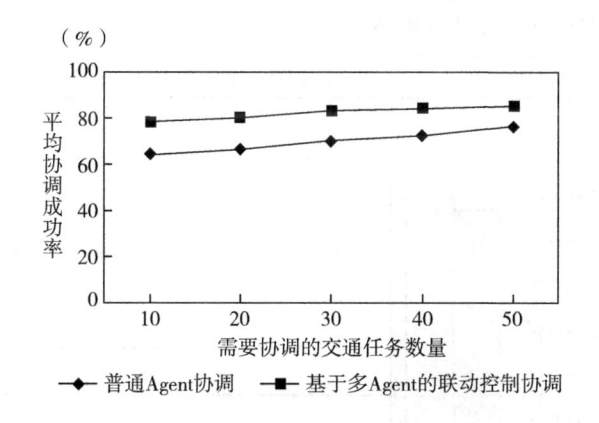

图 6-8 不同交通任务数下协调成功率比较

在仿真过程中,当改变节点 G 与其他节点之间的协调交通任务时,多 Agent 联动控制模型通过学习让步策略减少交互次数,提升协调成功率。随着交互和历史信息的积累,Agent 间的信任度提高,能够进一步增强协调效率和成功率。

以第四章的交通区域路网为研究对象,根据控制小区的初始划分结果,在 Paramics 中构建仿真环境,其中网络性能指标由 Paramics 仿真器进行计算,对时间 7:00—19:00 持续 12 个小时的联动控制协调模型进行验证分析,其结果如表 6-8 和图 6-9 所示,而协调系数是在 10:00 这一时刻,根据式(6-11)采用 MATLAB 工具箱进行计算,其对照表如表 6-9 所示。

表6-8　　　　　　　　　协调前后路网性能对比

控制方案		路网总通行量（veh）	车辆平均延误（s）	车辆平均旅行时间（s）
协调前 7：00—19：00		26872	22.24	63.28
协调后	7：00—9：30 ABCDEN、FGJ、HKLM	28078	15.73	55.79
	9：30—17：00 ABCDE、FG、JHKLM、N			
	17：00—19：00 ABCDFG、E、JHKLM、N			
前后对比情况		提高4.49%	减少29.27%	减少11.84%

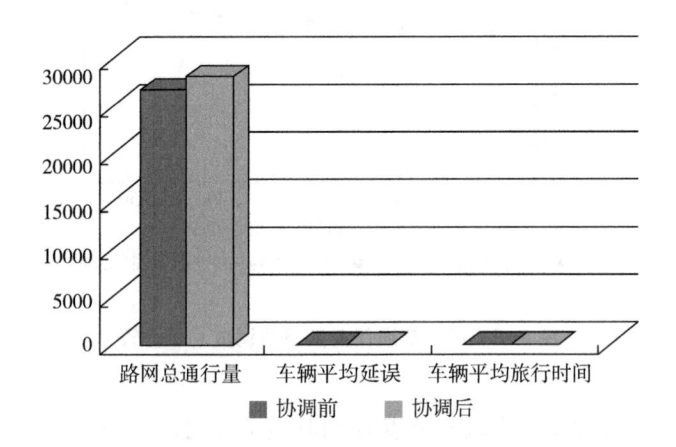

图6-9　路网性能协调前和协调后比较示意

表6-9　　　　　　　　　协调前后协调系数对比

节点序号	协调系数	
	协调前	协调后
A	0.435	0.418
B	0.623	0.525
C	0.935	0.611
D	0.542	0.482
E	0.510	0.441

续表

节点序号	协调系数	
	协调前	协调后
F	0.598	0.516
G	0.825	0.649
H	0.431	0.391
J	0.704	0.510
K	0.985	0.489
L	0.675	0.515
M	0.753	0.547
N	0.420	0.418

根据仿真结果，协调团队的构成会随着时间的推移而变化，在12小时内变化了三次，这是由于路网的交通需求是不断变化造成的。将协调前后交通控制效果进行比较，可以发现，路网总通行量、车辆平均延误以及平均旅行时间都有所改善；协调前节点C、G和K的协调系数都大于0.80，交通状态波动起伏较大；而协调后各个节点的系数基本维持在0.5左右，交通状态比较稳定。这些数据表明，基于多Agent的联动控制协调模型能够有效改善路网上的交通运行状况。

第四节 基于物联网环境下城市交通区域联动的云控制模型

随着城市化进程的加速推进，城市交通系统所承受的压力日益增大。交通流量的持续增长不仅导致了道路拥堵现象的加剧，还引发了能源消耗和环境污染等一系列问题。为应对这些挑战，传统的交通管理手段已无法满足日益增长的复杂需求，区域交通的规划与协调需求日益迫切，迫切需要创新技术的支撑以提升管理效率。城市交通管理的核心目标在于实现信息的迅速流通和高效协同，这对于提升交通网络的运行效率具有至关重要的作用。因此，智能交通系统应运而生，它通过集成先进的信息技术、数据通信传输技术、电子传感技术、控制技术以及计算机技术等，构建了一个智能化、网络化、集成化的交通管理平台。该平台能够实时监控交通状况，分析交通流量，预测交通趋势，并通过智能调度和优化路线来缓解交通压力，减少拥堵。此外，智能交通系统还能够有效降低能源消耗，减少汽车尾气排放，从而在一定程度上缓解了环境污染问题。通过这些措施，智能交通系统不仅提高了交通管理的效率，还为城市居民提供了更加便捷、安全、舒适的出行体验。

在当今这个快速发展的时代，云计算作为一种革命性的计算模式，展现出了其无可比拟的优越性和独有的特征。它正逐步成为解决城市交通管理中遇到的大量数据处理问题的关键技术支撑。借助于云平台的强大功能，交通管理系统得以实时地处理来自道路监控设备、交通信号灯、智能传感器以及其他多种来源的海量数据。这不仅促进了信息的共享，还使得智能决策成为可能。云计算的引入，彻底改变了城市交通管理的计算模式，它将传统的本地计算模式转变为一种新型的模式，这种模式结合了集中式和分布式计算的优势。通过这种方式，系统不仅能够更快地响应各种交通状况，还极大地提高了数据处理的能力，从而为城市交通的顺畅运行提供了强有力的技术保障。

尽管云计算在交通管理领域的应用前景广阔，具有巨大的潜力和广泛的应用前景，但目前该技术的实际应用仍然面临诸多挑战和难题。首先，云计算平台之间缺乏统一的标准和协议，这导致了不同平台之间的互操作性不足，从而限制了其在交通管理系统中的大规模应用和推广。此外，在交通管理领域，如何构建一个既高效又安全、能够支持海量实时数据处理的云计算平台仍然是一个亟待解决的难题。这不仅涉及技术层面的挑战，还包括如何实现交通管理系统间的资源共享、互联互通，并确保数据的安全性和隐私保护，这些都是目前亟待解决的关键问题。因此，为了充分利用云计算在交通管理中的优势，需要行业内外的共同努力，包括制定统一的标准和协议，以及研发更高效、更安全的数据处理技术和隐私保护机制。

在当前的研究领域内，国内外众多学者已经进行了广泛而深入的研究工作，这些工作主要集中在云计算技术与城市交通管理相结合的多个方面。具体而言，研究的焦点涵盖了交通信号控制、多路口的协同调度策略，以及基于物联网技术的数据采集与分析等多个重要领域。这些学者的研究成果不仅为交通信号控制领域提供了坚实的理论基础，还指明了技术发展的方向，极大地促进了交通管理系统的智能化和动态化发展。研究者通过运用强化学习、神经网络、智能体系统等前沿技术，已经在提升交通信号控制系统的灵活性、适应性和效率方面取得了令人瞩目的成果。

尽管在单路口控制和多路口协同控制方面已有研究取得了一定的进展，但目前的方法仍然存在一些问题，比如适应性较差和实时性不足等。为了更好地解决这些问题，未来的研究方向需要进一步推动云计算与物联网技术的深度融合。这将有助于提出更加智能化、精细化的区域交通联动控制策略，从而能够有效地应对在复杂交通环境中出现的实时数据处理和协调控制的挑战。

一 云计算平台的任务调度模型

借助高度集成的计算资源和智能化决策支持系统，云计算平台能够实现对大规模交通数据的实时处理、分析与响应，从而为交通管理提供智能化支持。本节将基于云计算平台的任务调度模型，探讨交通信息的采集、云端决策支持体系的构建以及控制策略的规划三个关键要素，旨在为城市交通管理提供一种高效、可靠的技术解决方案。

（1）交通信息的采集流程是智能交通系统（ITS）高效运作的核心驱动力，深刻依赖于物联网平台所构建的基础数据库系统，这一系统构成了智能交通的关键支撑。作为系统的"指挥中心"，基础数据库系统全面集成并精确处理来自多源的交通信息，包括实时道路通行状况、车辆流量动态统计、行驶速度监测、车道占用情况分析以及车头时距的精确测量等关键数据。为了确保信息的完整性与准确性，这些数据主要来源于两大途径：一方面，来自安装在关键路段的高科技检测设备，如环形线圈检测器、微波传感器、高清视频监控系统等，能够实时捕捉并记录路段的交通流量和车辆特征；另一方面，各类配套子系统也在智能交通系统中发挥着重要作用，包括但不限于浮动车数据采集系统、先进的交通信号控制中心，各类子系统不仅在持续不断地运作，也在稳定生成并输出着种类繁多、内容丰富的交通数据。这些海量的交通信息通过高效且稳定的数据传输网络被迅速传送至云计算平台，传输渠道涵盖公安专网、互联网及数据专线等有线传输方式，也包括运营商提供的3G/4G/5G等无线通信技术。这些数据传输技术保障了信息的快速、稳定传递，为后续的数据挖掘、深度分析和广泛应用奠定了坚实的基础。

（2）基于云决策支持体系的交通管理策略通过集成大数据和人工智能技术，优化交通流、提升道路通行能力并减少拥堵。云决策支持系统的核心优势在于其强大的计算和存储能力，能够实时处理海量交通数据，精确评估现行及未来交通状况，为决策提供依据。

首先，云平台通过实时获取交通节点数据，评估当前交通状况，包括流量、车速、道路占用等。结合历史数据与实时监控，系统可预测未来交通趋势，提前制定应对策略。云平台还将各交通节点数据进行中心化处理，去除数据孤岛，实现全局优化。通过深度解析交通信息，识别交通瓶颈，提供精准的决策支持。其次，基于实时数据分析，云决策支持系统能够动态调整交通信号配时与调度方案，制定适应性联动控制策略，实现路口间信号的协调控制，减少交通冲突与拥堵。系统还根据不同时间段、节假日等因素调整控制策略，提高灵活性和适应性。在紧急情况下，系统支持人工干预，帮助交通管理者根据实时信息调整信号配时或重新规划路径，确保应急响应。云平台的历史数据分析功能也可优化决策过程，提升交通管理效率。综上所述，基于云决策支持体系的交通管理策略能够全面评估交通状况，动态优化交通控制策略，并在应急情况下提供决策支持，为智能交通系统的高效运作奠定基础。

（3）交通控制策略的规划在确保城市交通顺畅运行中起着至关重要的作用。特别是区域交通联动控制策略，它不仅关注单一节点的交通管理，还扩展到多个交通节点的协调，旨在通过综合考虑上下游交通状况以及相邻控制节点间的相互影响，提升决策效率和交通流畅度。这一策略的实施能够有效减少交通拥堵，优化交通流，提升整个区域的通行能力。

首先，区域交通联动控制策略的扩展性至关重要。从单点控制扩展到多点联动控制，交通管理系统需要考虑不同节点之间的交互与影响。这种扩展使得交通信号控制不仅基于单一交叉口的情况，而是综合各路段流量、交通事件、车速等多维信息，实现对整个区域交通的协调管理。其次，云决策模型在交通控制中的应用与技术研发发挥着关键作用。云计算的强大计算和存储能力使得交通数据的实时处理与分析成为可能。通过集成各交通节点的数据，云决策模型能够实时评估当前交通状况，并在此基础上进行预测，制定动态、适应性的交通控制策略。云平台的开放性和灵活性也为未来交通系统的智能化管理提供了有力支持。最后，区域协调控制的策略生成与优化是确保区域交通顺畅的核心。交通管理者需根据实时交通数据、历史数据及未来预测信息，生成合理的区域控制策略，并通过云平台发布与调整。通过数据分析和优化算法，系统能够动态调整信号配时、流量分配等控制策略，确保不同交通节点之间的高效协同。

二 节点控制任务调度模型

节点控制任务调度模型通常用于优化和调度交通系统中的各个控制任务，确保交通流畅、高效、安全地运行。它的核心目标是通过合理安排和调度交通信号灯、监控设施、交通标志等设备的工作，优化交通节点的运行，减少交通拥堵，提高通行能力。由于车辆在交通信号灯前的等候时长毫无规律可循，充满随机性，致使联动控制任务被提交至云计算平台的具体时刻也随之变得难以捉摸，呈现出显著的不确定性。基于此，在整个区域交通系统中，本章认为每个岔口的控制系统之间是独立并不相互关联的，并且假设相同的控制策略控制同一类型的任务。另外，联动控制系统运行架构独特，自主性较高且控制范围广泛，因此可以认为控制节点提交的任务一般并无优先级依赖关系，即每一个控制节点之间相互独立，在执行自身的交通调节动作时，其决策与操作不会因其他节点任务的优先级高低而受到显著影响。

（1）定义1 假设将随机到达云计算平台的交通控制任务表示为一个三元组 (T, R, W)。其中：

① $T=\{t_i | 1 \leq i \leq m\}$ 表示各种控制任务类型的集合，t_i 表示第 i 类控制任务，且存在 $t_i \cap t_j = \emptyset$，其中，$1 \leq I, y \leq m$；

② $R=\{r_i | 1 \leq I \leq m\}$ 表示任务的平均到达率集合，r_i 表示 t_i 类任务单位时间的平均到达数量，若 $I \neq j$，则 $r_i \neq r_j$，且 $1 \leq I, j \leq m$；

③ $W=\{W_i | 1 \leq I \leq m\}$ 表示云计算平台面临的任务计算量集合，W_i 表示 t_i 类控制任务的计算量。因此，第 i 类计算任务可表示为 (t_i, r_i, w_i)，其中，$t_i \in T, r_i \in R, w_i \in w, w_i \in W$。

在云计算平台管理中，分析控制任务的平均到达率对评估系统性能和资源调度效率至关重要。通过分析监测数据，可以提取任务到达间隔的随机分布特征，这些特征反映了任务请求的时间非均匀性和不确定性。运用统计方法，如拟合优度检验和参数估计，确定任务到达间隔的理论分布形式及其相关参数，为资源分配、任务调度和性能优化提供依据。

（2）定义2 将控制节点任务调度中的云计算平台表示为一个六元组（C，$P_{m \times n}^{busy}$，p^{idle}，p^{peak}，$U_{m \times n}$，S）。其中：

①$C = \{c_i | 1 \leq i \leq n\}$ 表示云计算平台中控制节点集合，其中，c_i 表示第 i 个控制节点，n 为控制节点的个数；

②$P_{m \times n}^{busy} = \{P_{ij}^{busy} | 1 \leq i \leq m, 1 \leq j \leq n\}$ 表示执行功率矩阵，P_{ij}^{busy} 表示 t_i 类任务在控制节点 c_j 上执行时的功率，如果 $i \neq h$，$j \neq k$，则 $P_{ij}^{busy} \neq P_{hk}^{busy}$；

③$p^{idle} = \{P_i^{idle} | 1 \leq i \leq n\}$ 表示空闲功率集合，P_i^{idle} 表示控制节点 c_i 的空闲功率，如果 $i \neq j$，那么 $P_i^{busy} \neq P_j^{idle}$；

④$p^{peak} = \{P_i^{peak} | 1 \leq i \leq n\}$ 表示最大功率集合，P_i^{idle} 表示控制节点 c_i 的最大功率，如果 $i \neq j$，那么 $P_i^{idle} \neq P_j^{idle}$；

⑤$U_{m \times n} = \{(U_{ij} | 1 \leq i \leq m, 1 \leq j \leq n\}$ 表示平均服务率矩阵，U_{ij} 表示控制节点 c_i 对 t_i 类任务的平均服务率，如果 $i \neq j$，$j \neq k$，则 $P_{ij} \neq P_{hk}$；

⑥$s = \{s_{idle}, s_{busy}\}$ 表示状态集合，s_{idle} 表示处于运行但空闲状态，s_{busy} 表示处于执行状态。

在评估云计算平台任务处理能力时，使用与控制任务平均到达率一致的数据分析方法，从大规模监测数据中提取任务到达间隔的随机分布特征。这确保了分析方法的连贯性，并准确捕捉任务请求时间上的非均匀分布特性。进一步解析这些特征，可得到不同控制节点处理不同类型任务的服务率矩阵 $P_{m \times n}^{busy}$、p^{idle}、p^{peak}、$U_{m \times n}$，则可以通过测量的方式得到。

本章小结

本章首先在分析前人工作的基础上，建立了单路口信号优化控制模型。其次，利用 Agent 技术原理，设定交通任务紧急重要程度，构造了基于模糊理论的 Agent 的协调选择模型。最后，针对区域协调设置协调系数，来调节交通流，并建立了多 Agent 联动控制协调模型，使控制小区能够自由组合构成团队进行协调，该模型支持对不同交通任务类型、不同交通环境背景下的多 Agent 交互与协调。

第七章

基于多 Agent 的城市交通信号控制系统设计

在城市交通实施控制过程中，交通拥堵所产生的"连锁反应"是一个需着重关注的现象。城市里的每一个路口并非孤立存在，彼此之间是相互影响且相互制约的关系。针对一个路口而言，倘若其某一个相位出现了交通阻塞的情况，那么这不仅仅会对相邻相位的交通流畅程度造成影响，甚至极有可能由此引发邻近路口，乃至更大范围区域内的交通拥堵状况。

为有效应对这一现象，协调控制策略应运而生，并得以付诸实施。该策略具备建立起各交叉口之间实时通信联系的能力，从而实现对交叉口之间互动关系的优化处理。这种优化能够弥补单点控制的不足，提高整体的交通流动性。协调控制关键在于，既要顾及本路口运行成效，又得考量自身排放车流对下游交叉口的影响。所以，必须精准把控车流排放数量与时机，给下游交叉口营造更优的交通到达模式。

当下，国内外针对城市信号的联动控制协调运行已展开了广泛深入的研究。其研究方法主要聚焦于神经网络、模糊控制以及多智能体与强化学习相结合等一系列先进技术层面。不过，这些研究多数侧重于运用宏观模型来解决交通控制相关问题，在开展研究时并未充分依据相邻路口相互间的影响因素去深入探究协调优化控制。如此一来，致使现有的动态协调控制模型难以充分施展联动控制的效能，进而失去了应有的动态调控成效。

本章将从系统层面上进行描述如何对前文算法和模型在控制系统中

集成，并从系统架构、数据仓库和数据挖掘等方面对区域范围内多交叉口联动控制方法的实现进一步说明。目前国内虽已建立起了较为完善的智能交通系统，但现有系统的硬件、软件功能上就比较落后，整个交通信号调控体系也需要大面积地替换或者慢慢升级。

在交通管理与控制领域，为达成更为高效的管理及控制成效，针对能够充分考量路口间相互影响的动态协调控制模型展开进一步的深入研究与开发工作势在必行。此类模型应具备依据实时交通数据进行动态调整信号控制策略的能力，进而有效适配持续变动的交通状况，由此实现对交通拥堵状况的切实缓解，并提升城市交通系统整体的运行效率与可靠性水平。与此同时，传统交通工程技术的应用亦不容忽视，如交通组织的优化、交通标志标线的合理设置、交叉口的渠化处理以及配时的优化等技术手段，均为决定城市路网基本通行能力得以有效发挥程度的基础性关键技术。此外，实时交通流信息的采集工作至关重要，其对于实现交通智能管控具有不可或缺的作用。并且，针对交通智能管控本质的认知亦需加以调整，应更为着重于服务于人的出行需求，而非仅仅局限于对车辆及相关设施的关注层面。

在实现区域范围内多交叉口联动控制方法时，需要考虑的关键技术包括：

（1）系统架构：构建一个分层分布式的控制系统，能够实现对多个交叉口的集中管理和协调控制。这种架构通常包括中央控制中心、区域控制层和路口控制层。

（2）数据仓库：建立一个强大的数据仓库，用于存储和处理来自各个交叉口的实时交通数据，包括车辆检测器收集的流量、速度、占有率等信息。

（3）数据挖掘：利用数据挖掘技术，从大量的交通数据中提取有价值的信息，用于交通状况的分析、预测和控制策略的优化。

（4）协调控制算法：开发高效的协调控制算法，能够根据实时交通数据动态调整信号配时，实现交叉口之间的优化互动。

（5）通信协议：为了实现系统间的有效数据共享和交互，需要创建高效、规范的端口协议，确保不同系统和设备之间的兼容性和数据传输的实时性。

通过这些关键技术的应用，可以实现对城市交通网络中多个交叉口的有效协调控制，提高交通流的效率，减少拥堵，从而提升整个城市的交通管理水平。

所以，本章主要考虑如何在原有系统的基础上进行更新和改进，并以集成的思想，设计了一个基于多 Agent 的城市交通协调联合调控体系，使用分层递阶集散的调控架构，在系统中，包含有若干不同职能的 Agent，其中顶层 Agent 担负着整体规划，中间层担负着多路口的调控计划，最下层 Agent 担负着个体计划。换言之，经由对 Agent 不同功能间的互联形式、信息传导以及数据共享情形予以详尽描述，促使各 Agent 达成协调联动且实现无缝集成之效。而 Agent 所拥有的这种协作联合调控之效能，具体体现为在必要之时，其能够自主创建与其他 Agent 的协作关联，对外公布相应的协调申请信息，进而成功构建对应的合作联系，并以智能且合理的方式开展资源分配工作，最终携手共同完成所面临的各类交通任务。

第一节　系统的特点及目标

基于多 Agent 的城市交通控制系统是利用视频采集预先设定区域内多个路口的交通流数据，通过动态跟踪并分析区域内交通流状态的变化，优化区域内各路口的信号配时方案的系统硬件和软件的总称。该系统既可以集成在城市交通控制系统结构中作为一个子系统，也可作为一个独立的系统，利用相关的内外场硬件设备实施控制。

一　系统的特点

（1）集成。系统的集成性是指将多个独立的系统组件、子系统或功能模块有机地组合在一起，形成一个协同工作的整体，以实现比各个部分简单相加更为复杂和强大的功能。系统是对各种交通信息获取、调控方案、调控方式的集成。

（2）协同。系统的协同性是指系统内各个组成部分或子系统之间相互配合、相互协作，以实现系统整体目标的特性。在不同交通情况下强调多种交通调控手段的协同运作。

（3）标准。系统的标准性是指系统在设计、开发、运行和维护过程中遵循一系列统一的标准、规范和协议的特性。这些标准可以涵盖系统的各个方面，包括硬件规格、软件接口、数据格式、通信协议、安全要求等。标准性就像是系统的"通用语言"，使得系统内部各个组件之间以及不同系统之间能够实现有效的交互、兼容和集成。系统在数据定义和接口规范上采用统一的数据字典和数据交换规范。

二　系统的目标

基于多 Agent 的城市交通控制系统的总体目标是实现系统之间的信息互享以及多 Agent 间的相互协作，联合调控达到整体优化的目的。也就是说，要实现交通信息采集和交通信息服务提供的智能化、信号控制智能化，并能够对交通流的控制实现互相联动。

第二节　Agent 的模型结构

模型结构作为技术体系的基石，始终是学术研究的关键领域。学界对于模型应包含的要素存在多种见解，但通常认为一个完整的模型应由感应器、决策控制器、精神状态模块、知识库及通信器等核心部件构成。其中，将精神因素细分为信念、愿望与意图等多个层面的模型架构得到了广泛认可。具体而言，信念代表着主体对客观世界的认知，是决策判断的基础；愿望描述了主体期望达成的目标状态，为行动提供方向指引；而意图则是连接认知与目标的中介，通过动态调整确保行为与目标的一致性。

部分学者认为，模型由构成实体的控制决策部分所具备的功能或能力所定义。该部分作为与外界沟通的接口。

此外，一些学者还提出了其他的结构，虽然在实际的研究应用中人们所采用的模型各式各样，但其模型核心都以知识实体为基础，且具有智能的决策能力，弥补了普通对象的不足，为人们更好地进行研究提供了有力的工具，同时也大大提高了程序的模块性、重用性、交互性等能力。多 Agent 系统的结构大概有以下三种：

（1）集中式结构。集中式结构中，存在一个中心控制 Agent，负责全局的信息处理、决策和协调。其他 Agent 作为执行单元，负责执行中心控制 Agent 的决策。这种结构的优点是控制简单、易于管理，但缺点是中心控制 Agent 的负担较重，且一旦中心控制 Agent 出现故障，整个系统可能陷入瘫痪。

（2）分布式结构。分布式结构中，每个 Agent 都具有一定的独立性和自主性，能够独立完成一定的任务，并与其他 Agent 进行信息交换和协作。这种结构的优点是灵活性高、鲁棒性强，但缺点是可能存在信息冗余和冲突，需要有效的协调机制来确保系统的一致性。

（3）层次式结构。层次式结构中，Agent 被组织成不同的层次，高层 Agent 负责全局决策和协调，低层 Agent 负责具体任务的执行。这种结构的优点是能够利用层次化的管理方式简化问题，但缺点是可能导致信息流通不畅，影响系统的反应速度和决策质量。

第三节　系统总体功能需求分析

城市交通控制系统主要是从数据收集、数据分析、策略制定三个层面对功能进行了概括，拥有的基本作用包含：

（1）借助视频检测方式和信息处理技术，获得区域路网的实时交通数据，分析这些数据，快速做出宏观调控方案，将对应的调控方案转变成每一级调控方案，按照这样的方式规划信号配时方案，然后实施。

（2）实时掌握拥堵变化趋势，结合历史数据挖掘和动态交通分析，进行交通拥堵状态等级报警、确认，启动联动机制，协同信号控制、交通流诱导等多系统，控制进入拥堵区域内的交通流，缩短响应时间，预防和缓解拥堵。

（3）实时监控不同区域的交通流运行状态，优化出行分布，均衡路网交通流分配，通过多子系统协同控制，提高运行效率和服务水平。

由于多 Agent 的城市交通控制系统是由交通控制 Agent 子系统、网络通信传输子系统、交通信息采集子系统、信息发布子系统、数据管理子系统等子系统的功能协调配合共同构建组成的，如图 7-1 所示。因此，可以对这些基本功能从各子系统层面进一步进行拓展。

一　数据管理子系统

数据管理子系统在智能交通系统中扮演着至关重要的角色。它不仅负责构建一个全面的交通控制数据仓库，而且还要管理大量的交通调控信息资源。这一子系统的核心功能包括实现日常的数据信息互换、整合、

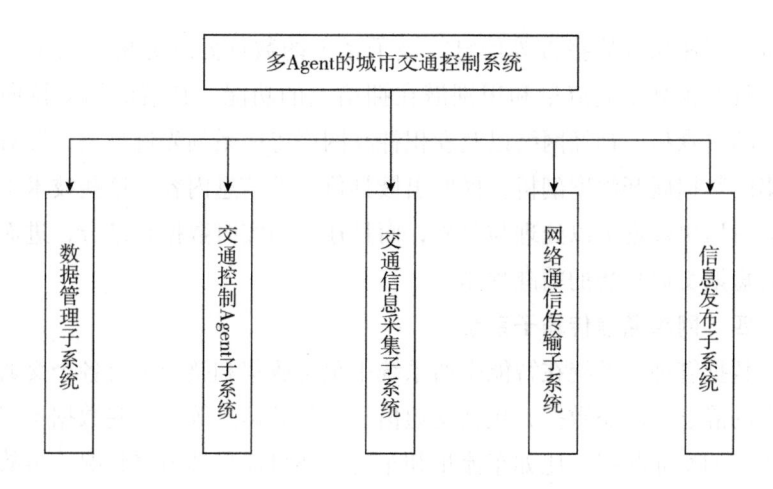

```
          多Agent的城市交通控制系统
    ┌───────┬───────┬───────┬───────┐
数据管理   交通控制   交通信息   网络通信   信息发布
 子系统    Agent子    采集子     传输子     子系统
           系统       系统       系统
```

图 7-1　系统功能结构

保存和计算，从而为系统的辅助决策提供坚实的信息保障。

二　交通控制 Agent 子系统

在智能交通系统中，数据管理不仅负责构建交通控制数据仓库，管理交通调控信息资源，还实现了日常的数据信息互换、整合、保存、计算等功能。这些功能为系统的辅助决策提供了坚实的信息保障。

该子系统通过在各个路口部署 Agent，并利用网络通信系统实现这些 Agent 之间的互联，以及与上层控制中心的互联。这样的架构设计使得系统能够根据区域路网内各路口车流量的实时监控情况，自动调整控制策略，以适应交通流量的动态变化，从而优化交通流，减少拥堵，并提高整体的交通效率。通过这种智能化的管理和控制，数据管理子系统能够实现对交通信号灯的优化控制，自动调整信号灯的相位时间，以减少车辆的等待时间和延误，同时降低环境污染。此外，系统还具备采集、处理、存储、提供控制区域内的车流量、占有率、饱和度、排队长度等交通信息的功能，这些信息不仅用于信号配时优化，也可供交通疏导和交通组织与规划使用。

三　交通信息采集子系统

数据管理子系统在智能交通系统中扮演着数据中枢的角色。它负责收集和整合来自各个交通监测点的静态与动态数据。静态数据可能包括道路网络布局、交通标志和信号灯位置等，而动态数据则涉及实时的车流量、车速和事故报告等信息。该子系统的数据处理分析能力十分优越，具有预测交通流量和识别潜在拥堵点的功能。其借助如支持向量机、随机森林、神经网络以及卷积神经网络等一系列先进算法，针对所收集的数据展开深度剖析，提取出极具价值的信息内容。这些技术不但能够对历史数据加以处理与分析，而且还可与实时数据相结合，进而实现对短期交通趋势的精准预测。

四　网络通信传输子系统

数据管理子系统在智能交通系统中负责收集和整合来自各个交通监测点的静态与动态数据，包括交通信息、气象信息等。这些数据不仅涉及当前的交通状况，比如车流量和车速，还可能包括道路状况、事故报告以及来自道路信息板和监控摄像机的实时影像资料。该子系统可凭借高效的数据处理与分析能力，预测交通流量并识别潜在拥堵点。它运用支持向量机、随机森林、神经网络、卷积神经网络等先进算法，深入分析收集的数据以提取有价值信息。

这些技术在具备处理与分析历史数据能力的同时，还可结合实时数据实现对短期交通趋势的预测，从而为交通管理给予科学依据。此外，数据管理子系统还与交通控制子系统紧密协作。基于数据分析得出的洞察，交通控制子系统可以自动调整信号灯时序、发布交通指引信息，优化交通流，减少拥堵，并提高道路使用效率。通过这种方式，数据管理子系统为智能交通系统提供了强大的数据支持和决策辅助，确保交通管理的智能化和自动化，为实现畅通、安全、高效的交通环境提供了坚实的基础。

五　信息发布子系统

信息发布子系统在智能交通控制体系中负责将经过处理的数据结果发布在内部网上，供交通管理者查询和访问。这些数据不仅包括了交通信息，还涵盖了气象信息、道路状况等重要数据。此外，该子系统还承担着将关键的交通信息通过多种渠道对外发布，包括Internet、交通电视、广播以及大型显示屏幕等，以便出行者能够方便地查询到这些信息。

该子系统通过高效的信息整合和发布机制，确保了信息的实时更新和广泛传播。它利用先进的网络传输技术、终端显示技术、中心平台控制技术，构建出了一个稳定、高效、易用的多媒体系统。管理员可以通过服务端进行节目内容的采集、编排、发布和管理，通过网络下发到前端各显示终端进行实时播放。信息发布子系统后台操作简单，支持本地、远程和多点位的智能部署，能够实现随时随地信息发布一键到位。更重要的是，它支持远程自动升级与调试，节省了运维成本与管理，提升了设备的使用生命周期。此外，信息发布子系统还具备多种功能，如节目管理、终端管理、素材管理、数据管理、布局管理、设备巡检、系统管理等，这些功能在日常运维工作中减少了工作量，提高了工作效率。

总之，多 Agent 的城市交通控制系统通过这些子系统的紧密配合，共同实现了交通信息的有效管理和广泛传播。信息发布子系统确保了交通信息的实时传递和更新，为交通管理者和出行者提供了极大的便利。

第四节　系统总体结构设计

一　系统的总体结构

基于多 Agent 技术的城市交通信号控制系统的基本思路是分层递阶集散，其特征是自治性以及协作性，自治性体现在没有其他 Agent 直接干扰的前提下可以自行工作，协作性则体现在 Agent 之间能够经过信息交流，实现协作以及合作，其结构表现为组织层（顶层）、协调层（中间层）和执行层（底层），如图 7-2 所示。执行层选用的是定量的方式，组织层表现出定性的理论，协调层既包含定性的理论也包含定量的方式，从大体系调控控制的进展来讲，多 Agent 的分层递阶集散调控体系很好地联合了集中调控与分散调控的特点。

多 Agent 交通控制系统重点在于使用多个 Agent 的能力来实现烦琐的交通工作，其中单个 Agent 具备自治性。不过如果 Agent 的数量提升时，Agent 间的交流就变成了关键的问题。所以选择分层递阶集散的多 Agent 体系架构，使用控制小区 Agent 给路口 Agent 的交互提供帮助，这样路口 Agent 能够动态地连接到控制小区 Agent 上，提升了系统的灵活度。

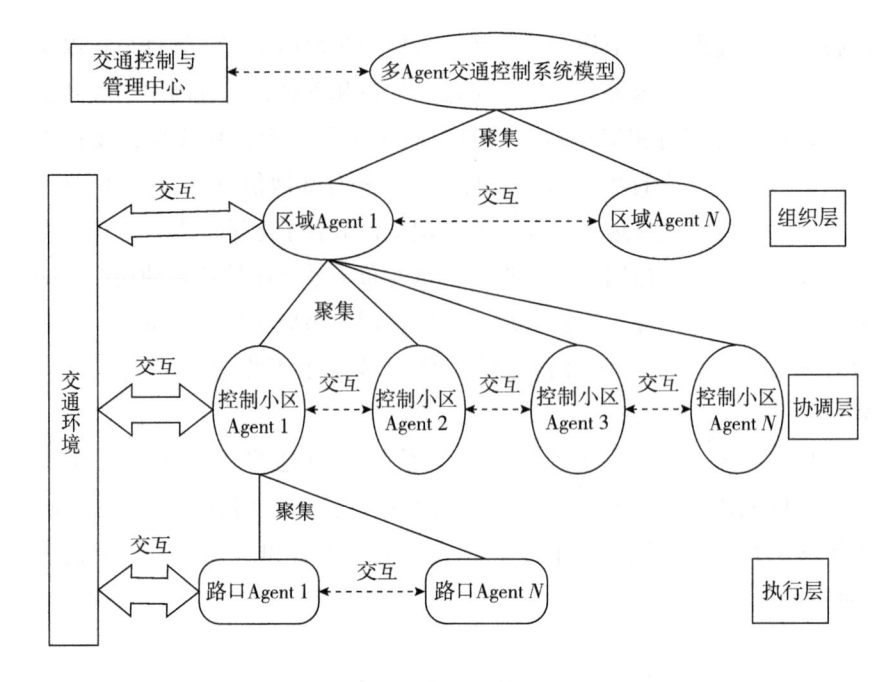

图 7-2 系统的层次结构

在这个系统中，全部 Agent 都处在共同的环境下，不过单个的 Agent 又按照它附近的局部环境，并行地、单独地做出适应性学习以及演变，Agent 和 Agent 之间、Agent 和交通环境之间处在一个相互作用、相互影响和相互演化的过程中。假设一些路口或区域出现拥堵，Agent 就会自行根据分层递阶集散的组织形式做出新的组合，经过每个 Agent 之间的相互协助来处理交通拥堵的情况，每个 Agent 按照实时交通流的变化，路口 Agent 自行地联合与划分，协助整个交通调控体系应对不同的交通流变化。

二 系统结构的层次关系

按照多 Agent 技术的城市交通信号控制系统的层次架构特点，在竖直空间根据 Agent 的作用来进行划分到不同的层次中，在横向空间利用对每个 Agent 的动态响应和动态组合实施划分到不同子区中，相互之间做出及时数据通信，协调两者间的调控方案，上一层 Agent 监控下一层 Agent 的运行，有必要时做出调整，从而实现整个交通控制系统的协调。

不同的层对应了系统中不同的 Agent，组织层对应了区域 Agent，协调层对应的是控制小区 Agent，而执行层则对应的是路口 Agent。具体地说：

（1）组织层。区域 Agent 可以按照所有传递过来的信息，做出推导、计划以及决定，拥有自组织能力，主要完成较大规模路网的优化控制任务，通过分析区域的大量交通数据对控制小区 Agent 的控制参数进行调节（如控制小区划分方案、控制小区协调策略选择等）。

（2）协调层。控制小区 Agent 掌握各自所辖交叉口的局部路况信息和信号配时，通过分析控制小区内各交叉口的交通状态，调整路口 Agent 的控制参数（如周期、相位差等），下传至执行级对交叉口实行优化控制，同时，协调层需要及时把各自的交通状态预测和控制效果传给区域 Agent，可以作为区域进行策略调整的参考依据。

（3）执行层。路口 Agent 根据视频检测到的交通流信息的分析处理结果和协调层的协作调控指令，选择合适的调控措施，优化和调节相应相交口的控制参数（如周期、绿信比等），并将各自交通状况和控制效果传给协调层，以备组织层参考。

第五节　数据管理与信息共享

一　总体数据组成

城市交通控制系统由两部分数据构成：运行数据和仓库数据。

运行数据是指为实现城市交通控制日常所需的相对动态信息，主要来自与交通调控密切相关的信号控制系统、交通信息采集系统以及信息发布系统，这部分数据主要通过与其他系统的数据更新同步而实现。

仓库数据是整个数据仓库环境的核心，是数据存放的地方和提供对数据检索的支持，主要从既有的城市交通控制系统抽取历史数据，包括基础资源数据，如路网基础数据、检测器配置信息和信号相位相序的初始配置信息等。

二　数据流分析

城市交通控制系统的数据流一般划分成两种：一是在每个子系统里面的操作，具备完全局部性特点，叫作局部数据，作用是对内部形式进行表述。二是和其他相关系统间传输以及可操作的数据,这样的数据具备相同的格式,是子系统间进行信息交互的基础,这些数据叫作全局数据,作用是进行统一形式表述。

多 Agent 交通控制系统需要弄清贯穿整个控制系统的数据流程,从底层采集来的信息,经过交通检测器初步处理,遵循数据交换规范,传输到控制小区 Agent、区域 Agent 以及多 Agent 控制系统管理中心,在此过程中,数据会在控制小区、区域以及控制中心存储数据库,进行相关的数据挖掘、交通分析、优化处理,得到控制策略的执行参数,再按照协议的格式下发到交通控制器控制交通流,具体的数据流分析如图 7-3 所示。

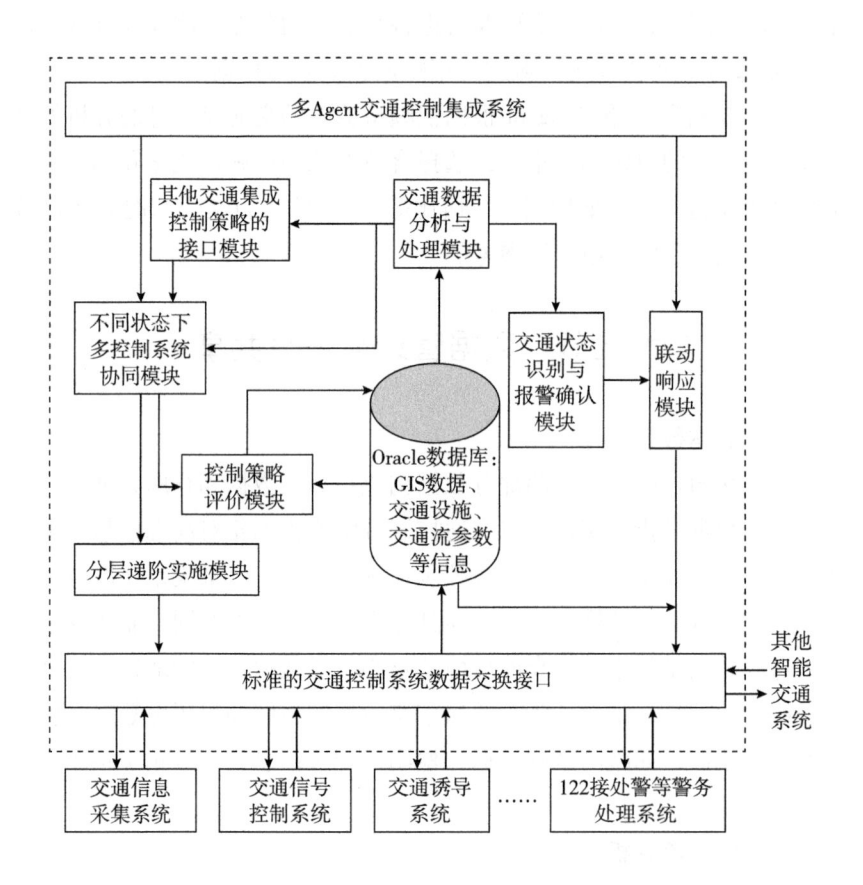

图 7-3 多 Agent 交通控制系统模块及数据流

（一）系统外部的数据流分析

系统外部主要和交通流诱导系统、122接处警等警务处理系统、办公自动化系统、GPS/GIS系统等其他系统进行数据传递与共享。其中图7-4定义了多Agent控制系统进程的数据流主要对外接口，而表7-1是对系统外部数据流的主要说明。

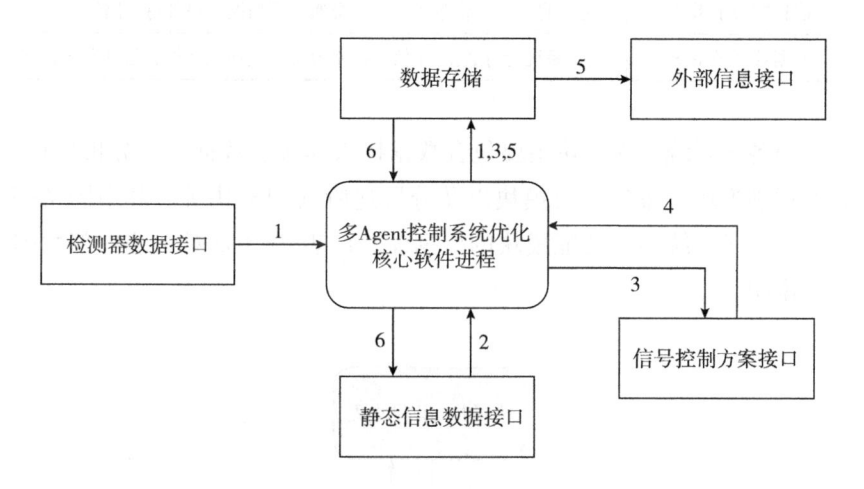

图7-4 系统外部数据流

表7-1　　　　　　　　　系统外部数据流说明

数据流编号	数据流内容
1	检测器数据流，包括流量、速度、占有率、车型、公交车信息等
2	静态配置信息，包括交叉口渠化信息、检测器配置信息、离线设置预案、信号相位相序的初始配置等
3	信号控制方案，优化计算后的控制方案，包括周期、绿信比以及相位差等
4	一段时间间隔对现行运行信号控制方案的调整
5	性能评价指标与诱导决策信息，包括交通服务水平、延误、排队长度以及饱和度等
6	历史数据以及优化后的调整数据

（二）系统内部的数据流分析

系统内部数据流主要是系统中的各子系统中的功能模块进行数据传递与共享，其子系统间的数据流向如表7-2所示。

表 7-2　　　　　　　　　子系统间的数据流分析

各个子系统	共享数据流	说明
交通控制 Agent 子系统	配时方案	周期、绿信比等
交通信息采集子系统	交通流参数	流量、速度、占有率等
网络通信传输子系统	交通信息、信号信息	交通数据、信号控制数据
信息发布子系统	交通信息、出行信息	交通运行情况、最佳行车路线
数据管理子系统	各子系统运行数据	信号控制数据、交通流数据、信息发布数据

而各子系统功能模块主要包含数据接入模块、数据动态分析模块、状态识别模块、策略执行模块以及分层递阶处理模块等。其中图 7-5 主要定义了系统内部功能模块的数据流，而表 7-3 是对系统内部数据流的说明。

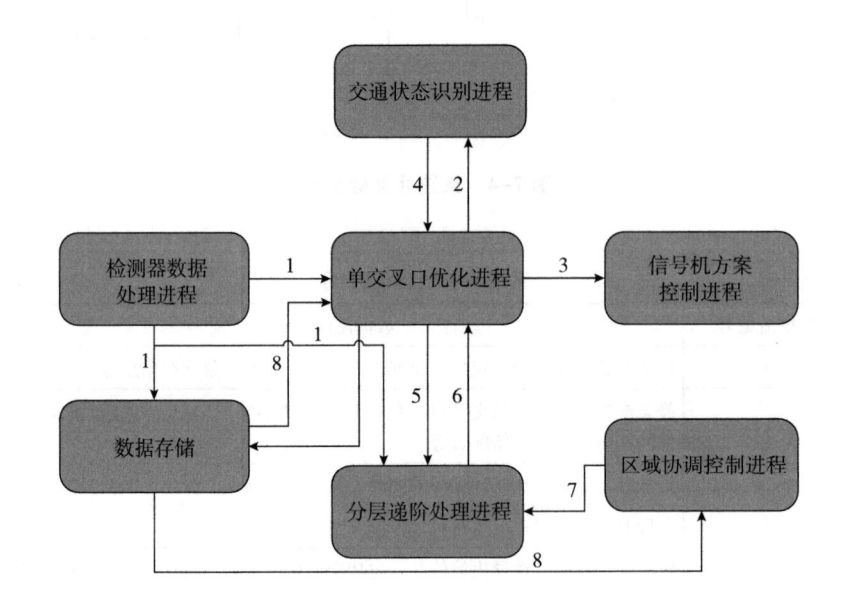

图 7-5　系统内部数据流

表 7-3　　　　　　　　　系统内部数据流说明

数据流编号	数据流内容
1	经过预处理的交通流数据

续表

数据流编号	数据流内容
2	各交叉口的流量、速度、占有率
3	交叉口信号控制方案
4	交通状态识别及跃迁转变方案
5	各交叉口控制方案
6	控制小区调整方案
7	区域联动控制方案
8	系统历史数据及其更新

第六节 系统数据库设计

一 交通信号控制系统数据字典的设计

数据字典是对所有与系统相关的数据元素进行精确的定义，其主要目的是为交通信号控制系统给出一套必备的数据元素的名称、数据类型、属性、有效值的范围等，使系统能够在数据层上实现"交互性""互换性"的要求。通过数据字典的规范化，这样系统中的概念就被界定、规范了，使得不同系统以及中心能够按照同一方式进行应用。

按照交通信号控制系统执行相应功能所需的数据主要分为三类进行描述：

（1）路口基本数据（路口标志数据、相交道路数据、进口道和出口道数据）。

（2）控制设备数据（信号灯数据和检测器数据）。

（3）实时交通数据（配时方案数据、交通参数数据，如流量、速度和占有率等）。数据表中对数据元素的名称、类别名称、代表的含义以及属性类型进行了定义，详细内容见附录 E。

每一个路口 Agent 建立的数据库表是根据路口基本数据建立的，路口 Agent 的名称则与其控制的路口编号相联系，所有路口 Agent 的信息数据库表的格式相同，详细内容见附录 F。

二 数据结构设计

对数据字典进行了定义和分类后,要对各数据之间的层次关系进行设计。系统数据结构设计要考虑两个方面:描述对象本身的层次结构关系和优化算法所需要的数据。利用 Visio 所提供的 UML 数据结构设计工具对数据结构进行初步设计,如图 7-6 所示。

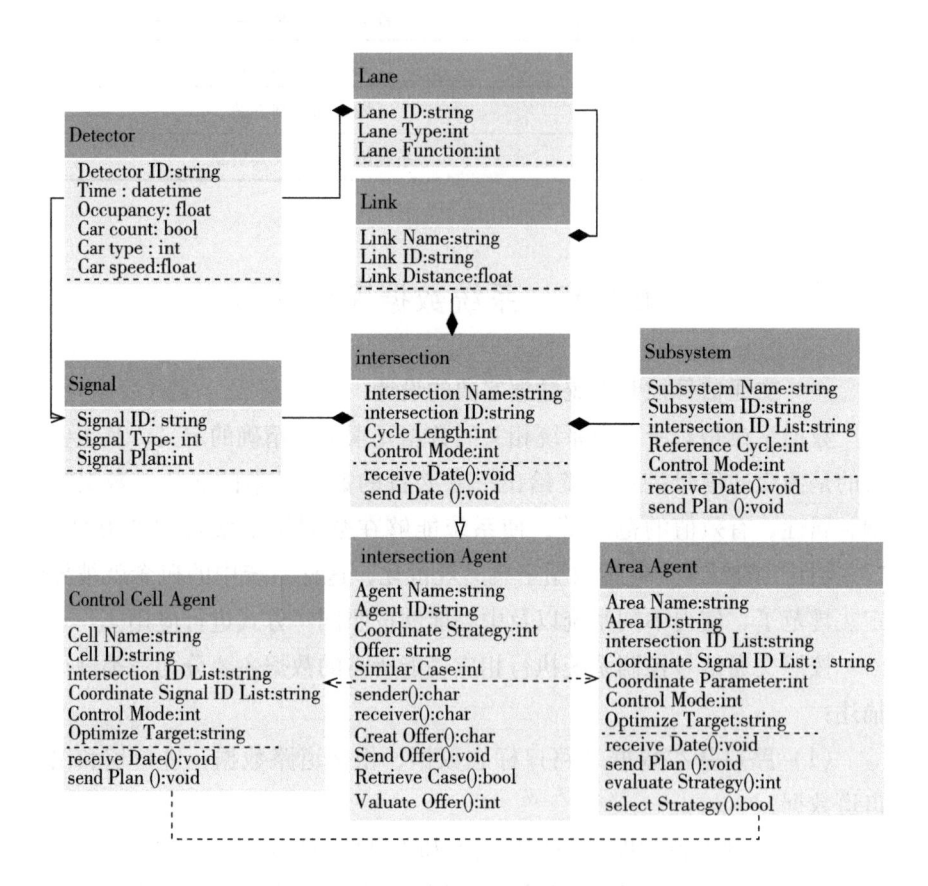

图 7-6 UML 数据结构设计

每个 Agent 对象的行为都代表了该 Agent 要执行的一个任务,实现了一个继承行为类的对象。在 Agent 行为设计过程中,主要根据 Agent 模型中协调的策略、规则以及协调过程对 Agent 之间的协调行为进行细化,增添了路口配时优化模块数据结构(SignalTimingOptimization)、交通状态识别与报警确认模块数据结构(StateRecognition)、交通区域动态划分模块数据结构（RegionalDynamicDivision）和联动控制响应模块数据结构（LinkageControl），具体如图 7-7 所示。

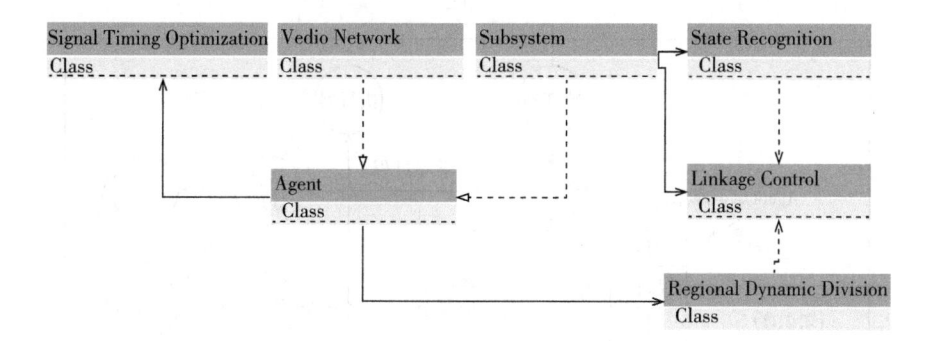

图 7-7　Agent 的类层次 UML

第七节　系统详细设计

一　路口 Agent 内部设计

路口 Agent 主要可以按照实时的交通环境信息利用动态的调控措施对路口交通流做出适当的调控，并且经过和邻近路口的信息沟通，做出调控措施的更新与选择，其路口 Agent 的内部结构设计如图 7-8 所示。

各模块的基本功能如下：

（1）协调控制器。协调控制器担负着全部路口 Agent 的协调工作，一旦感知器察觉交通环境的情况出现改变或者获取到其他路口 Agent 任务申请时，协调控制器按照信息的种类以及协调调控规则对信息做出处理和归类，而且将其分配到相关的功能模块中：假如察觉到的任务不困难或者非常紧迫，那么就会把信息传输到反应器；假如察觉到的任务较为烦琐或者时间不紧迫，就会把信息传输到规划器和决策器来进行推导和决策。

（2）反应器。反应器的功能是为了使 Agent 对紧急或简单的状况实施快速反应，运用动作行规则，将来源于协调控制器中的反应型信息直接映射为动作。

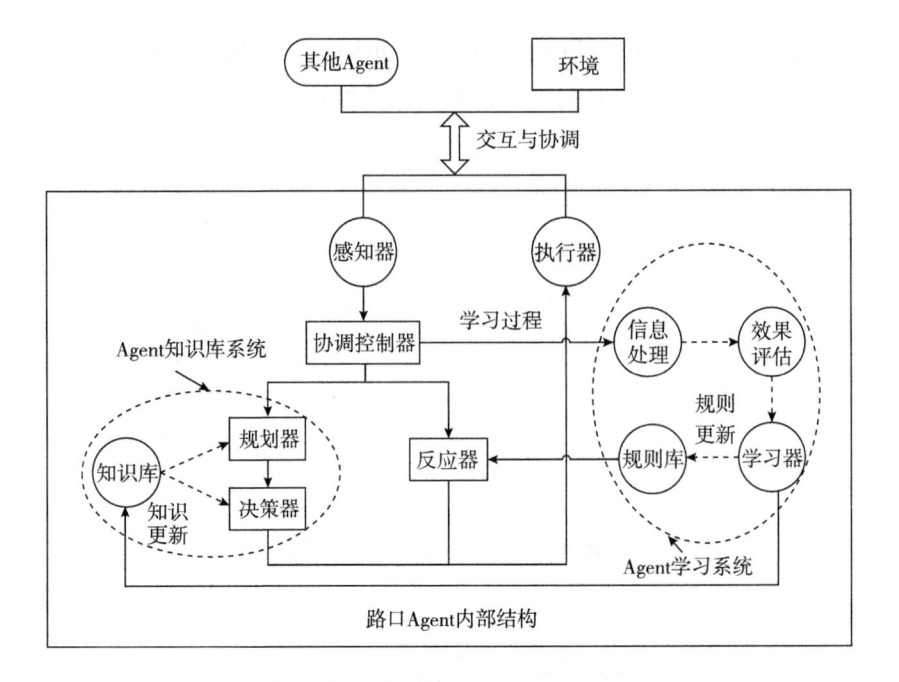

图 7-8　路口 Agent 内部结构设计

（3）感知器和执行器。感知器和执行器是路口 Agent 与外部的交通环境来进行交互沟通的唯一接口，它能够对一些信息实施处理和加工，还具备特定的通信功能。

（4）规划器。规划器的作用是创建非长期的行为规划，这属于局部规划。单个 Agent 根据自身的目的、状态、水平以及对其他 Agent 的认识状况，结合以往的经验来规划自己的活动。这并不是通过指定一个 Agent 来实施全局规划，并将指令传递给其他 Agent。

（5）决策器。决策器通过知识库的知识对路口的交通状况进行评价，决定当前的控制策略，并与其他 Agent 建立通信，进行交流协作。

（6）学习器。学习器是按照获取的数据和有关经验数据或者是学习获取的一些数据，更新、补充或者除去知识库里面的数据信息，为行为决策器提供决策依据。

二　控制小区 Agent 内部设计

控制小区 Agent 与路口 Agent 结构相似，小区 Agent 从区域最佳的视角编制区域中交通调控方案，控制小区 Agent 通过与路口 Agent 进行交互，对各路口的决策进行协调，从而对区域中的交通流做出调控以及疏导。控制小区 Agent 的内部结构规划设计如图 7-9 所示。

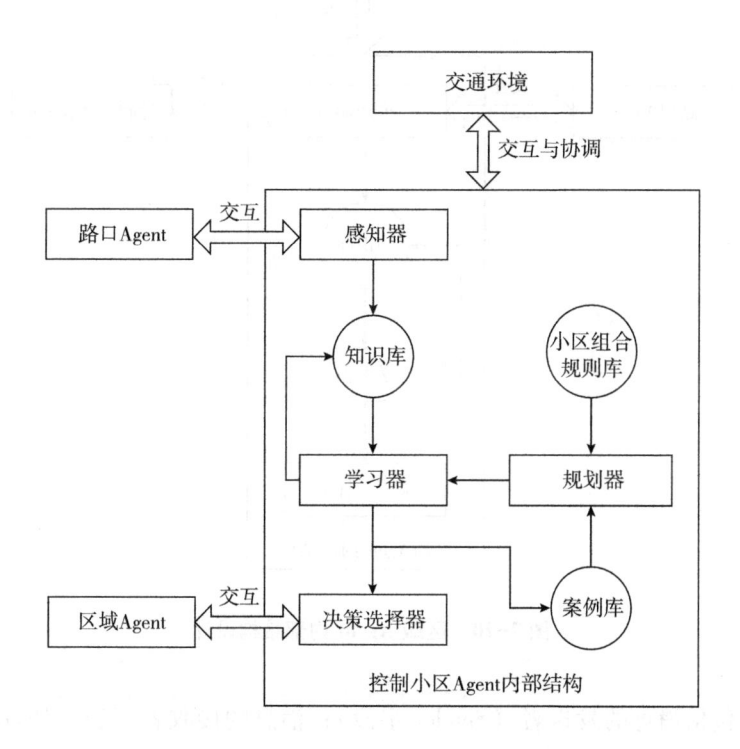

图 7-9 控制小区 Agent 内部结构设计

三 区域 Agent 内部设计

区域 Agent 不断与路口 Agent 和控制小区 Agent 进行信息交互，并从交通环境中提取交通信息，把需要的信息加进知识库，创建模型库，使用方法库对数据做出整体分析，得到最后的结果，干涉各类 Agent 的行为，使交通控制策略顺利产生，然后作用于交通环境，及时解决交通拥堵。其区域 Agent 的内部结构设计如图 7-10 所示。

四 Agent 的通信设计

Agent 间通信的消息格式是由 FIPA（Foundation for Intelligent Physical Agents）标准的 Agent 通信语言 ACL（Agent Communication Language）规定的，Agent 相互间的通信消息都是由消息通信语言类（ACL Message）来实现的。Agent 通信语言规定的消息格式是由多个字段组成的，

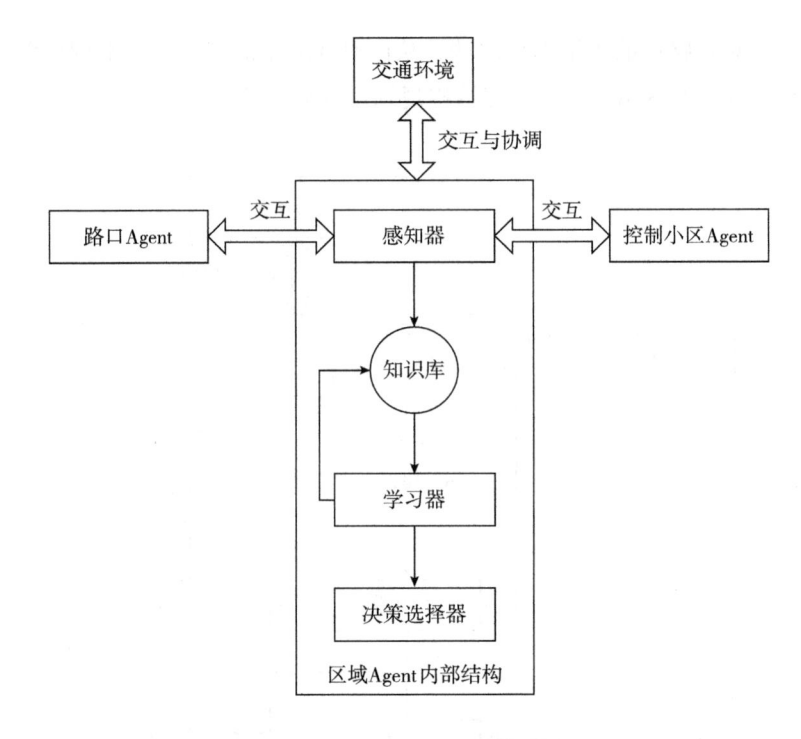

图 7-10 区域 Agent 内部结构设计

主要包括消息的发送者（Sender 字段）；消息的接收者列表（ReceiversList）；消息发送者的意图（Performative 字段），如果通信行为是 REQUEST，说明发出方是希望获取方完成一个动作；如果是 INFORM，表明发出方要将一个事实告知获取方；如果是 PROPOSE，表示发送方想进入协商；消息中的实际信息（Content 字段），内容包含了通过消息进行实际交换的信息；本体（Ontology 字段），说明在内容中运用的符号词汇表。发出方和获取方一定要对这样的符号给出一样的界定，从而保证通信可以有效地实施。

Agent 间信息的发送、接收和回复，具体代码描述详见附录 G。

第八节　交通控制原型系统应用

基于复杂交通控制系统中多 Agent 理论和方法体系，根据系统总体设计以及数据库设计，构建了一个简单的城市道路网络交通控制系统，并利用已经采集的某城市的一组历史数据进行模拟仿真，如图 7-11 所示。

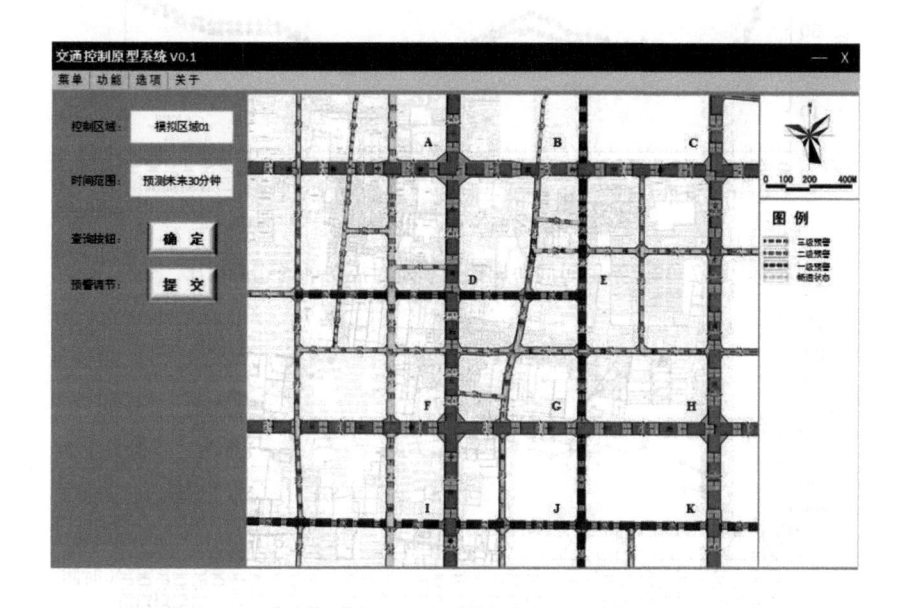

图 7-11　仿真结果

该系统能够实现实时查询区域内各路口、路段的交通状况，并能做出预警提示；根据交通网络需求，实时调节网络内交通流，达到均衡分布状态，从而缓解网络局部拥堵。

针对 ADF 严重拥堵路段，通过 Agent 间交互，重新对相应路口各参数进行设置，从图 7-12 中可以发现，协调控制下车辆平均速度在平峰时段比定时控制增加 7.8%，在高峰时段则比定时控制增加不到 5%。这说明协调控制无论在平峰时段还是高峰时段都可以较明显地提高车辆速度。

在路口 A 协调相关参数重新配置后，路口的总通行能力变化情况如图 7-13 所示。从图中可以发现，平峰时段协调控制效果相近，高峰时段协调控制效果较好。这表明在平峰时段车流量较小的情况下，基本不需要协调请求就可独自完成各自交通任务；而在高峰时段，协调控制能更好地增加总通行能力并减少车辆平均延误。

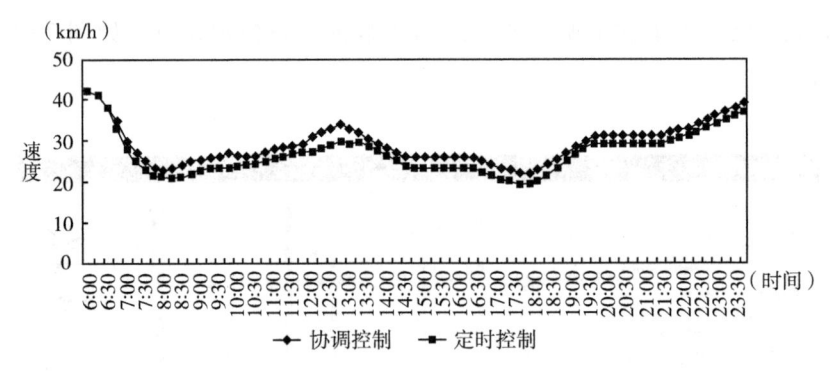

图 7-12　不同时间协调控制和定时控制平均速度对比

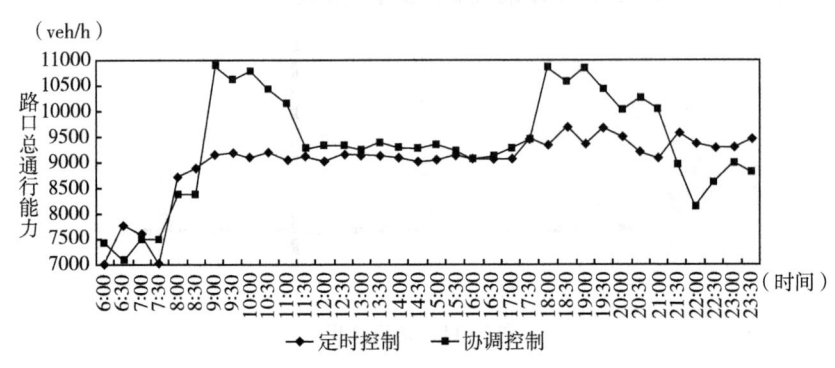

图 7-13　不同时间路口定时控制和协调控制总通行能力对比

本章小结

本章首先指出了系统的设计特点和目标。基于系统功能需求分析，确定了其分层递阶集散的控制结构。在原有系统的基础上进行了更新和改进。采用集成的思想，设计了一个基于多 Agent 的城市交通协调联动控制体系。其次，对系统实现所需的交通信息传递和数据共享分别进行了说明。

在系统内部，可以通过 Agent 不同功能之间的互联方式、信息传递和数据共享，使各 Agent 协调联动，无缝集成，而 Agent 所具备的这样协作联合调控作用，能够自行创建和其他的 Agent 协作关系，公布对应的协调申请信息，创建对应的合作联系，智能优化资源分配，一起实现预期的交通任务的目的。

第八章
结论及展望

第一节 结论

本书构建了基于视频联网的多 Agent 交通联动控制系统，对系统中的交通视频中参数的提取、交通状态的快速识别与跃迁转变、交通区域的动态划分和多 Agent 的联动控制协调四个关键技术进行研究，分别提出了交通视频中交通参数提取的过程与模型、基于模糊理论的交通状态快速识别与跃迁转变模型、基于节点收缩法的控制小区的动态调整与优化模型及基于遗传算法的单路口信号优化控制模型和多 Agent 的联动控制协调模型。

本书的主要研究内容如下。

一 交通视频中参数的提取过程

从概述的角度，对车辆检测算法的划分进行了描述，分析了不同检测算法中的优缺点。从车辆检测和车辆跟踪两个步骤对交通视频中的交通参数进行分析与提取。根据交通的实时性需求，构建了基于虚拟线圈的交通参数提取模型，描述了车辆检测和车辆跟踪的实现过程，分析了参数提取的重点要素，指出了车辆检测和跟踪是交通参数提取的重点。

二 交通状态快速识别与跃迁转变研究

根据交通状态识别对交通参数变化规律的需求，提出基于模糊认知图的交通状态快速识别与跃迁转变模型，构建了交通参数关联关系图，指出了跃迁转变的内部和外部影响，分析了跃迁转变的过程。并对交通参数关联关系、跃迁转变的内部影响和外部影响以及交通拥堵的演变过程等进行描述。

应用模糊认知分类器对交通状态快速识别，并分析交通参数之间的相互影响。对于内部影响，根据前向节点的状态值，应用马尔可夫理论，推出交通状态的转变概率矩阵来代替关系权值的变化调整，其概率值可以在几个周期内进行适当调整更新。对于外部影响，根据相邻交叉口之间的关联性，采用 Whitson 改进模型，计算节点间的直接关联影响程度。为了进一步说明交通状态的演变过程，本书构建了交通状态检测的控制流程图。这不仅实现了交通状态的快速识别，而且使我们熟悉了交通堵塞的形成与消散过程。通过实现交通堵塞的形势跟踪及动态预警，为交通控制策略的实施奠定了基础。

三 控制小区动态调整研究

根据系统动力学的拥堵传播模型对交通拥堵的产生及传播规律进行分析，提出基于节点收缩法的控制小区动态调整与优化模型。

控制拥堵传播最为有效的途径是找出拥堵节点，确定传播范围，了解传播路径，将该区域进行隔离划分，并在该区域内加强所有节点的控制调节能力及其协调能力。首先，应用节点收缩法确定关键节点，得到一个关键节点重要度的排序。其次，根据交通拥堵扩散规律，以关键节点为控制小区中心，以最短路径阻抗（4min）作为约束条件，确定控制小区的范围。最后，根据交通关联度和相似度对节点和关联路径进行划分，而交通网络上交通流状态的变化的三种形式（基本保持不变、拥堵的扩散和拥堵的消退），要与控制交通小区变化的三种形式（保持不变、扩张和收缩）相对应，这样可以主要针对交通流状态变化的两种形式，控制小区的动态调整分别应用扩张规则和收缩规则，来分别满足由于拥堵的扩散和消退引起的交通需求变化，从而实现控制小区内节点的合并与分离以及控制小区间的自行组合与拆分。

四 多 Agent 协调联动控制研究

在多 Agent 协调联动控制中，本书不仅要考虑自身的运行效果，还要考虑自身排放的车流对下游交叉口的影响。因此，本书提出了一个基于多 Agent 的协调联动控制模型。

首先，每个路口看作一个 Agent，以延误最小和通行能力最大为目标优化每一个交叉口的信号配时。其次，交叉口根据交通任务的简易度和紧急度，建立基于模糊理论的 Agent 协调控制选择模型，确定协调控制的可信度以及判断是否选择协调控制。最后，根据区域划分结果和关联路径建立控制区域多 Agent 的协调联动控制模型，计算协调系数，调节交通流，并根据直接信任协调和间接信任协调确定协调团队，构建虚拟控制小区，该模型支持对不同交通任务类型、不同交通环境背景下的多 Agent 协作联合调控。

五　系统架构设计研究

按照对之前系统的更新和改进，并以集成的思想，设计了一个基于多 Agent 的城市交通协调联动控制系统。

利用分层递阶集散的控制结构，在系统的内部，包含有若干不同职能的 Agent，其中顶层 Agent 担负整体规划，中间层担负多路口的调控规划，最下层 Agent 担负个体规划。换言之，通过详尽阐述各个 Agent 之间不同功能的互联机制、信息传递路径及数据共享模式，能够确保各 Agent 之间的协同运作与无缝集成。Agent 所具备的协作联合调控能力，赋予其自主构建与其他 Agent 间协作关系的能力，发布相应的协调需求信息，并确立合作关系。基于此，Agent 能够智能化地优化资源配置，协同实现既定的交通任务目标。

第二节　创新点

本书主要的创新点如下：

（1）根据交通的实时性需求，描述了车辆检测和车辆跟踪的实现过程，构建了基于双虚拟线圈的交通参数提取模型。

（2）根据交通状态识别对交通参数变化规律的需求，构建了交通参数关联关系图，指出了跃迁转变的内部和外部影响，分析了跃迁改变的过程，建立了以模糊认知图为基础的交通状态快速识别和跃迁改变模型，而且利用交通状态识别进一步说明了交通拥堵的演变过程。

（3）针对交通拥堵的产生及传播规律进行分析，提出了基于系统动力学的拥堵传播模型。在控制拥堵传播最有效的途径就是对区域进行动态划分，找出拥堵节点，确定传播范围，了解传播路径，提出基于节点收缩法的控制小区动态调整与优化模型。

（4）首先，将每个路口看作一个 Agent，以延误最小和通行能力最大为优化目标，建立基于遗传算法的单路口信号优化控制模型。其次，交叉口根据交通任务的简易度和紧急度，建立了基于模糊理论的 Agent 协调控制选择模型。最后，建立了控制区域多 Agent 的协调联动控制模型，这不仅要考虑自身的运行效果，还要考虑自身排放车流对下游交叉口的影响。

第三节　展望

本书对视频联网和多 Agent 联动控制的关键技术进行了研究，不过整体的研究工作仍处在初始的阶段，理论与技术上均还存在众多不足之处，在下一步的研究工作还可以从以下几个方面深入：

（1）本书采集的交通流信息，图像背景比较单一，简化了图像处理运算，在实际的情况下，交叉口运行条件复杂，且背景的获取将会影响车辆检测的准确性，因而，可靠背景图像的获取和实时更新对交通参数的提取更贴近实际。

（2）交通流受多种因素影响。由于本书在时间和地点上的限制，所收集的数据在全面性方面尚需完善。因此，本书仅选取了三个交通参数进行分析。未来的研究可以聚焦于增加交通参数、深化对主要参数的分析，以及扩展到其他影响因素的研究。

（3）本书在控制小区的动态调整与优化过程中，应当结合具体的交通信号协调控制策略，以进一步验证其效果。鉴于问题的复杂性，直接验证交通小区划分后的效果存在难度，因此，后续研究需要结合仿真平台来进行验证。

（4）针对基于多 Agent 协调联动控制模型的协调优化参数相对于交通流参数变化、交通状态的变化以及控制小区的变化敏感性研究，进一步深化研究联动控制模型，并对其控制效果与其他已有的区域协调控制系统进行对比。

附　录

附录 A　交通参数提取结果

时间	速度（km/h）	流量（pcu/5mins）	占有率×100（%）
07：00	42	32	8
07：05	42	33	6
07：10	41	33	11
07：15	42	34	10
07：20	41	38	12
07：25	42	37	10
07：30	40	39	13
07：35	39	40	15
07：40	41	42	17
07：45	40	47	15
07：50	38	50	18
07：55	36	52	16
08：00	37	54	18
08：05	37	58	19
08：10	35	54	17
08：15	34	63	18
08：20	32	62	22
08：25	30	65	25

续表

时间	速度（km/h）	流量（pcu/5mins）	占有率×100（%）
08：30	32	48	17
08：35	31	45	15
08：40	33	42	12
08：45	35	43	10
08：50	34	44	13
08：55	36	48	11
09：00	38	28	8
09：05	39	45	15
09：10	37	42	13
09：15	40	41	10
09：20	41	39	12
09：25	42	37	11
09：30	43	35	12
09：35	39	36	10
09：40	40	36	11
09：45	42	42	13
09：50	44	44	18
09：55	43	55	12
10：00	45	46	14
10：05	41	42	15
10：10	41	45	12
10：15	42	47	11
10：20	41	46	13
10：25	44	42	11
10：30	41	40	12
10：35	43	42	10
10：40	43	45	11
10：45	45	43	12
10：50	47	45	9
10：55	48	35	12
11：00	50	40	11

续表

时间	速度（km/h）	流量（pcu/5mins）	占有率×100（%）
11：05	48	42	10
11：10	49	46	13
11：15	45	42	12
11：20	44	47	11
11：25	46	43	12
11：30	48	42	14
11：35	45	45	11
11：40	43	47	12
11：45	43	43	11
11：50	44	42	13
11：55	42	47	12
12：00	45	41	11
12：05	46	52	10
12：10	44	32	9
12：15	47	42	10
12：20	50	38	8
12：25	52	32	7
12：30	54	30	6
12：35	58	35	8
12：40	57	38	7
12：45	53	22	6
12：50	59	32	5
12：55	58	37	7
13：00	56	30	9
13：05	53	34	8
13：10	58	31	7
13：15	56	35	8
13：20	53	32	8
13：25	51	36	9
13：30	52	32	7
13：35	54	37	6

续表

时间	速度（km/h）	流量（pcu/5mins）	占有率×100（%）
13：40	50	42	10
13：45	52	41	9
13：50	54	32	11
13：55	52	42	10
14：00	50	45	9
14：05	47	48	11
14：10	46	45	12
14：15	48	42	15
14：20	45	40	14
14：25	49	45	13
14：30	42	52	11
14：35	47	58	10
14：40	45	50	15
14：45	48	48	13
14：50	46	48	18
14：55	45	45	18
15：00	45	42	17
15：05	47	48	17
15：10	43	51	15
15：15	40	53	12
15：20	39	49	14
15：25	36	45	18
15：30	38	42	14
15：35	37	47	19
15：40	35	65	20
15：45	36	60	22
15：50	38	52	19
15：55	42	58	24
16：00	41	49	15
16：05	37	44	16
16：10	35	43	17

续表

时间	速度（km/h）	流量（pcu/5mins）	占有率×100（%）
16：15	38	42	14
16：20	38	41	11
16：25	36	36	15
16：30	33	52	17
16：35	38	47	18
16：40	40	46	16
16：45	41	44	11
16：50	39	41	13
16：55	40	43	12
17：00	41	40	12
17：05	38	48	15
17：10	36	51	17
17：15	37	53	16
17：20	35	50	22
17：25	32	50	19
17：30	30	48	24
17：35	31	49	18
17：40	33	51	21
17：45	32	35	24
17：50	31	31	18
17：55	34	36	14
18：00	36	33	12
18：05	38	36	13
18：10	38	33	13
18：15	39	38	12
18：20	37	36	14
18：25	40	43	15
18：30	41	35	10
18：35	47	32	9
18：40	45	34	8
18：45	47	33	7

续表

时间	速度（km/h）	流量（pcu/5mins）	占有率×100（%）
18：50	48	32	8
18：55	50	40	6

附录B 交通状态识别信息

时间	速度（km/h）	流量（pcu/5mins）	占有率×100（%）	U畅通	U轻度拥挤	U拥挤	U严重拥挤	结论
07：00	42	32	8	0.459	0.1622	0.3245	0.0544	畅通
07：05	42	33	6	0.4243	0.1754	0.3431	0.0572	畅通
07：10	41	33	11	0.6318	0.1396	0.1825	0.0462	畅通
07：15	42	34	10	0.5827	0.1548	0.2178	0.0447	畅通
07：20	41	38	12	0.8459	0.0919	0.0427	0.0195	畅通
07：25	42	37	10	0.1326	0.1696	0.6611	0.0367	拥挤
07：30	40	39	13	0.0146	0.0444	0.9309	0.01	拥挤
07：35	39	40	15	0.0249	0.0967	0.8502	0.0282	拥挤
07：40	41	42	17	0.0629	0.3902	0.4547	0.0922	拥挤
07：45	40	47	15	0.0403	0.6204	0.18	0.1592	轻度拥挤
07：50	38	50	18	0.031	0.208	0.1063	0.6547	严重拥挤
07：55	36	52	16	0.02	0.1128	0.0644	0.8028	严重拥挤
08：00	37	54	18	0.0079	0.0394	0.021	0.9318	严重拥挤
08：05	37	58	19	0.02	0.0776	0.0433	0.8591	严重拥挤
08：10	35	54	17	0.007	0.0322	0.0198	0.941	严重拥挤
08：15	34	63	18	0.0486	0.145	0.0944	0.712	严重拥挤
08：20	32	62	22	0.0441	0.1233	0.0892	0.7435	严重拥挤
08：25	30	65	25	0.067	0.1623	0.1256	0.6451	严重拥挤
08：30	32	48	17	0.0426	0.1704	0.194	0.5931	严重拥挤
08：35	31	45	15	0.0628	0.2165	0.3795	0.3412	拥挤
08：40	33	42	12	0.0588	0.1875	0.6217	0.132	拥挤
08：45	35	43	10	0.0626	0.2375	0.5849	0.115	拥挤

续表

时间	速度 (km/h)	流量 (pcu/5mins)	占有率× 100（%）	U 畅通	U 轻度 拥挤	U 拥挤	U 严重 拥挤	结论
08：50	34	44	13	0.057	0.2422	0.5147	0.186	拥挤
08：55	36	48	11	0.0617	0.3859	0.2826	0.2698	轻度拥挤
09：00	38	28	8	0.2653	0.1685	0.4868	0.0794	拥挤
09：05	39	45	15	0.0465	0.4881	0.3266	0.1388	轻度拥挤
09：10	37	42	13	0.0345	0.165	0.7415	0.059	拥挤
09：15	40	41	10	0.0583	0.2389	0.661	0.0418	拥挤
09：20	41	39	12	0.0404	0.115	0.8232	0.0214	拥挤
09：25	42	37	11	0.1085	0.1523	0.7064	0.0327	拥挤
09：30	43	35	12	0.1968	0.1669	0.5939	0.0424	拥挤
09：35	39	36	10	0.0643	0.089	0.819	0.0278	拥挤
09：40	40	36	11	0.0611	0.0838	0.8312	0.0239	拥挤
09：45	42	42	13	0.0536	0.5132	0.389	0.0442	轻度拥挤
09：50	44	44	18	0.0722	0.6104	0.2123	0.1052	轻度拥挤
09：55	43	55	12	0.074	0.466	0.1325	0.3275	轻度拥挤
10：00	45	46	14	0.0096	0.9579	0.0211	0.0114	轻度拥挤
10：05	41	42	15	0.0509	0.3978	0.4901	0.0612	拥挤
10：10	41	45	12	0.0329	0.7507	0.1661	0.0502	轻度拥挤
10：15	42	47	11	0.0272	0.8445	0.0832	0.0452	轻度拥挤
10：20	41	46	13	0.0274	0.7924	0.123	0.0572	轻度拥挤
10：25	44	42	11	0.0844	0.6354	0.2405	0.0397	轻度拥挤
10：30	41	40	12	0.0443	0.1721	0.7561	0.0275	拥挤
10：35	43	42	10	0.0888	0.5535	0.3122	0.0455	轻度拥挤
10：40	43	45	11	0.022	0.8888	0.0676	0.0217	轻度拥挤
10：45	45	43	12	0.0532	0.8012	0.1173	0.0283	轻度拥挤
10：50	47	45	9	0.1131	0.7145	0.123	0.0494	轻度拥挤
10：55	48	35	12	0.6065	0.1572	0.2	0.0363	畅通
11：00	50	40	11	0.4779	0.3155	0.1602	0.0464	畅通
11：05	48	42	10	0.2419	0.533	0.175	0.0501	轻度拥挤
11：10	49	46	13	0.0998	0.7405	0.1016	0.058	轻度拥挤
11：15	45	42	12	0.0869	0.6814	0.1938	0.0379	轻度拥挤

续表

时间	速度（km/h）	流量（pcu/5mins）	占有率×100（％）	U畅通	U轻度拥挤	U拥挤	U严重拥挤	结论
11：20	44	47	11	0.0166	0.927	0.0364	0.02	轻度拥挤
11：25	46	43	12	0.0725	0.7758	0.1192	0.0325	轻度拥挤
11：30	48	42	14	0.1655	0.602	0.1767	0.0558	轻度拥挤
11：35	45	45	11	0.0235	0.9139	0.0459	0.0167	轻度拥挤
11：40	43	47	12	0.0111	0.9409	0.0305	0.0176	轻度拥挤
11：45	43	43	11	0.0532	0.7131	0.1977	0.0361	轻度拥挤
11：50	44	42	13	0.0664	0.6674	0.2274	0.0388	轻度拥挤
11：55	42	47	12	0.0199	0.8785	0.0643	0.0374	轻度拥挤
12：00	45	41	11	0.1394	0.5403	0.2757	0.0446	轻度拥挤
12：05	46	52	10	0.0864	0.6448	0.1234	0.1454	轻度拥挤
12：10	44	32	9	0.4322	0.1546	0.3651	0.048	畅通
12：15	47	42	10	0.1924	0.5753	0.1849	0.0474	轻度拥挤
12：20	50	38	8	0.7596	0.1237	0.0924	0.0242	畅通
12：25	52	32	7	0.9521	0.0198	0.0218	0.0062	畅通
12：30	54	30	6	0.8668	0.0545	0.0594	0.0194	畅通
12：35	58	35	8	0.8241	0.0831	0.0656	0.0272	畅通
12：40	57	38	7	0.7775	0.1128	0.0768	0.0329	畅通
12：45	53	22	6	0.6201	0.1373	0.1798	0.0628	畅通
12：50	59	32	5	0.7785	0.0976	0.0873	0.0366	畅通
12：55	58	37	7	0.782	0.1073	0.0771	0.0336	畅通
13：00	56	30	9	0.8386	0.0676	0.0693	0.0245	畅通
13：05	53	34	8	0.9946	0.0024	0.0023	0.0007	畅通
13：10	58	31	7	0.8135	0.0807	0.0759	0.0299	畅通
13：15	56	35	8	0.9012	0.0467	0.0379	0.0142	畅通
13：20	53	32	8	0.9578	0.0178	0.0188	0.0056	畅通
13：25	51	36	9	0.9289	0.0337	0.0296	0.0078	畅通
13：30	52	32	7	0.9521	0.0198	0.0218	0.0062	畅通
13：35	54	37	6	0.8813	0.0587	0.0442	0.0157	畅通
13：40	50	42	10	0.3545	0.434	0.1574	0.0542	畅通
13：45	52	41	9	0.5611	0.2652	0.1269	0.0468	畅通

续表

时间	速度(km/h)	流量(pcu/5mins)	占有率×100（%）	U 畅通	U 轻度拥挤	U 拥挤	U 严重拥挤	结论
13：50	54	32	11	0.881	0.051	0.0516	0.0164	畅通
13：55	52	42	10	0.454	0.3482	0.1414	0.0565	畅通
14：00	50	45	9	0.2261	0.5646	0.1424	0.067	轻度拥挤
14：05	47	48	11	0.0561	0.8184	0.0746	0.0509	轻度拥挤
14：10	46	45	12	0.0254	0.9152	0.0423	0.0171	轻度拥挤
14：15	48	42	15	0.1616	0.5894	0.1865	0.0625	轻度拥挤
14：20	45	40	14	0.1387	0.4567	0.3521	0.0525	轻度拥挤
14：25	49	45	13	0.115	0.7186	0.1112	0.0551	轻度拥挤
14：30	42	52	11	0.0617	0.5913	0.1317	0.2152	轻度拥挤
14：35	47	58	10	0.1198	0.4413	0.1531	0.2858	轻度拥挤
14：40	45	50	15	0.0475	0.7382	0.0909	0.1234	轻度拥挤
14：45	48	48	13	0.0652	0.7908	0.082	0.0619	轻度拥挤
14：50	46	48	18	0.0702	0.6534	0.1304	0.146	轻度拥挤
14：55	45	45	18	0.071	0.6566	0.1672	0.1052	轻度拥挤
15：00	45	42	17	0.0989	0.5652	0.2584	0.0776	轻度拥挤
15：05	47	48	17	0.0714	0.6978	0.1157	0.1151	轻度拥挤
15：10	43	51	15	0.0485	0.6231	0.1092	0.2192	轻度拥挤
15：15	40	53	12	0.0574	0.4363	0.1375	0.3688	轻度拥挤
15：20	39	49	14	0.0447	0.5086	0.1685	0.2782	轻度拥挤
15：25	36	45	18	0.0546	0.2764	0.3477	0.3213	拥挤
15：30	38	42	14	0.0345	0.1889	0.7189	0.0577	拥挤
15：35	37	47	19	0.0471	0.2659	0.2145	0.4725	严重拥挤
15：40	35	65	20	0.0597	0.1654	0.1077	0.6672	严重拥挤
15：45	36	60	22	0.0323	0.1035	0.0654	0.7988	严重拥挤
15：50	38	52	19	0.0169	0.0948	0.0486	0.8397	严重拥挤
15：55	42	58	24	0.06	0.2003	0.1066	0.633	严重拥挤
16：00	41	49	15	0.0398	0.6362	0.1266	0.1974	轻度拥挤
16：05	37	44	16	0.051	0.3062	0.4655	0.1772	拥挤
16：10	35	43	17	0.0555	0.2293	0.511	0.2043	拥挤
16：15	38	42	14	0.0345	0.1889	0.7189	0.0577	拥挤

续表

时间	速度（km/h）	流量（pcu/5mins）	占有率×100（%）	U 畅通	U 轻度拥挤	U 拥挤	U 严重拥挤	结论
16：20	38	41	11	0.0323	0.1281	0.8056	0.034	拥挤
16：25	36	36	15	0.0421	0.0785	0.8401	0.0392	拥挤
16：30	33	52	17	0.0148	0.0633	0.0494	0.8725	严重拥挤
16：35	38	47	18	0.0485	0.339	0.225	0.3875	严重拥挤
16：40	40	46	16	0.0449	0.569	0.2255	0.1605	轻度拥挤
16：45	41	44	11	0.0464	0.6445	0.2566	0.0526	轻度拥挤
16：50	39	41	13	0.0242	0.118	0.8309	0.0269	拥挤
16：55	40	43	12	0.0468	0.4333	0.4625	0.0575	拥挤
17：00	41	40	12	0.0443	0.1721	0.7561	0.0275	拥挤
17：05	38	48	15	0.0456	0.4256	0.2083	0.3205	轻度拥挤
17：10	36	51	17	0.0193	0.1093	0.0667	0.8047	严重拥挤
17：15	37	53	16	0.0203	0.1175	0.0586	0.8036	严重拥挤
17：20	35	50	22	0.0236	0.0942	0.0765	0.8056	严重拥挤
17：25	32	50	19	0.0243	0.093	0.0892	0.7935	严重拥挤
17：30	30	48	24	0.053	0.1506	0.1746	0.6217	严重拥挤
17：35	31	49	18	0.0366	0.1342	0.1464	0.6828	严重拥挤
17：40	33	51	21	0.0156	0.0587	0.0506	0.875	严重拥挤
17：45	32	35	24	0.1217	0.2065	0.4614	0.2103	拥挤
17：50	31	31	18	0.1328	0.1767	0.5524	0.1381	拥挤
17：55	34	36	14	0.0548	0.1007	0.786	0.0585	拥挤
18：00	36	33	12	0.0931	0.1124	0.7411	0.0534	拥挤
18：05	38	36	13	0.0235	0.04	0.9218	0.0147	拥挤
18：10	38	33	13	0.0958	0.1077	0.7512	0.0453	拥挤
18：15	39	38	12	0.0063	0.0144	0.9754	0.004	拥挤
18：20	37	36	14	0.0292	0.0527	0.8955	0.0226	拥挤
18：25	40	43	15	0.0468	0.4199	0.454	0.0794	拥挤
18：30	41	35	10	0.1399	0.1348	0.687	0.0382	拥挤
18：35	47	32	9	0.6854	0.1069	0.1762	0.0315	畅通
18：40	45	34	8	0.4977	0.1592	0.3011	0.042	畅通
18：45	47	33	7	0.712	0.1035	0.1552	0.0293	畅通

续表

时间	速度 (km/h)	流量 (pcu/5mins)	占有率× 100（%）	U畅通	U轻度 拥挤	U拥挤	U严重 拥挤	结论
18:50	48	32	8	0.7836	0.0784	0.1147	0.0232	畅通
18:55	50	40	6	0.5981	0.2221	0.1372	0.0425	畅通

附录C 交通网络区域交通信息数据

交叉口名称	进口方向	各流向流量（pcu/h）			求和	总流量	饱和度	路段阻抗 (min)
		左转	直行	右转				
N	东	168	392	157	717	2359	0.48	BN=1
	西	130	378	162	670			
	南	125	211	145	481			
	北	152	171	168	491			
A	东	114	582	148	844	2615	0.56	AB=1.5
	西	130	394	153	677			
	南	128	220	147	495			
	北	185	249	165	599			
B	东	219	572	88	879	2919	0.59	BC=2.5
	西	36	500	170	706			
	南	190	357	286	833			
	北	82	351	68	501			
C	东	681	367	0	1048	2970	0.71	CD=2.5
	西	0	442	412	854			
	南	512	0	556	1068			
D	东	364	491	0	855	2850	0.66	DE=1.5
	西	0	200	798	998			
	南	557	0	320	877			
	西南	0	70	50	120			
E	东	150	340	130	620	2405	0.41	GC=2.5
	西	70	360	160	590			

续表

交叉口名称	进口方向	各流向流量（pcu/h）			求和	总流量	饱和度	路段阻抗（min）
		左转	直行	右转				
E	南	280	180	150	610	2405	0.41	GD＝1
	北	200	150	235	585			
F	东	485	0	690	1175	2415	0.78	FB＝1.5
	北	550	190	0	740			
	南	0	280	220	500			
G	西	700	70	0	770	2501	0.73	FG＝2
	北	0	328	765	1093			
	西南	220	50	368	638			
H	东	0	428	383	811	2732	0.54	FJ＝1
	西	110	290	320	720			
	东南	215	320	0	535			GJ＝2
	北	158	348	160	666			
J	东北	89	239	0	328	2405	0.76	HK＝1.5
	西	103	228	117	448			
	南	337	397	410	1144			HJ＝2.5
	北	0	250	235	485			
K	东	0	215	997	1212	2336	0.81	JK＝2.5
	北	456	0	0	456			
	西北	247	421	0	668			
L	东	0	1212	0	1212	2089	0.8	KL＝2.5
	西	0	877	0	877			
M	北	0	0	1212	1212	2089	0.76	DM＝2
	西	877	0	0	877			

附录 D　模糊关系矩阵

1	0.7	0.3	0	0	0	0
2	0.7	0.3	0.3	0	0	0

续表

3	0	0.7	0.3	0.3	0	0
4	0	0	0.7	0.7	0.3	0.3
5	0.7	0.3	0	0	0	0
6	0.3	0.7	0.3	0	0	0
7	0	0.3	0.7	0.7	0	0
8	0	0	0.3	0.3	0.7	0.3
9	0.7	0.3	0	0	0	0
10	0	0.7	0.3	0	0	0
11	0	0	0.7	0.7	0	0
12	0	0	0	0.3	0.3	0.7
13	0.7	0.3	0	0	0	0
14	0	0.7	0.3	0.3	0	0
15	0	0	0.7	0.7	0.3	0.3
16	0	0	0	0	0.3	0.7
17	0.7	0.3	0.3	0	0	0
18	0	0	0.7	0.7	0	0
19	0	0	0	0.3	0.7	0.3
20	0	0	0	0	0.3	0.7
21	0.3	0.7	0.3	0	0	0
22	0	0	0.7	0.7	0	0
23	0	0	0	0.3	0.7	0.3
24	0	0	0	0	0.3	0.7
25	0.7	0.3	0	0	0	0

附录E 交通控制系统数据表结构

(一) 路口基本数据

名称（intersection）	标识	定义	类型
路口名称	IntersectionName	该路口的代表性描述	String
路口编号	IntersectionID	该路口的唯一性	Int

续表

名称（intersection）	标识	定义	类型
所属控制小区编号	ControlcellID	该路口所属控制小区编号	Int
所属信号灯编号	SignalID	该路口所属信号灯编号	Int
路口类型	IntersectionType	说明连接道路的等级	Int
路口形状	IntersectionShape	说明路口的形状	Int
相位组编号	PhaseGroupID	说明该路口的相位顺序	Int
周期长度	CycleLength	该路口当前周期长度	Int
控制模式	ControlMode	该路口的控制模式	Int

名称（link）	标识	定义	类型
路段名称	LinkName	该路段的代表性描述	String
路段编号	LinkID	该路段的唯一性	Int
路段类型	LinkType	说明该路段的类型	Int
路段距离	LinkDistance	说明路段上下游路口间距离	Int

名称（lane）	标识	定义	类型
车道编号	LaneID	该进口车道的唯一性	Int
所属车道组编号	LaneGroupID	车道所属车道组编号	Int
车道类型	LaneType	说明该车道的类型	Int
车道功能	LaneFunction	说明该车道的功能	Int

名称（phase）	标识	定义	类型
相位编号	PhaseID	该相位的唯一性	Int
相位状态	PhaseStatus	该相位所处的状态	Int

（二）控制设备数据

名称（signal）	标识	定义	类型
信号灯编号	SignalID	该信号灯的唯一性	Int
所属路口编号	IntersectionID	该信号灯所属路口编号	Int
离线方案编号	SignalPlanID	说明该信号灯属于离线方案的编号	Int

续表

名称（signal）	标识	定义	类型
信号类型	SignalType	说明该信号灯的类型	Int

名称（detector）	标识	定义	类型
检测器编号	DetectorID	该检测器的唯一性	Int
所属路段编号	LinkID	该检测器所属路段编号	Int
距停车线距离	Distance	说明该检测器与下游停车线间距离	Float
所属进口道编号	LaneID	检测器所属进口道的编号	Int
检测器长度	Length	说明该检测器本身长度	Float

（三）实时交通数据

名称（signalplan）	标识	定义	类型
信号灯编号	SignalID	该信号灯所属路口编号	Int
方案编号	SignalPlanID	离线方案编号	Int
首次绿灯启亮时间	On	一周期内信号灯首次绿灯的起始时间	Int
首次绿灯结束时间	Off	一周期内信号灯首次绿灯的结束时间	Int
绿灯间隔时间	InterGreen	信号灯绿灯切换时的绿灯间隔时间	Int
黄灯时间	Amber	信号灯首次绿灯切换时的黄灯时间	Int

名称（detectordate）	标识	定义	类型
检测器编号	DetectorID	该检测器的唯一性	Int
所属路段编号	LinkID	该检测器所属路段编号	Int
检测时间	Time	该检测器的数据检测时间	Datetime
时间间隔	TimeInterval	数据传输的间隔	Int
路段拥堵程度	CongestionLevel	间隔时间内路段的拥堵程度	String
车辆计数	CountVehicles	间隔时间内通过检测器的车辆数	Int
平均车速	AverageSpeed	间隔时间内通过检测器的车辆平均速度	Float
占有率	Occupancy	间隔时间内通过检测器的车辆占用时间与间隔时间之比	Int

附录 F　Agent 信息数据表结构

字段名称	数据类型	定义
A_name	Char	Agent 的名称，具有唯一性
A_type	Char	Agent 的类型
A_sender	Char	发送信息 Agent 的名称
A_receiver	Char	接收信息 Agent 的名称
A_authority	Char	Agent 参与协调、使用资源、选择协调对象等方面的权限
SendTime	Datetime	发送信息的日期、时间
Deadline	Datetime	截止期
A_ability	Int	Agent 的服务能力
Importance	Int	重要性
Content	Char	传输信息的内容

附录 G　Agent 间通信代码描述

//建立了一个模板，表示消息规则为 INFORM 行为并且发送者为"agent1"

```
publicclassTemplateextendsAgent{
MessageTemplatemt=MessageTemplate.and(
MessageTemplate.MatchPerformative(ACLMessage.INFORM),
MessageTemplate.MatchSender(newAID("agent1",AID.ISLOCALNAME)));
protectedvoidsetup()
{
//Sendmessagesto"agent1"and"agent2"
ACLMessagemsg=newACLMessage(ACLMessage.INFORM);
msg.setContent("AccepttheCoordinateOffer!");
for(inti=1;i<=2;i++)
```

```
msg. addReceiver(newAID("agent"+i,AID. ISLOCALNAME));
send(msg);
//Set-upBehaviour1
addBehaviour(newCyclicBehaviour(this)
{
publicvoidaction()
{
System. out. print("BehaviourONE:");
ACLMessagemsg = receive(mt);
if(msg! = null
System. out. println("gets"+msg. getPerformative()+"from"+msg. getSender(). getLocalName()+" = "+msg. getContent());
else
System. out. println("getsNULL");
block();
}
});
//Set-upBehaviour2
addBehaviour(newCyclicBehaviour(this)
{
publicvoidaction()
{
System. out. print("BehaviourTWO:");
ACLMessagemsg = receive();
if(msg! = null)
System. out. println("gets"+msg. getPerformative()+"from"+msg. getSender(). getLocalName()+" = "+msg. getContent());
else
System. out. println("getsNULL");
block();
}
```

```java
});
}
}
public class Responder extends Agent{
protected void setup()
{
addBehaviour(new CyclicBehaviour(this)
{
public void action()
{
ACLMessage msg = receive();
if(msg! = null){
ACLMessage reply = msg.createReply();
reply.setPerformative(ACLMessage.INFORM);
reply.setContent("Cycle90,phasefrom1to2!");
send(reply);
reply.setPerformative(ACLMessage.PROPOSE);
reply.setContent("TrafficStateCongestion!");
send(reply);
                reply.setPerformative(ACLMessage.REQUEST);
reply.setContent("ImplementCoordinationStrategy!");
send(reply);
}
block();
}
});
}
}
```

参考文献

蔡文沁：《我国智能交通系统发展的战略构想》，《交通运输系统工程与信息》2003年第1期。

陈朝阳、张桂林：《基于图像对称差分运算的运动小目标检测方法》，《华中理工大学学报》1998年第9期。

陈森发等：《城市单路口交通的两级模糊控制及其仿真》，《系统仿真学报》1998年第2期。

陈涛、陈森发：《城市道路交通系统耗散结构特性的研究》，《土木工程学报》2004年第1期。

承向军、杨肇夏：《基于多智能体技术的城市交通控制系统的探讨》，《北方交通大学学报》2002年第5期。

戴红：《基于模糊模式识别的城市道路交通状态检测算法》，《吉林工程技术师范学院学报》2005年第3期。

董斌：《城市快速路交通流时变特性研究》，硕士学位论文，吉林大学，2006年。

段后利等：《一种基于伪色彩图的网络交通状态观测分析方法》，《交通运输系统工程与信息》2009年第4期。

高辉、苏诗琳：《单交叉口交通流的智能控制》，《交通运输工程与信息学报》2007年第3期。

高文、陈熙霖：《计算机视觉——算法与系统原理》，清华大学出版社、广西科学技术出版社1999年版。

高雨等：《城市路网交通分散协调控制》，《信息与控制》2005年第5期。

关伟、何蜀燕：《基于统计特性的城市快速路交通流状态划分》，《交通运输系统工程与信息》2007 年第 5 期。

韩悦臻：《城市道路交通状态指标体系及判定方法研究》，硕士学位论文，吉林大学，2003 年。

姜桂艳：《道路交通状态判别技术与应用》，人民交通出版社 2004 年版。

姜桂艳等：《城市主干路常发性拥挤扩散规律的模拟研究》，《交通与计算机》2006 年第 1 期。

金春霞、王慧：《基于路网的城域多路口交通模糊控制》，《公路交通科技》2002 年第 3 期。

李慧兵：《交通控制子区自动划分与合并研究》，硕士学位论文，吉林大学，2007 年。

李进等：《基于视频图像处理技术的道路交通参数检测》，《五邑大学学报》（自然科学版）2000 年第 3 期。

李灵犀等：《两相邻路口交通信号的协调控制》，《自动化学报》2003 年第 6 期。

李瑞敏等：《交通信号控制子区模糊动态划分方法研究》，《武汉理工大学学报》（交通科学与工程版）2008 年第 3 期。

李润梅、宫晓燕：《面向动态交通分配的城市道路网络分区研究》，《中国科学院研究生院学报》2006 年第 4 期。

李晓红：《城市干线交通信号协调优化控制及仿真》，硕士学位论文，大连理工大学，2007 年。

李绪龙：《基于图像处理技术的视频交通流信息采集系统研究》，硕士学位论文，长安大学，2003 年。

李振龙：《城市交通分区的探讨》，《交通运输系统工程与信息》2005 年第 6 期。

李振龙、赵晓华：《基于 Agent 的区域交通信号协调控制》，《武汉理工大学学报》（交通科学与工程版）2008 年第 1 期。

李志恒等：《基于模式的城市交通状态分类与性质研究》，《交通运输系统工程与信息》2008 年第 5 期。

林涛：《视觉交通检测技术的研究》，硕士学位论文，天津大学，

2005 年。

林瑜、杨晓光等：《城市道路间断交通流阻塞量化方法研究》，《同济大学学报》（自然科学版）2007 年第 3 期。

刘宝民：《动态交通信息采集与数据融合技术的研究》，硕士学位论文，山东大学，2008 年。

刘灿齐：《城市道路网络交通信号协调控制的优化》，《同济大学学报》（自然科学版）2004 年第 8 期。

刘国衡、关玉才：《图像序列的目标检测》，《计算机工程及应用》1997 年第 8 期。

刘伟铭主编：《高速公路系统控制方法》，人民交通出版社 1998 年版。

刘小明、王飞跃：《基于 Agent 的单路口交通流控制的研究》，《系统仿真学报》2004 年第 4 期。

卢兰萍等：《基于延误最小的交叉口周期时长和绿信比的优化研究》，《天津城市建设学院学报》2009 年第 1 期。

陆化普编著：《智能运输系统》，人民交通出版社 2002 年版。

路加：《交通拥挤的度量方法与基于浮动车的交通拥挤检测》，硕士学位论文，清华大学，2003 年。

马国旗：《城市道路交通流特征参数研究》，硕士学位论文，北京工业大学，2004 年。

马寿峰等：《一种基于 Agent 的单路口交通信号学习控制方法》，《系统工程学报》2002 年第 6 期。

马莹莹等：《信号控制交叉口周期时长多目标优化模型及求解》，《同济大学学报》（自然科学版）2009 年第 6 期。

莫汉康等：《诱导条件下交通控制子区自动划分》，《交通运输工程学报》2002 年第 2 期。

欧海涛等：《基于多智能体技术的城市智能交通控制系统》，《电子学报》2000 年第 12 期。

潘薇等：《基于模糊聚类和卡尔曼滤波的运动目标检测》，《计算机应用》2005 年第 1 期。

皮晓亮等：《基于环形线圈检测器采集信息的交通状态分类方法应

用研究》，《公路交通科技》2006 年第 4 期。

全永燊编著：《城市交通控制》，人民交通出版社 1989 年版。

任江涛等：《交通状态模式识别研究》，《公路交通科技》2003 年第 2 期。

尚德申、石建军：《交通控制区域动态划分研究》，《道路交通与安全》2007 年第 1 期。

史忠植：《智能主体及其应用》，科学出版社 2000 年版。

孙建平：《基于 Agent 的城市交通区域协调控制及优化研究》，硕士学位论文，吉林大学，2004 年。

谈蔚欣、郑应文：《城市单交叉路口信号灯的模糊控制》，《福州大学学报》（自然科学版）2006 年第 1 期。

谭跃进等：《复杂网络中节点重要度评估的节点收缩方法》，《系统工程理论与实践》2006 年第 11 期。

唐国斌：《基于静止背景的运动车辆检测》，硕士学位论文，南京理工大学，2004 年。

汪晴、干宏程：《快速路网拥挤应对策略的宏观交通仿真评价》，《苏州大学学报》（工科版）2011 年第 2 期。

王昊：《高速公路车速离散机理及特征研究》，博士学位论文，东南大学，2007 年。

王建玲等：《基于道路交通状态的随机用户平衡》，《西南交通大学学报》2007 年第 3 期。

王力等：《移动式道路交通状态模糊评价方法研究》，《系统仿真学报》2008 年第 1 期。

王英平：《城市快速路交通流数据间隙特性研究》，硕士学位论文，吉林大学，2006 年。

魏波：《点时空约束图像目标跟踪理论与实时实现技术研究》，博士学位论文，电子科技大学，2000 年。

谢军、马万经：《信号控制交叉口间的关联性研究》，《第四届中国智能交通年会论文集》，2008 年。

徐丽群：《交通拥挤控制的实时决策支持模型》，《控制与决策》2005 年第 11 期。

许伦辉等：《基于神经网络的交叉口多相位模糊控制》，《华南理工大学学报》（自然科学版）2004年第6期。

杨爱丽：《基于单目视觉的车辆检测与跟踪研究》，硕士学位论文，合肥工业大学，2010年。

杨锦冬等：《信号控制交叉口信号周期时长的灰关联因素分析》，《城市轨道交通研究》2000年第3期。

杨庆芳、陈林：《交通控制子区动态划分方法》，《吉林大学学报》（工学版）2006年第S2期。

杨晓光、杨佩昆：《信号灯控制交叉口停车线车辆延误模拟算法》，《同济大学学报》（自然科学版）1993年第1期。

杨杨、张田文：《一种基于特征光流的运动目标跟踪方法》，《宇航学报》2000年第2期。

杨兆升等：《信号周期时长优化方法研究》，《交通信息与安全》2009年第3期。

于德新等：《城市主干道的多路口模糊协调控制》，《吉林大学学报》（工学版）2006年第S1期。

袁长亮：《过饱和道路交通控制信号周期优化解分析》，《道路交通与安全》2008年第6期。

张存保、杨晓光等：《基于浮动车的交通信息采集系统研究》，《交通与计算机》2006年第5期。

张泽旭等：《基于光流场分割和Canny边缘提取融合算法的运动目标检测》，《电子学报》2003年第9期。

郑长江、王炜：《混合交通流条件下信号交叉口配时优化设计》，《公路交通科技》2005年第4期。

钟章建等：《面向协调控制的交通小区划分算法设计与实现》，《第四届中国智能交通年会论文集》，2008年。

周志宇等：《基于遗传算法聚类的车辆跟踪》，《计算机工程与设计》2004年第7期。

朱茵等：《城市交通预警系统的事件自动检测算法研究》，《公路交通科技》2004年第10期。

庄斌等：《道路交通拥挤事件判别准则与检测算法》，《中国公路学报》2006 年第 3 期。

Adler, J. L., V. J. Blue, "A Cooperative Multi-agent Transportation Management and Route Guidance System", *Transportation Research Part C*, Vol. 10, No. 5, 2002.

Allsop R. E., "Some Possibilities for Using Traffic Control to Influence Trip Distribution and Route Choice", *Proc. 6th Int. Symp. on Transportation and Traffic Theory*, Elsevier, 1974.

Ana Lucia, Cetertick Bazan, "Traffic Signal Coordination Based on Distributed Problem Solving", 7th *IFAC/IFORS Symposium on Transportation Systems: Theory and Application of Advanced Technology*, 1994.

Antony Stathopoulos, Matthew G. Karlaftis, "Modeling Duration of Urban Traffic Congestion", *Journal of Transportation Engineering*, Vol. 6, No. 128, 2002.

Azzedine Boukerche, et al., "An Adaptive Dynamic Grid-Based Approach to DDM for Large-scale Distributed Simulation Systems", *Journal of Computer and System Sciences*, Vol. 74, No. 6, 2007.

Dan Middleton, Rick Parker, *Vehicle Detection Workshop Participant Notebook*, Texas: Texas Transportation Institute, The Texas A&M University system, 2000.

Edmond Chin-Ping Chang, "How to Decide the Interconnection of Isolated Traffic Signals", Proceedings of 1985 Winter Simulation Conference, San Francisco, 1985.

Francois Dion, et al., "Comparison of Delay Estimates at Under-saturated and Over-saturated Pre-timed Signalized Intersections", *Transportation Research Part B*, Vol. 38, No. 2, 2004.

Gartner, N. H., C. Stamatiadis, "Arterial-based Control of Traffic Flow in Urban Grid Networks", *Mathematical and Computer Modelling*, Vol. 35, No. 5, 2002.

Hook, D., A. Albers, "Comparison of Alternative Methodologies to Determine Breakpoints in Signal Progression", *Compendium of Technical Papers for the 69th Annual Meeting of the ITE*, ITE, 1999.

Hook David, Albers Alien, "Comparison of Alternative Methodologies to Determine Breakpoints in Signal Progression", The 69th Annual Meeting Institute of Transportation Engineers, ITE, Las Vegas, Nevada, 2007.

James E. Moore, Paul P. Jovanis, "Statistical Designation of Traffic Control Subareas", *Journal of Transportation Engineering*, Vol. 111, No. 3, 1985.

J. Badenas, F. Pia, "Segmentation Based on Region-tracking in Image Sequences for Traffic Monitoring, Patern Recognition", *Proceedings Fourteenth International Conference*, Vol. 2, 1998.

J. D. Murray, *Mathematical Biology*, Berlin: Springer, 1993.

J. Soh, B. Tchun, M. Wang, "Analysis of Road Images Sequences for Vehicle Counting, Intelligent Systems for the 21Century", IEEE International Conference, 1995.

Kameda Yoshinari, Minoh Michihiko, "A Human Motion Estimmion Method Using 3-successive Video Frames", *Proceedings of International Conference on Vtrtual Systems and Multimedia*, 1996.

Kazamahiroshi, "An Application (Ⅲ) of Ggenetic Algorithm for the Road Traffic Control Systems", *Kyosan Salqrura (Kyosan Circular)*, Vol. 54, No. 6, 2003.

K. Kato, K. Nishiyama, et al., "Image-processing Traffic Flow Measuring System of the Hokuriku Express Way", IAPR Workshop on Computer Vision-Special Hardware and Industrial Applications, Tokyo, 1988.

Lee, J. H., H. Lee-Kwang, "Distributed and Cooperative Fuzzy Controllers for Traffic Intersections Group", *IEEE Transactions on Systems, Man, and Cybernetics, Part C: Applications and Reviews*, Vol. 29, No. 2, 1999.

Matsuo T., Kaneko Y., et al., "Introduction of Intelligent Vehicle Detection Sensors", 1999 IEEE/IEEJ/JSAI International Conference, 1999.

Mclvor M., "Background Subtraction Techniques", IVCNZ00, Hamilton, New Zealand, 2000.

Merchant D. K., Nemhauser G. L., "A Model and an Algorithm for the

Dynamic Traffic Assignment Problems", *Transportation Science*, Vol. 12, No. 3, 1978.

M. Tomizuka, "Automated Highway Systems—An Intelligent Transportation System for the Next Century", IEEE International Symposium on Industrial Electronics, IEEE, 1997.

Ning Wu, "A New Approach for Modeling of Fundamental Diagrams", *Transpn Res*, Vol. 36A, No. 10, 2002.

Nishimuras, "Evaluation of Traffic Flow Between Subareas Having Different Cycle Times", *SEI Tech Rev*, 2000.

Osborne M. J., *An Introduction to Game Theory*, Oxford: Oxford University Press, 2004.

Shunsuke Kamijo, Katsushi Ikeuchi, et al., "Vehicle Tracking in Low-angle and Front-View Images based on Spatio-Temporal Markov Random Field Model", 8th World Congress 2001 ITS, Sudney, 2001.

Shunsuke Kamijo, Masahiro Harada, et al., "Event Recognitions from Traffic Images based on Spatio-Temporal Markov Random Field Model", Proceedings of ITS2001, 8th World Congress on ITS, ITS, 2001.

Shunsuke Kamijo, Masahiro Harada, et al., "Incident Detection at Intersectioins Utilizing Hidden Markov Model", Proceedings of the 6th World Congress on ITS, ITS, 1999.

S. Kamijo, Y. Matsushita, K. Ikeuchi, et al., "Traffic Monitoring and Accident Detection at Intersections", *Intelligent Transportation Systems*, Vol. 1, No. 2, 2000.

Wan C. D., Lin M. H., "Data Fusion Methods for Accuracy Improvement in Wireless Location Systems", *Proceedings of 2004 IEEE Wireless Communications and Networking Conference*, IEEE, Vol. 1, 2004.

W. H. Hamer, *Epidemic Disease in England*, The Lancet, Vol. 167, No. 4307, 1906.

Yang H., Yagar S., "Traffic Assignment and Sigma Control in Saturated Road Networks", *Transportation Research*, Vol. 29A, No. 2, 1995.

Y. Sazi Murat, Ergun Gedizlioglu, "A Fuzzy Logic Multi-phased Signal Control Model For Isolated Junctions", *Transportation Research Part C: Emerging Technologies*, Vol. 13, No. 1, 2005.

Zong Tian, Thomas Urbanik, "System Partition Technique to Improve Signal Coordination and Traffic Progression", *Journal of Transportation Engineering*, Vol. 133, No. 2, 2007.